개정판

다면적 인성검사

— MMPI의 임상적 해석 —

김 중 술

서울대학교출판문화원

다면적 인성검사/

개정판 머리말

『다면적 인성검사—MMPI의 임상적 해석』을 출판한 지 9년이 흘렀다. 그 동안 가장 큰 변화는 한국판 MMPI의 개정이다. 실제로 금번의 신판 MMPI(김영환 등, 1989)는 임상심리학회의 학회사업으로 수행된 것으로서 '한국 가이던스'의 재정적 지원하에 학회에서 선임된 일곱 명의 개정위원뿐만 아니라 그밖에도 두세 명의 회원이 약 6개월간에 걸쳐 566개 문항을 하나씩 고쳐 나갔다. 그 과정에서 자귀의 수정은 물론 문화적 차이에 의한 표현 혹은 내용의 수정도 철저하게 검토하였다. 따라서 개정된 MMPI 문항들은 현시점에서 우리가 할 수 있는 최선을 다한 결과이다. MMPI 신판과 구판을 비교하는 연구를 하여본 결과(이훈진 · 김중술, 1991) 임상적으로 의미 있는 차이는 발견되지 않았다. 그러나 규준을 새로이 만들었으므로 구판보다는 신판이 현실적으로 더 임상적 타당도가 높다고 할 수 있을 것이다.

두번째로 MMPI 책을 보완하게 된 이유는 DSM-IV(1994)의 출현이다. 몇 가지 진단분류의 개정이 있었으므로 MMPI 해석에서도 그것을 고려하지 않을 수 없다.

세번째 이유로는 MMPI의 해석과정에서 심리치료적 방법을 좀더 적극적으로 고찰할 필요가 있겠다는 생각이다. 과거의 MMPI 저서들에서는 오직 정신분석학적 심리치료만을 생각하고 어떤 프로파일을 보이는 환자들은 치료효과가 나쁘다고 기술하고 있는데, 최근에는 여러 다양한 심리치료 방법들이 소개되고 있고 그 중에서도 특히 인치 · 행동치료가 가장 널리 활용되고 있으므로 과거에 치료결과가 나쁘다고 생각되었던 환자들에게도 지금은 효과적인 치료방법이 있는 경우가 많다. 치료에 도움이 되지 않는 심리검사 해석은 그 가치가 크게 없는 것이므로 MMPI 프로파일은 항상 치료를 염두에 두고 해석해야 한다는 것이 저자의 소신이다. 따라서 금번 개정판에서는 가급적 치료방법에 관하여 많이 언급하려고 노력하였다.

초판에서 handbook적인 요소를 가미하려 하였던 노력을 개정판에서는 포기했다. 그보다는 임상적 해석에 더 역점을 두려했기 때문에 척도제작 과정의 소개는 많은 부분을 생략했다.

초판 발행 이후 심리학자뿐만 아니라 정신보건 분야의 다른 여러 임상가들도 MMPI에 대하여 관심이 많음을 발견하고 한편으로는 흐뭇하고 다른 한편으로는 부끄럽기도 하다. 저자를 비롯하여 MMPI에 관한 연구를 발표하는 심리학자의 수가 아직도 너무 적다는 느낌이다. 앞으로 좀더 분발해야겠다.

개정판의 원고를 전부 읽어 주고 많은 조언을 준 蘇大永 선생의 노고에 감사하며 고려대학교의 MMPI 연구업적을 정리해 준 林瑛蘭 선생에게 감사의 뜻을 표하는 바이다.

1996년 6월

著　者

다면적 인성검사/

머리말

심리학적 평가란 가장 적절한 임상적 결정을 내리기 위하여 임상가가 환자를 이해하는 과정(Korchin, 1976)이라고 정의할 때, 그것의 정당성은 검사결과가 치료의 계획, 집행 및 평가에 얼마나 가치 있는 정보를 제공해 주느냐에 달려 있다. 이와 같은 목적을 충실히 달성하기 위해서는 평가의 해석법이 가급적 과학적인 근거를 가지고 있어야 하며, 환자의 치료에 구체적으로 도움이 되어야 한다. 이러한 도움(즉 공헌)의 정도를 기준으로 우리는 특정 평가방법(도구)의 효용성을 판단하게 되는 것이다.

정신과적 진단분류를 목적으로 제작된 Minnesota Multiphasic Personality Inventory (MMPI)가 우리 나라에 처음 소개된 것은 1960년대 초반이었는데, 그것의 한국판을 제작한 학자들은 정신의학자와 교육심리학자들이었다는 사실에서 한국 임상심리학 현황의 한 단면을 보는 듯하다. 왜냐하면 현재 한국에서 이 검사를 가장 많이 사용하고 있는 사람들이 임상심리학자가 아닌 것 같기 때문이다.

진단적 심리평가의 주역은 임상심리학자임을 확인하기 위하여 우선 MMPI부터 저술을 착수했다. 1984년에 미국을 다녀오면서 그때까지 출판된 MMPI에 관한 거의 모든 주요서적들을 수집했고, 그 과정에서 Minnesota대학의 James Butcher와 많은 의견교환을 했다. 1980년 이전의 MMPI에 관한 연구들은 Greene(1980)의 저서에 전부 포함되어 있고, 1980년에서 1985년 사이의 연구들은 裵定奎 선생과 李惠淑 선생이 학술지의 논문요지를 분야별로 전부 정리하여 주었다. 그러므로 1985년 이전의 MMPI에 관한 연구들은 모두 망라하였다고 할 수 있겠다. 1986년부터 저술을 시작했는데, 1987년에 Duckworth와 Anderson(1987)의 저서를 입수하여 그때까지의 연구결과들을 참고하였고, 일부는 저자가 구독하고 있는 학술지들에서 보충하였다.

이 책은 handbook과 cookbook의 절충형이라 할 수 있는 것으로, 책의 골격은

Greene(1980)의 저서를 기초로 구성하였으며, 척도 및 상승척도쌍의 해석에는 Duckworth와 Anderson(1987), Gilberstadt와 Duker(1965), Graham(1977), Gynther, Altman, 그리고 Sletten(1973), Lachar(1974) 및 Marks, Seeman, 그리고 Haller(1974) 등의 저서들을 주로 참고했다. 여러 저서에서 가장 빈번히 반복되어 나타나는 행동특징이나 표현들을 우선적으로 택했는데, 이 과정에서 한국 임상가에 의한 연구들이 너무 적어 아쉬운 마음과 부끄러운 심정을 금할 수 없었다.

행동특징들을 기술하는 데 특성이론적인 입장을 택할 것인가, 아니면 상태이론적인 태도를 취할 것인가 하는 문제가 있기도 하나, 이것은 어디까지나 정도의 차이를 수반한 상대적인 문제라고 생각한다. 역시 인간에게는 그 사람을 특징 짓는 지속적인 성격특성이 있는 것이며, 그에 덧붙여서 상태적인 현상의 차이가 비교적 일시적으로 나타난다고 할 수 있을 것이다. 본저서에서는 행동특징의 기술은 어디까지나 치료적 변화를 목적으로 하는 목표행동(target behavior)의 기술이 기본이어야 한다는 입장에서 제반 프로파일 해석을 작성했다. 즉 치료적 효용성(treatment utility)을 기준으로 행동특징이나 역동적 관련성을 설명하려 하였으며, 이와 같은 목적에 도움이 되는 것이면 성격특성적인 측면도 빠뜨리지 않았으나, 가급적이며 조작적인(operational) 의미로 상태적 기술에 치중하려고 노력했다. 이러한 태도는 행동평가(behavioral assessment)적인 입장에 매우 가깝다고 할 수 있을 것이다.

일찍이 MMPI의 제작자인 Starke Hathaway는 심리검사를 두 개의 날을 가진 칼에 비유한 적이 있다. 심리검사를 '적절히' 사용하면 사람에게 도움을 주지만 잘못 쓰면 사람에게 해를 끼친다는 뜻이다. 한편으로는 놀랍고 다른 한편으로는 부끄러울 정도로 한국에서는 MMPI에 대한 가장 기초적인 연구들이 덜 되어 있다. 정신과 입원환자, 정신과 외래환자, 일반(비정신과)환자, 대학의 상담실을 찾아오는 내담자, 취직 응시자, 노인, 청소년, 각종 범죄자 집단, 그리고 남녀별 등에 대한 규준 및 해석법이 별도로 작성되어 있어야 함에도 불구하고 우리는 아직 그와 같은 자료를 갖고 있지 않다. MMPI의 채점체계도 원문과 비교해 볼 때 55개 문항에서 채점방향이 반대로 되어 있는데, 그 이유도 분명치 않고, 그것이 가져올지도 모르는 결과의 차이에 대한 연구도 없다. 가장 놀라운 일은, 프로파일 해석에 대한 한국에서의 연구가 매우 제한되어 있다는 사실로서, 우리 나라 임상가들은 미국의 해석법을 그대로 한국사람에게 무차별 적용하고 있는 실정이다.

다행히 임상심리학회에서 금년도에 MMPI 개정소위원회를 구성하고 전체 문항에 대한 번역을 다시 하고 있는 바, 빠르면 1988년 말까지는 새로운 번역문항을 기초로 한 새로운 규준이 작성될 전망이다. 그것을 사용하여 각 임상집단별 해석법을 작성하기 위한 연구가 새로이 시작되어야겠으며, 최소한 5년 정도의 기간이 소요될 것으로 예상된다. 그때까지는 아쉬운대로 본 저서의 해석법을 사용할 수밖에 없으며, 개정판에서 진짜 한국적인 MMPI 해석법을 기대해야 할 실정이다.

알아보기 힘들게 쓰여진 초고를 원고지에 깨끗이, 그것도 두 번씩이나, 옮겨 쓰며 교정까지 맡아서 한 성심여대 삼총사 趙彗修, 高勝喜, 兪蕙珍 양에게 많은 신세를 졌다. 프로파일의 왜곡을 탐지하는 여러 방법에 대한 부분을 裵定奎 선생이 맡아서 집필함으로써 앞으로 MMPI 공동연구자로서의 실력을 보여 주었다. 까다롭기로 자타가 공인하는 저자의 요구를 묵묵히 들어주었을 뿐만 아니라, 이렇게 훌륭한 하나의 작품으로 만들어 준 서울대학교출판부의 여러 임직원들에게 깊은 감사를 드린다.

책 한 권을 내는 일이 이렇게 힘든 줄은 처음 알았다. 가족들을 데리고 멋진 휴가 한 번 즐길 줄도 모르는 남편을 언제나 웃는 얼굴로 뒷바라지 해주고 격려해 준 집사람과, 아빠를 이해하고 참아 준 준영, 진영, 현수에게 항상 고마움과 미안함을 함께 느낀다. 이 책이 가져오는 보람이나 공헌이 있다면 그것은 모두 그들의 덕분이라 해야 마땅할 것이다.

이 조그마한 책자가 MMPI를 사용하는 정신보건 분야의 모든 임상가들에게 항상 사랑받는 동반자가 되고, 특히 임상심리학을 전공하는 심리학도들에게 심리학적 평가에 대한 관심과 연구의욕을 고취하는 하나의 계기가 된다면 저자로서 더 이상 바랄 것이 없겠다.

1988년 5월
연건캠퍼스에서
著　者

다면적 인성검사/

차 례

1
MMPI의 개요

서 론

다면적 인성검사(Minnesota Multiphasic Personality Inventory, MMPI)는 세계적으로 가장 널리 쓰이고 가장 많이 연구되어 있는 객관적 성격검사이다. 오늘날까지 MMPI에 관해서는 45개 나라에서 115종류 이상의 번역판이 출판되어 있고 12,000가지 이상의 연구논문이나 저서가 발표되어 있다. 전통적으로 성격검사를 객관적 방법과 주관적 방법으로 나누는데, 그 구별은 자극의 모호성과 반응양식의 다양성 및 검사결과의 해석에 숙련된 임상가의 관여도(주관성)가 어느 정도인가에 의하여 결정된다. 투사적 방법의 검사에 있어서는 숙련된 임상가가 결과 해석을 통합하는 역할을 하게 되나, 객관적 검사에 있어서는 덜 숙련된 임상가라 하더라도 객관적 규준(norm)에 의거하여 어느 정도 정확하게 결과를 해석할 수 있는 것으로 흔히 알려지고 있다. 그러나 실제 임상장면에 있어서는 이와 같은 구별이 존재하지 않는다. Matarazzo(1972)도 말했듯이, 객관적이든 주관적이든 검사결과의 해석은 고도로 주관적인 예술이어서 주어진 점수에 기초하여 그 사람의 인생에 어떤 예언적 의미를 부여하는 데는 임상가의 풍부한 수련과 경험을 필요로 하는 것이다. 원래 MMPI는 1940년대 미국 미네소타 대학의 임상심리학자인 Starke Hathaway와 정신과 의사인 Jovian McKinley에 의하여 비정상적인 행동을 객관적으로 측정하기 위한 한 가지 수단으로 만들어졌다. 따라서 MMPI의 일차적인 목적은 정신과

표 1-1. MMPI 타당도 및 임상척도

척 도 명	기 호	약 자
타당도척도		
알 수 없다		?
부인척도		L
F척도		F
K척도		K
임상척도		
건강염려증(Hypochondriasis)	1	Hs
우울증(Depression)	2	D
히스테리(Hysteria)	3	Hy
반사회성(Psychopathic Deviate)	4	Pd
남성특성-여성특성(Masculinity-Femininity)	5	Mf
편집증(Paranoia)	6	Pa
강박증(Psychasthenia)	7	Pt
정신분열증(Schizophrenia)	8	Sc
경조증(Hypomania)	9	Ma
내향성(Social introversion)	0	Si

적 진단분류를 위한 측정이며, 소위 일반적 성격특성을 측정하기 위한 것은 아니다. 그러나 병리적 분류의 개념이 정상인의 행동설명에도 어느 정도 적용 가능하다는 전제하에서 MMPI를 통하여 일반적 성격특성에 관한 유추도 어느 정도 가능할 수 있다. MMPI는 550개 문항으로 구성되어 있고 피검사자는 각 문항에 대하여 "그렇다" 혹은 "아니다"의 두 가지 답변 중 하나를 택하여 반응하지 않으면 안 된다. 이와 같은 반응은 주요 비정상행동의 종류를 측정하는 10가지 임상척도와 그 사람의 검사태도를 측정하는 4가지 타당도척도에 따라 채점된다. 표 1-1에 이들 10가지 임상척도와 4가지 타당도척도의 척도명과 기호를 보여 주고 있다.

이 장에서는 객관적 질문지형 성격검사에 대한 간략한 역사적 고찰과 MMPI 제작에 기초가 되는 이론적 근거 및 문항선택과 척도제작에 사용된 방법 등을 기술하고, 각 개 문항의 내용해석이나 검사태도 측정과 관련되는 몇 가지 문제점들에 대하여 논의하고자 한다.

객관적 질문지형 성격검사의 발달

성격측정도, 지능측정과 마찬가지로, 제1차 세계대전 중 많은 사람들을 선별하는 과정에서 그 필요성이 처음으로 크게 대두되었다. 객관적 질문지형 성격검사의 효시(嚆矢)는 R. S. Woodworth가 Poffenberger와 함께 1918년에 개발한 Woodworth Personal Data Sheet라고 본다(뒤에 Psychoneurotic Inventory라 불리움. Woodworth, 1920). 그 검사의 제작동기는 미국 육군성의 의뢰에 의하여 해외에 파견되는 군인들이 도착 후 정신적 장애를 일으키는 경우가 너무 많으므로, 파견 이전에 정신적 부적합자들을 가려내는 데 있었다. 이전에는 정신과적 면담을 통하여 이와 같은 일을 처리했었으나, 인적 및 시간적인 제약을 해결하기 위한 수단으로 인쇄물을 통하여 정신과적 면담과 동등한 질문지를 개발하여 대치시키기로 한 것이다. 이 검사는 116개 문항으로 구성된 자기평정형(self-rating) 척도로, 신경증적 경향을 측정하려는 것이 주된 목적이어서, 질문 내용은 정신질병과 관련 있는 보편적인 증상에 관한 것들이었고, 점수는 그 사람이 가지고 있다고 보고하는 증상의 수였다. 이 점수의 총합으로 그 사람이 보다 정밀한 진단을 위한 정신과 의사와의 개별면담이 필요하겠는가를 결정하였다. 문항의 내용들은 신경증적인 여러 증상들을 골고루 측정할 수 있도록 다양한 것들이어서, 그 중 어떤 것은 하나만 "예"라고 대답해도 병적이라고 보일 만큼 심한 것도 있었다. 문항선택의 기준은 Woodworth와 Poffenberger가 생각하기에 심리적인 장애를 나타내는 것이라고 보이는가 여부였으며, 어떤 경험적 혹은 이론적 근거에 기초한 것은 아니었다.

제1차 세계대전을 통하여 경험한 심리학적 검사의 성공은 그 다음 세기부터 Personal Data Sheet와 유사한 여러 가지 질문지형 성격검사를 제작하도록 촉진한 자극제가 되었다. 이들 중 가장 잘 알려진 것으로 Bernreuter Personality Inventory(Bernreuter, 1933)가 있는데, 이것은 신경증성(neuroticism), 지배성(dominance), 내향성(introversion) 및 자족감(自足感, self-sufficiency) 등을 측정하는 도구이다. 이 시기의 다른 성격검사와 마찬가지로 Bernereuter 성격검사 역시 경험적인 근거보다는 理性的인 근거에 기초하여 만들어졌다. 즉, 검사제작자는 그의 임상적 경험을 근거로 하여 어느 한 문항이 어떤 특정한 특성이나 속성(construct)을 측정한다고 생각되면 그 문항을 그 특정척도에 포함시키는 것이다. 마찬가지로, 검사제작자는 어떤 특정문항에 대한 채점방법도 이성적인 근거를 바탕으로 하여 결정한다. 예를 들어 검사제작자가 "당신은 공상을 많이 합니까?"라는 문항에 "그렇다"라는 대답은 신경증성을 나타내는 증거라고 생각한다면 그 문항은 신경증성 척도에 속하게 되며, "그렇다"는 대답은 '비정상적인' (deviant) 반응이 된다. 이와 같은 '비정상적인' 반응, 즉 검사제작자가 생각하기에 어느 특정한 특성이나 속성을 나타내는 것이라고 생각되는 반응수의 합이 그 척도의 점수가 되는 것이다.

Bernreuter 성격검사 및 그 밖의 다른 이성적 근거에 기초한 질문지형 성격검사에 대하여 심한 비판이 일어났다(예: Landis & Katz, 1934; Super, 1942). 실례로 Bernreuter 성격검사의 감별능력을 확인하기 위하여 Landis와 Katz(1934)는 임상진단이 확인된 224명의 환자들에게 이 검사를 시행하고 그 점수를 비교하여 본 결과, 신경증성 척도의 경우에 신경증 환자의 39%가 90퍼센타일을 넘는 점수를 받은 반면에 정신분열증 환자의 23%와 조울증 환자의 21%도 역시 90퍼센타일을 넘는 점수를 받았다. 이렇게 이 척도는 신경증 환자를 신경증으로 진단하는 것 이외에 정신병 환자의 일부도 신경증으로 진단하는 과오를 범했다. 뿐만 아니라 구체적인 문항분석을 하여 보면, "당신은 다른 사람에 대하여 비판적입니까?"라는 문항에 대하여 신경증 환자집단에서는 32%가, 그리고 정신병 환자집단에서는 39%가 "그렇다"라고 대답했는가 하면, 정상인 집단에서는 무려 69%가 "그렇다"라고 대답하는 등, 어떤 문항에 대해서는 신경증이 아닌 사람들이 신경증 환자보다 더 그렇게 대답하는 경우도 있었다 "당신은 자주 공상을 합니까?"라는 문항에 대해서도 정상집단의 43%, 신경증집단의 40%, 그리고 정신병집단의 31%가 "그렇다"라고 대답했다.

이성적 근거에 기초하여 만들어진 척도로 정신병 환자를 확인하려는 다른 연구들(예: Page, Landis, & Katz, 1934)에서도 곤란은 역시 마찬가지였다. Page와 그의 동료들은 보편적으로 받아들여진 100개의 정신분열증 증상이나 특성들을 정신과 서적에서 뽑아 이성적 근거에 기초한 척도를 만들었다. 그것을 읽어 본 12명의 정신과 의사 중에서 적어도 10명에 의하여 정신분열증이라고 의견의 일치를 본 50개의 특성으로 그들은 하나의 설문지를 만들어, 지능과 사회적 수준이 대등한 125명의 정신분열증 환자, 100명의 조울증 환자, 그리고 240명의 정상인들에게 그것을 시행하였다. 그 결과, 세 집단이 보고하는 '정신분열증적' 특성의 평균간에는 별로 큰 차이가 발견되지 않아, 정신분열증집단이 17.60(SD 7.50), 조울증집단이 14.00(SD 7.35), 그리고 정상집단이 18.00(SD 6.35)을 각각 나타내었다. 실제로 정상인 집단이 정신분열증 환자들보다 더 많은 '정신분열증적' 특성을 가지고 있는 것으로 나타난 것이다.

이렇게 이성적 기초에 근거하여 제작된 초기의 질문지형 성격검사들은 戰時用 이외에는 대부분 성공적이지 못했는데, 그렇다고 그 방법이 반드시 나쁘다는 의미는 아니다. 근래에 들어와서 널리 쓰이는 몇 개의 성격검사들은 적어도 부분적으로 이성적 기초에 근거하여 만들어진 것들이 있어, 그 중에는 Edwards personal preference schedule(Edwards, 1959)과 Personality Research Form(Jackson, 1968) 등이 있다. Wiggins(1966)는 이성적인 방법으로 MMPI에서 13개의 내용척도(content scale)를 성공적으로 만들었고, 그것들은 여러 사람에 의하여 정신병리에 대한 효과적인 자기보고라고 입증되었다(Jarnecke & Chambers, 1977; Lachar & Alexander, 1978). 특히 Wiggins(1973)는 경험적 및 이성적 근거에 기초하여 제작된 척도의 상대적 장점에 대하여 깊이 있는 훌륭한 분석을 하고 있다.

MMPI의 제작과정

앞에서 언급한 이성적 혹은 논리적 제작방법(logical keying approach)이 가져오는 한 가지 문제점은 피검사자들이 자신의 반응을 왜곡하거나 허위로 반응하는 경우가 있을 수 있고, 둘째로 경험적으로 검증해 본 결과 논리적으로 분류한 반응과 실제적인 환자들의 반응 사이에 일치하지 않는 점이 있었다. 여기에서 경험적인 제작방법의 필요성이 실감되었고, 오늘날에는 그것이 보편적이나, 1930년대에 있어서 그것은 하나의 혁신적인 방법으로 간주되었다. Starke Hathaway와 J.C. McKinley는 경험주의의 기치하에 성격평가의 과학적 진보를 위한 새로운 일보를 시작했다. 그들은 앞에서 일부 언급된 바와 같은 종전의 질문지형 성격검사의 단점을 보완하고 여러 측면을 동시에 측정할 수 있는 질문지형 성격검사를 제작하기로 결심하고 MMPI를 제작하였다. 각개가 특별한 목적을 가진 낱낱의 검사들을 묶어서 사용하기보다 심리학자들에게 중요한 의미가 있는 광범위한 행동자료를 단일 질문지형 검사에 포함시킬 수 없을까 하는 것이 Hathaway와 McKinley의 의도였다. 그들은 우선 여러 가지 척도를 제작할 수 있도록 다양한 성격기술과 관련되는 문항들의 공동자원을 만들기로 하고, 정신과 교과서, 정신과 환자 사례보고, 다른 질문지형 성격검사 및 임상적 경험 등을 토대로 한 약 1,000개 이상의 문항들을 수집했다. 그 중에서 중복되는 문항이나 그들의 목적에 별로 중요하지 않다고 생각되는 문항들을 제거하고(당시의 제거기준은 밝혀지지 않았으나 대개 경험적인 근거에 의했음), 504개의 문항표집을 완성했다. 이 문항들은 일인칭 단수의 평서문이며 대부분이 긍정문이다.

다음에 Hathaway와 McKinley(1940)는 이 504개의 문항으로 비정상적인 행동을 진단하는 데 사용할 수 있는 일련의 양적 척도를 제작하였다. 하나의 척도(예를 들어 건강염려증)를 구성하기 위한 문항선택에 있어서는 철저하게 경험적인 방법을 사용하였는데, 즉 그 문항들에 대하여 기준집단(예를 들어 건강염려증 환자들)은 정상집단과 비교하여 다르게 대답하지 않으면 안 된다. 그들의 방법은 이같이 경험적이어서 어느 특정 척도를 구성하는 문항들을 택하거나 안하는 데 있어서 아무런 이론적인 근거도 전제로 하지 않았으므로, 왜 어느 특정문항이 기준집단과 정상집단을 구별하는지에 대하여 때로는 명확히 설명할 수 없는 경우도 있다. 오직 기준집단에 속하는 사람들이 다른 집단과는 다르게 대답했기 때문에 그 문항을 선택했을 뿐이다(deviation hypothesis).[1]

가장 먼저 제작한 것은 척도1(건강염려증)이었다(McKinley & Hathaway, 1940).[2] 이것은 우연한 사실이 아니어서, 건강염려증이란 비교적 단순하고 분명한 진단부류일 뿐만 아니라 McKinley와 Hathaway가 접할 수 있는 가장 큰 환자집단의 하나였기 때문이다. 척도1의 제작과정이 대부분의 임상척도 제작과정의 대표적인 것이라 할 수 있으므로 그것에 대하여 자세히 기술하고 다른 척도들에 대해서는 상이한 점이 있을 때만 언급하고자 한다.

척도1의 제작과정에서 첫번째 단계는 적절한 기준집단을 뽑는 일이었다. McKinley와 Hathaway의 목적은 감별진단에 도움이 되는 질문지형 검사를 만드는 일이었으므로 기준집단 선발의 근거는 논리적으로 진단분류가 됨이 마땅하다. 그들은 건강염려증에 대해서 정신증 증상의 일부로 나타나는 건강염려증적 현상을 제외한 신체적 건강상태에 대한 비정상적인 신경증적 관심이라고 규정하였다. 이와 같은 定義에 잘 맞는 순수하고 진단에 이의가 없는 50명의 건강염려증 환자를 그들의 기준집단으로 선택했다.

다음 단계는 정상인 집단을 선발하는 일이었다. 몇 년 전까지도 표준 MMPI 프로파일을 구성하는 기준으로 삼고 있는 기본 규준집단(normative group)은 미국 미네아폴리스에 있는 미네소타 대학병원에 입원중인 환자들의 친구나 친척들 중에서 채택한 724명이었다. 당시에 의사로부터 치료를 받고 있는 사람은 제외시켰다. 이 집단은 1930년대 후반의 16세에서 55세까지의 미네소타 연구로 볼 때 성별이나 결혼상태 등을 감안하여 대체로 대표적인 집단이라고 볼 수 있다.

그밖에도 4개의 규준집단을 더 사용하였는데, 그 집단은 연령이나 사회 · 경제적 수준

---

1) 여기에 관심이 있는 독자는 Bass, B.M. & Berg, I.A. (eds), *Objective Approaches to Personality Assessment*, New York: Van Nostrand, 1959에서 특히 chapt. 5, The unimportance of test item content를 참조하기 바란다.

2) 요즈음에는 척도명 대신에 기호로 각 척도를 부르는 것이 상례이다. 척도기호를 사용함으로써 건강염려증, 정신분열증 등의 진단명에 대한 부당한 강조를 줄일 수 있고, 임상가로 하여금 각 척도의 특정점수에 대한 경험적인 임상현상에 관심을 집중하도록 장려하는 효과가 있다.

혹은 교육과 같은 방해변인(nuisance variables)들이 기준집단이나 기본 규준집단에 속하는 사람들의 감별적 문항 반응에 영향을 주지 않는가 여부를 측정하기 위하여 사용되었다. 한 집단은 대학 진학지도를 위하여 미네소타 대학 심리검사부에 찾아온 265명의 고등학교 졸업생들이었고, 다른 집단은 265명의 기능직 노동자들이었다. 셋째 규준집단은 미네소타 대학병원의 일반병동에 입원하고 있는 신체질환 환자로서 정신과적인 증상을 나타내지 않는 254명의 환자였고, 넷째 규준집단은 진단종류를 불문하고 미네소타 대학병원의 정신과병동에 입원하여 있는 221명의 환자들이었다.

일단 기준집단과 다른 참조집단들이 결정된 다음에는 문항선택 과정이 시작되었는데, 기준집단과 각 개의 정상집단별로 각 문항에 대한 "그렇다"와 "아니다" 반응의 빈도를 계산했다. 만일 기준집단과 규준 혹은 참조집단간의 반응빈도의 차이가 비교하고자 하는 두 집단의 "그렇다/아니다" 반응비율의 표준오차보다 적어도 두 배 정도로 크면 그 문항은 의미 있다고 보고 시험적으로 선택되었다.

두 독립적인 비율간의 차의 의미도를 검증하는 데는 다음과 같은 공식(Ferguson, 1971)을 사용하였다.

$$Z = \frac{p_1 - p_2}{\sqrt{pq\left((1/n_1) + (1/n_2)\right)}}$$

여기에서

p = 전체 집단에서 "그렇다" 반응의 비율
p_1 = 첫째 표집에서 "그렇다" 반응의 비율
p_2 = 둘째 표집에서 "그렇다" 반응의 비율
$q = 1 - p$
n_1 = 첫째 표집의 인원수
n_2 = 둘째 표집의 인원수

Hathaway와 McKinley는 어떤 백분율의 차이가 독립적인 비율의 표준오차의 두 배가 되거나 혹은 Z가 ± 2와 같거나 그보다 클 때 의미 있다고 보았다. 양방검증법을 사용할 경우 Z ± 2는 .05보다 다소 적은 확률을 보이게 되므로 그들은 원칙적으로 .05수준 이상의 의미도를 갖는 문항만을 선택하였다.

Hathaway와 McKinley는 이와 같은 방법으로 문항선택을 한 후 그들 중에서 다음의 몇 가지 사유에 해당하는 것들은 제외시켰다. 첫째로, 거의 모든 문항들에 대해서 기준집단의 반응빈도가 10% 이상은 되어야 하는 것으로, '병적인' 반응을 자주 나타내지 않는 문항들은 비록 통계적으로는 매우 의미있다 하더라도 기준사례가 너무 적으므로 기준집단에서 제외시켰다. 둘째로, 반응들이 결혼상태나 자녀들에 대한 태도와 같은 변이들에 관한 편견을 나타내는 문항들도 제외시켰다. 셋째로, 이성적으로 살펴보아서 건강염려증이라는 개념에 적절하지 않다고 생각되는 문항들도 제외시켰다. 문항간의 상관계수나 기타 문항선택에 사용되는 심리측정적 기초자료들을 그들은 계산해 보지 않았는데, 이후에 몇 개 타당도 및 임상척도들에서 발견된 심리측정적인 문제들은 각 척도작성시에 이 같은 문제들을 고려하지 않았기 때문에 일어났다.

이와 같은 절차를 거쳐 인정된 척도1의 예비문항들은 55개였는데, 다음 단계는 그들에게 점수치를 부과한다거나 그들을 하나의 척도로 묶는 일이었다. 각 개 문항에 점수치를 부과하는 방법을 몇 가지 연구해 보았으나 안하는 것보다 이득이 없었다. 그리하여 각 문항에 1점씩을 주어 전체 점수를 산출하도록 하였으며 어느 한 사람의 척도1의 점수는 그 사람이 기준집단처럼 대답한 문항수의 총합이 된다.

정신과 환자들로 구성된 규준집단의 반응이 척도1의 기능을 보다 정예화하는 데 도움이 되었다. 상당수의 정신과 환자들이 이 척도상에서 높은 점수를 받았으나 그들의 정신과 담당의사들은 이들에게서 건강염려증이 있다고 느끼지 못했다. 이와 같은 잠재적인 편파성의 원인을 제거하기 위하여 건강염려증의 증상은 없으나 시험적인 척도1에서 높은 점수를 얻은 환자 50명의 반응과 원래의 건강염려증 환자 기준집단의 50명과를 대조하여 보았다. 이 두 집단간에 의미 있는 반응빈도의 차이를 나타내는 문항들을 골라 그것들을 척도1의 교정문항으로 따로 묶었다(이 교정문항을 앞으로 다시 논의 할 K교정과 혼동해서는 안 됨). 만일 이들 교정문항에 대하여 환자가 비건강염려증 방향으로 반응했을 때에는 그만한 점수를 척도1의 전체 점수에서 빼게 된다. 상호 검증결과 척도1에 대하여 이렇게 교정한 점수가 교정 안한 원래의 점수보다 더 효과적으로 감별할 수 있음이 밝혀졌다.

신체적인 질병을 가지고 있는 규준집단도 척도1을 구성하는 데 사용해 보았는데, 교정된 척도1에서의 이 집단의 점수는 건강염려증 집단보다는 오히려 정상집단에 더 가까웠다. 즉, 그들의 실제적인 신체적인 증상들은 전체 점수들을 건강염려증 방향으로 조금밖에 변화시키지 않았다.

그 이후에 또다시 척도1에 대한 수정을 가했는데, 척도1과 척도3(Hysteria)의 감별을 더 확실하기 하기 위하여 McKinley와 Hathaway(1944)는 척도1에서 척도3에도 나타나는 교정문항들을 제거하여 척도1을 전적으로 신체적 증상척도로 만들었다. 그들은 또한 그 후의 분석에서 건강염려증 환자와 정상인간을 구별하지 못하는 원래의 문항들도 척도1에서 제외시켰다. 이렇게 해서 최종적으로 남은 것이 오늘날 척도1에서 사용되고 있는 33개 문항이다.

척도1(McKinley & Hathaway, 1940)을 제작한 후에 곧 다른 다섯 개의 임상척도들이 만들어졌는데, 그것은 2(Depression)(Hathaway & McKinley, 1942), 7(Psychasthenia)(McKinley & Hathaway, 1942), 그리고 3(Hysteria), 4(Psychopathic Deviate)와 9(Hypomania)(McKinley & Hathaway, 1944)였다. 다른 세 개의 임상척도들——5(Masculinity-Femininity), 6(Paranoia) 및 8(Schizophrenia)——은 1956년까지 출판되지 않았으나(Hathaway, 1956), 실제로는 그 이전부터 10년 이상이나 상례적으로 사용되어 왔던 것이다.

척도5(Masculinity-Femininity)는 다른 임상척도들과는 좀 다르게 만들어졌다. 대부분이 성적인 태도와 관련된 55개의 문항들을 이미 원래의 규준집단으로부터 자료수집이 완료된 504개의 MMPI 공동문항자원에 첨가시켰는데(이렇게 되면 MMPI 공동문항자원은 559개가 되나, 현재 쓰이는 것은 550개 문항이므로 9개 문항은 어떻게 되었는지 확실치 않다), 이 55개 문항에 대해서는 척도5를 만드는 데 사용된 남성 동성애자들의 기준집단과 원래의 규준집단과를 대조시킬 수 없었다. 따라서 54명의 남자군인들(이성애집단)을 이 척도를 위한 규준집단의 하나로 사용하였고, 이들과 남성 동성애자들을 구별하는 문항들을 척도5에 포함시켰다. 뿐만 아니라 규준집단 표집에서 남자와 여자를 구별하는 문항들도 또한 이 척도에 포함시켰는데, 척도5에 관한 이렇게 다른 제작과정의 영향에 대해서는 앞으로 더 상세히 설명할 것이다.

1946년에 척도0(Social introversion)이 첨가됨으로써 표준 MMPI의 임상척도들이 완성되었는데(Drake, 1946), 척도0 역시 다른 임상척도들과는 다르게 만들어졌다. Darke는 Minnesota T-S-E 검사(Evans & McConnell, 1941)에서 상위 65퍼센타일 이상의 점수를 받은 50명의 대학생들과 하위 35퍼센타일 이하의 점수를 받은 50명의 학생들을 구별하는 MMPI 문항들을 선별했다.

Minnesota T-S-E 검사란 사고(T), 사회(S), 및 정서(E)의 세 가지 영역에서 내향성-외향성을 측정하는 검사인데, Drake는 처음에 사회적 내향성-외향성 영역에만 한정하여, 즉 Minnesota T-S-E 검사가 측정하는 사회적 영역에서만의 내향성-외향성을 조사하였다. Drake는 남녀별로 자료를 따로따로 분석해 보았으나 그들의 규준치가 매우 유사하여 규준자료들을 하나의 집단으로 합쳐 표준 MMPI에 합병시켰다.

검사문항의 의미

질문지형 성격검사 문항에 대한 반응을 검토해 보면, 때로는 그 사람이 제시하는 자기보고와 다른 사람들이 그 사람의 행동을 보고 느끼는 것과의 사이에 차이가 있을 때가 있다. 이와 같은 부정확한 자기기술을 초래하게 되는 데는 몇 가지 이유가 있을 수 있는데, 우선 첫째로, 비록 검사문항을 제작하는 사람들은 각 문항이 그 검사를 받는 사람 모두에게 원칙적으로 똑같은 의미로 해석되리라고 가정하지만 항상 그런 것은 아니다. 예를 들어 "나는 자주 머리가 아프다"라는 문항이 있을 때, 그 "자주"라는 말은 사람에 따라 하루에 한 번, 일주일에 한 번 혹은 한 달에 한 번으로 해석될 수 있고, 그 해석에 따라 "그렇다" 혹은 "아니다"에 응답한다. 어느 한 환자는 적어도 한 달에 한 번은 머리가 아프므로 이 문항에 "그렇다"로 답할 수 있는가 하면, 또 다른 환자는 일주일에 한 번밖에 머리가 아프지 않으므로 이 문항에 "아니다"로 답할 수도 있다. 이렇게 검사문항에 내재하는 모호성 때문에 객관적으로 신뢰도가 높은 자기기술을 얻는다는 것은 지극히 어려운 일이며, 어느 특정 검사문항에 대답하는 사람과 그 문항내용에 대해서 그 사람을 평정하는 관찰자 사이에는 문항에 대한 해석에 다소의 차이가 있을 수 있다. 둘째로, 직접적인 행동관찰이 비실제적이거나 불가능하거나 혹은 비효율적인 경우에는 흔히 문항반응을 통해 얻어지는 자기평가가 유용한 방법이지만, 사람들간에는 자기인식이나 혹은 적절한 행동을 보고하고자 하는 의지나 능력의 면에서 차이가 있을 수 있다. 셋째로, 이성적인 방법으로 검사를 제작하고자 할 때, 검사제작자는 각 개 문항에 대한 사람들의 반응과 측정하고자 하는 성질 사이의 관계에 대해서 충분히 잘 알아야 할 필요가 있다. 그러나 이전에 이성적으로 제작된 질문지형 성격검사들의 착오나 실수를 통해서 얻어진 한 가지 교훈은 검사제작자가 성격검사의 역동적 관계에 대하여 이 정도로 깊게 이해하기란 불가능하거나 아니면 매우 어려운 일이라는 사실이다.

이 같은 문제들을 더 잘 이해하기 위하여 "나는 우리 가정의 규칙에 대하여 별로 개의하지 않고 자유롭게 살아왔다"라는 MMPI 문항에 대한 어느 성격장애자의 반응을 실례로 들겠다. 검사제작자는 이성적으로 추론하여 성격장애자들은 이 문항에 대하여 "그렇다"라고 대답할 것으로 생각하기 쉬운데, 그러나 실제로는 규준집단보다 성격장애자 집단에서 "아니다"라고 대답한 사람이 더 많았다. 이 반응은 이 특정행동이 실제로 성격장애자들에게서 특징적이라는 의미가 아니라, 성격장애자들이 그들 스스로에게 이 행동을 특징적이라고 말하는 것을 의미하는 것이다. 사람들이 자기 자신에 관하여 하는 진술이란 이런 것이다. 그것은 사람들이 실제로 그런가 여부를 떠나 어떻게 생각하고 지각하며 또 느끼고 있는가 하는 것을 말해 주는 것뿐이어서, 설사 그것이 사실과는 다르다 하더라도 그런대로 그 사람에 대해서 진단적으로 유익한 정보를 제공해 준다.

또 다른 실례로는 "나는 별로 신체적 고통을 느끼지 않는다"라는 MMPI 문항에 대한 건강염려증 환자들의 반응이다. 그들은 이 문항에 대해서 규준집단에서보다 더 "아니다"라고 대답하는 경우가 많았는데, 이것은 실제로 건강염려증 환자들이 다른 사람들보다 반드시 신체적 고통을 더 많이 경험한다는 의미가 아니라 그들은 자신에 대해서 그렇게 말하고 싶어하는 마음이 더 많음을 나타내는 것일 뿐이다.

이와 같은 문제들이 MMPI의 문항내용을 해석하는 과정에서 불가피하게 있게 마련인데, 그렇다고 하여 MMPI의 기능이 손상되는 것은 아니다. 실제로 Hathaway와 McKinley가 사용한 문항선택의 경험적 방법은 검사제작자로 하여금 이런 문제로부터 회피할 수 있게 하는 것으로서, 그 이유는 환자의 자기보고가 기준이며 환자의 자기보고와 행동간의 관계에 대해서 여하한 연역적인 가정도 전제로 하지 않기 때문이다. 어느 특정척도에 어떤 문항을 선택하여 포함시킬 것인가 하는 기준은 그 문항내용에 대하여 실제로 기준집단에 속하는 사람들이 규준집단에 속하는 사람들과는 다르게 대답했다는 사실뿐이다. 어떤 주어진 문항 혹은 척도에 대한 환자들의 반응과 그들의 행동간의 여하한 상관관계도 경험적으로 증명되지 않으면 안 된다. 여기에 대하여 관심이 있는 독자는 이 문제를 더 자세히 논술한 Meehl(1945)의 논문을 참조하기 바란다.

검사태도의 평가

자기보고형 검사가 환자의 행동을 얼마나 정확히 반영할 수 있는가 하는 문제와 더불어 환자가 검사문항에 반응할 때 보이는 정직성 혹은 솔직한 태도 역시 매우 중요하다. 환자가 검사에 임할 때 검사제작자가 원하는 바와는 다른 태도를 취할 가능성도 충분히 있는 것으로, 때로는 어떤 이유에서 검사가 측정하려는 행동을 과장하거나 혹은 부인하려는 경우가 있는가 하면, 때로는 올바르게 반응하려는 의사가 없거나 혹은 그럴 능력이 부족하여 검사문항에 임의로(닥치는 대로) 응답하는 경우도 있을 수 있다. 어느 경우이든 검사결과를 해석하는 사람은 환자가 올바르게 반응하지 않았을 가능성을 알고 있는 것이 중요하다. 이전의 검사제작자들도 올바른 검사태도의 중요성에 대해서는 자주 언급하였으나, 어떻게 올바른 태도를 유발시키고 지속시킬 것인가 하는 방법에 대해서는 특별한 지침을 제공하지 않았다. MMPI 제작과정에서는 타당도척도라고 불리는 방법으로 이 문제를 직접적으로 측정토록 하였다.

Meehl과 Hathaway(1946)는 검사태도를 두 가지로 나누어, 좋게 보이려는 태도(faking-good)와 나쁘게 보이려는 태도(faking-bad)로 구분하고, 이것들을 측정하기 위하여 다음과 같은 세 가지 가능한 방법을 고려하였다. 첫번째로, 그들은 환자로 하여금 어느 특수한 방향으로 반응을 왜곡할 기회를 주고 그 정도를 관찰하였다. 한 가지 방법은 MMPI 안에 동일문항을 똑같은 형태로 반복하든가 혹은 긍정문을 부정문으로 바꾸어 제시하는 방법으로, 여기에서 많은 문항을 상반되게 응답하였을 경우에는 환자가 일관성 있게 반응할 수 없었거나, 혹은 그렇게 반응하려 하지 않았음을 의미할 수 있다. 그리하여 현재 사용되고 있는 MMPI 문제집에는 16개 문항이 반복하여 들어 있으며, 상반된 반응을 색출할 수 있게 하였다(제4장에서 TR〔검사-재검사〕 지수를 참조할 것).

두번째로, Meehl과 Hathaway는 좋게 반응하는 것이 사실이 아닐 가능성이 아주 많은 경우에 환자에게 좋게 반응할 수 있는 기회를 제공하도록 했다. 즉, 매우 바람직하기는 하나 인간의 성질상 그렇게 하기에는 매우 드문 일의 목록을 작성하여, 만일 환자가 여기에서 많은 문항에 찬성하였을 경우에는 그 반응들이 허위일 가능성이 매우 높아지는 것이다. L(Lie)척도가 특히 이런 목적으로 만들어진 것으로, L척도의 문항들은 Hartshorne과 May(1928)의 연구에 기초하여 사회적으로 매우 바람직하기는 하나 사람들이 잘 지키지 않는 행동들을 나타낸 것이다. L척도에서 비정상적인 방향으로 응답하는 수가 많으면 그것은 반응왜곡을 의미할 수 있다.

검사태도 측정을 위한 두번째 방법의 한 변형으로 F척도를 제작했는데, 주로 대다수의 원래 규준집단의 사람들이 비교적 잘 대답하지 않는 문항들을 뽑아 F척도에 포함시켰다. 만일 어떤 환자가 다수의 F척도 문항들에 채점되는 방향으로 응답할 경우 그 사람은 규준집단의 대다수 사람들과는 다르게 반응하는 사람이 된다. 뿐만 아니라 그 문항들은 광범위한 영역의 내용을 포함하고 있기 때문에, 개인적인 어떤 특수한 경험이나 흥미로 인하여 그 사람이 많은 문항들을 비정상적인 방향으로 대답할 가능성은 적게 된다. F척도가 고의적으로 병적 상태를 가장하는 사람들을 밝혀내는 데 효과적이기도 하지만, 그러나 때로는 분열성 성격소유자나 자신에 대하여 지나치게 비관적인 사람들에게 이 점수가 높게 나타날 때가 있다. 그리하여 이들 두 집단의 사람들과 고의적으로 병적 상태를 가장하거나 혹은 문항을 잘 이해하지 못하는 사람들을 구별할 수 있는 부가적인 방법이 필요하게 되었는데, Meehl과 Hathaways는 L척도가 이 같은 기능을 수행할 수 있다고 생각하였다.

세번째로, Meehl과 Hathaway는 검사에서 적절한 태도로 응답하는 사람과 병적 상태를 가장하도록 지시받은 사람들을 구별할 수 있는 문항들을 확인하기 위하여 별도의 경험적인 방법을 사용하였다. Gough의 가장척도(Dissimulation Scale[Gough, 1954, 1957])가 그것으로, Meehl과 Hathaway는 이 방법에 기초하여 세번째 타당도척도인 K척도를 제작하였다. 그들이 목적한 것은 병원에 입원해 있으면서도 정상적인 프로파일을 보여 주는 비정상적인 사람과, 어떤 이유로 인하여 비정상적인 프로파일을 나타내는 정상적인 사람을 감별하는 일이었다. 그들은 (a) L척도에서 T점수가 60 이상이며 그로 인하여 어떤 형태의 반응왜곡이 있을 가능성이 있고, (b) 비정상적인 프로파일을 나타낼 것으로 예측되는 진단을 받았으나, (c) 실제로는 정상범위의 프로파일을 보이는 성격장애자, 알콜중독자 및 그밖의 행동장애가 있는 것으로 진단된 25명의 남자와 25명의 여자들을 선발했다. 모든 문항에 대하여 이 집단과 원래의 규준집단을 비교하여 두 집단의 반응비율에서 적어도 30% 이상의 차이를 나타내는 문항 22개를 골랐다. 이 22개의 문항을 사용하여 대부분의 환자들로부터 지나치게 방어적인 성향을 확인하는 일이 대체로 가능하였으나, 다른 한편으로는 우울증이나 정신분열증 환자들에서 이 점수가 낮게 나오는 경향이 발견되었다. 이와 같은 성향을 교정하기 위하여 8개 문항을 첨가하여 이 두 집단과 원래의 규준집단을 감별하도록 채점했는데, 그 결과 최종적으로 30개 문항이 확정되어 현재까지 사용되고 있다. 또한 Meehl과 Hathaway는 기준집단과 규준집단간의 감별을 극대화시키기 위하여 임상척도에 더해 줄 K척도의 비율을 경험적으로 결정하였는데, 그들이 정한 각 임상척도에 더하는 K척도의 최적치는 정신과 입원환자집단을 대상으로 할 때에는 병적인 사람을 확인하는 데 도움이 되는 가장 적절한 K값을 다시 새로이 정하는 것이 필요할 것이라고 그들은 경고하였다. 진단집단별로 임상척도에 더할 최적치의 이와 같은 문제에 관해서는 제4장에서 K척도를 더 깊게 다룰 때 다시 논의하고자 한다.

2
한국판 다면적 인성검사(MMPI)

초기의 MMPI

한국판 MMPI는 서울대학교 의과대학 정신과학교실의 이정균(1962, 1964, 1965, 1966)과 서울대학교 사범대학 교육심리학연구실의 진위교(1962, 1964, 1965)에 의하여 처음으로 시도되었다. 이정균은 미국 미네소타 대학 정신과에 1년간 교환교수로 재직하면서 Hathaway로부터 MMPI를 배울 기회가 있었고, 귀국하여 1961년부터 미국판 MMPI를 한국 정신과 환자들에게 시험적으로 시행하고 있었다. 진위교는 대학원 석사과정의 지도교수인 정범모와 함께 MMPI에 관한 표준화연구를 시작하여 1963년 8월에 『MMPI 다면적 인성검사』를 출판하였다. 이정균은 주로 정신과 환자의 MMPI 반응을 연속적으로 발표하였고, 진위교는 주로 청소년을 중심으로 정상인 집단의 MMPI 반응을 근거로 표준화작업을 진행하고 있었는 바 두 사람이 협동으로(여기에는 정범모도 포함됨) 1965년에 코리안테스팅센터에서 『MMPI 다면적 인성검사 검사법요강』을 출판하였다.

당시에 저자들은 학생규준집단, 일반규준집단(비학생) 및 전체종합규준집단 등 세 개의 규준집단별로 규준표(norm)를 작성하였고, 각 규준표의 작성에 동원된 사례수는 학생집단이 1,046명, 비학생집단이 757명, 그리고 전체종합규준집단이 1,057명이었다. 그 내용은 표 2-1에서 2-4와 같다.

표 2-1. 전체종합규준집단(연령 및 혼인여부)

	남 자		여 자	
	미혼	기혼	미혼	기혼
연령범위				
55~65	0	3	0	2
44~54	0	59	1	13
26~43	112	319	109	119
16~25	91	1	222	6
계	203	382	332	140

표 2-2. 학생규준집단

학 년 별	남 자	여 자
대학 4년	102	29
대학 3년	185	66
대학 2년	141	154
대학 1년	147	76
고 교 생	64	82
계	639	407

표 2-3. (비학생)일반규준집단

	남 자		여 자	
	미혼	기혼	미혼	기혼
연령범위				
55~65	0	3	0	2
44~54	0	59	1	13
26~43	112	219	59	119
16~25	41	1	122	6
계	153	282	182	140

표 2-4. 한국 전체종합규준집단의 연령분포

항 목 별	남 자	여 자
평 균	33.3	27.4
중 앙 치	32.0	26.0
편 차	7.45	6.48
사 례 수	585	472 (= 1,057)

이렇게 제작된 MMPI의 각 척도별 반분 신뢰도(split-half reliability) 및 척도간 상관계수(Spearman-Brown)는 표 2-5 및 표 2-6과 같다.

표 2-5. 신뢰도계수

척도	L	F	K	Hs	D	Hy	Pd	Mf (남자)	Mf (여자)	Pa	Pt	Sc	Ma	Si
계수	.55	.79	.67	.75	.81	.46	.55	.55	.50	.80	.82	.86	.75	.62

표 2-6. 상호상관계수(남자)

	L	F	K	Hs	D	Hy	Pd	Mf	Pa	Pt	Sc	Ma	Si
L													
F	–.280												
K	.431	–.463											
Hs	–.252	.434	–.462										
D	.088	.239	–.330	.453									
Hy	–.020	.026	.073	.711	.406								
Pd	–.240	.526	–.170	.330	.417	.485							
Mf	–.183	.130	–.249	.280	.288	.280	.429						
Pa	–.285	.570	.025	.424	.203	.308	.614	.339					
Pt	–.409	.526	–.696	.576	.529	.247	.523	.287	.590				
Sc	–.496	.696	–.512	.590	.817	.346	.548	.295	.667	.851			
Ma	–.297	.437	–.489	.286	–.185	.114	.332	.192	.495	.646	.615		
Si	.100	.123	–.292	.194	.341	–.060	.060	.130	.153	.357	.242	–.218	

MMPI 신판

정범모, 이정균 그리고 진위교(1965)의 MMPI가 출판된 후 20여 년간 정신과 환자, 학생층, 직장에 새로이 취직하려는 사람 등 다양한 사람들을 대상으로 심리학자들이 MMPI를 시행하였다. 그 과정에서 가장 문제된 것은 문장의 애매함과 문화적 차이였다. 정범모 등(1965)의 검사법요강 서언(序言)에서도 "예비연구에서 상당한 수의 문항을 우리의 문화상황에 맞게끔 여러 가지로 수정했다"(p.7)고 하였으나 아직도 우리 문화에 어색한 문항내용이 발견되고 때로는 문항이 묻는 것이 무엇인지 덜 분명한 문항들이 발견되었다. 어느 한 문항을 임의로 수정하면 그것이 전체검사에 줄 수 있는 영향을 고려하여 함부로 수정할 수도 없는 상황이므로, 임상심리학회가 학회차원의 과업으로 MMPI 문항에 대한 전반적인 수정작업을 착수하기로 결정했다. 그리하여 1988년에 임상심리학회의 회원 중에서 MMPI 수정 소위원회를 구성하여 약 4개월간 주말이나 공휴일마다 모여 MMPI 문항을 하나씩 검토해 나갔다. 소위원회는 처음에는 7명으로 구성되었으나 필요에 따라 9명으로 증원되었고 소요되는 모든 비용은 한국가이던스(사장 임동훈)가 전담하였다.

규준집단의 인구학적 특성은 표 2-7 및 표 2-8과 같다.

각 척도별 반분신뢰도 및 Cronbach 내적합치도는 표 2-9 및 표 2-10과 같다.

또한 각 척도간 상관계수는 표 2-11a, b와 같다.

1989년에 미국에서는 기존 MMPI에 대대적인 수정을 가하여 MMPI-2를 제작하였다. MMPI-2를 제작하게 된 동기를 Graham(1990)은 다음과 같이 설명한다. 첫째로는 기존 MMPI 제작당시의 규준집단이 미국의 전체인구를 충분히 대표하지 못하고 일부 지역(특히 미네소타 지역)에 편중되어 있었다는 점이며, 둘째로는 문항의 내용에 지금은 이미 쓰지 않거나 혹은 옛날 어휘가 들어 있다는 것이었다. 일부는 기독교신앙과 관련된 용어도 있고 남녀를 차별하는 용어도 있으며, 성격 측정과 관계없는 성행위나 대소변기능을 다룬 용어도 들어 있다. 일부 용어들은 문법적으로 맞지 않는 것도 있고 교육수준이 낮은 사람은 이해하기 어려운 말도 있었다.

셋째로는 기존 MMPI의 문항내용의 범위가 충분히 넓지 못하여 자살기도나 약물남용이나 치료와 관련된 행위 등 검사사용자들이 중요하다고 생각하는 여러 행동특성들을 측정해 주지 못하는 경우가 있다. 특히 미국의 경우에는 여러 소수민족들도 함께 살고 있는 땅인데 그들에 대한 고려도 충분히 되어 있지 못하다.

표 2-7. 지역, 거주지, 성, 연령(학생 · 일반)을 고려한 표집수

윗줄: 목표수(인구분포 비율), 아랫줄: 실제 표집수

		I지역(서울 인천 강원 경기)			II(대전 충남 · 북)			III(광주 전 · 남북 제주)			IV(부산 대구 경남 · 북)			계
		대도시	중소도시	농어촌	대도시	중소도시	농어촌	대도시	중소도시	농어촌	대도시	중소도시	농어촌	
중학생	남	129(25.9) 75	30(5.9) 27	39(7.9) 38	10(2.1) 11	9(1.8) 7	39(7.7) 36	13(2.6) 12	25(4.9) 16	59(11.8) 27	67(13.4) 47	27(5.6) 14	53(10.5) 42	500(100) 352
	여	123(24.5) 95	28(5.7) 22	40(8.1) 40	9(2.0) 9	9(1.7) 9	39(7.7) 34	12(2.4) 10	26(4.9) 13	60(12.2) 26	63(12.5) 64	36(7.4) 20	55(10.9) 46	500(100) 388
고등학생	남	117(23.4) 135	27(5.6) 11	34(6.8) 32	12(2.4) 4	12(2.4) 11	32(6.4) 34	18(3.6) 19	30(6.0) 26	79(15.8) 29	66(13.1) 69	33(6.5) 23	40(8.0) 57	500(100) 450
	여	128(25.5) 96	30(6.0) 14	36(7.4) 34	14(2.8) 12	14(2.7) 4	32(6.4) 29	17(3.3) 18	30(6.0) 23	39(7.9) 25	75(15.0) 66	43(8.7) 24	42(8.3) 54	500(100) 399
대학생	남	184(34.8) 127	50(7.5) 51	(4.5) 1	28(3.9) 5	26(3.2) 38	(3.7)	35(5.4) 29	39(5.9) 35	(4.0)	98(17.2) 84	40(5.7) 47	(4.7)	500(100) 417
	여	184(37.8) 133	41(6.7) 52	(2.6)	28(4.1) 7	20(2.8) 46	(2.8)	33(5.4) 32	39(6.4) 40	(2.6)	102(18.9) 136	44(7.3) 30	(2.7)	500(100) 476
일반	남	282(28.2) 208	76(7.6) 46	93(9.3) 80	20(2.0) 27	16(1.6) 12	80(8.0) 69	19(1.9) 26	40(4.0) 44	84(8.4) 82	135(13.5) 67	63(6.3) 58	92(9.2) 93	1000(100) 805
	여	312(31.2) 205	79(7.9) 45	86(8.6) 78	22(2.2) 22	17(1.7) 18	58(5.8) 72	21(2.1) 17	42(4.2) 62	70(7.0) 81	149(14.9) 59	66(6.6) 100	78(7.8) 103	1000(100) 862
소계	남	539	135	150	47	68	139	86	121	138	267	142	192	2024
	여	529	133	152	50	77	135	77	138	132	325	174	203	2125
계		1068	268	302	97	145	274	163	259	270	592	316	395	4149

표 2-8. 연령별, 학력별, 성별 규준집단 표집수

윗줄: 목표수, 아랫줄: 실제 표집수

		학 생										일 반						총 계
		중 학 생			고 등 학 생			대 학 생				15~24	25~34	35~44	45~54	55세 이상	소 계	
		1년	2년	3년	1년	2년	3년	1년	2년	3년	4년							
국 졸	남											20	42	58	61	57	238	238
												28	29	49	38	32	176	176
	여											26	69	95	100	62	352	352
												32	53	61	50	43	239	239
중 졸 (중재)	남	170	166	164								46	70	54	34	18	222	723
		134	126	92								33	42	38	27	16	156	508
	여	168	167	165								66	107	61	27	7	268	831
		123	124	141								44	47	56	37	16	200	588
고 졸 (고재)	남				169	166	165					118	139	78	43	14	392	892
					155	151	144					93	98	53	37	22	303	753
	여				168	167	163					115	128	48	17	4	312	812
					150	140	109					191	93	44	24	14	366	765
대 졸 (대재)	남							132	125	122	121	15	62	39	25	7	148	648
								115	110	95	97	29	92	19	16	14	170	587
	여							132	128	122	119	16	35	13	3	1	68	572
								132	123	129	92	24	25	3	4	1	57	533
소 계	남											199	313	229	163	96	1000	
												183	261	159	118	84	805	
	여											223	339	217	108	74	1000	
												291	218	164	115	74	862	
총 계	남		500			500			500					1000				2500
			352			450			417					805				2024
	여		500			500			500					1000				2500
			388			399			476					862				2125

표 2-9. 각 척도별 반분신뢰도 계수(N = 4, 169)

척도	L	F	K	Hs	D	Hy	Pd	Mf(남)	Mf(여)	Pa	Pt	Sc	Ma	Si
계수	.57	.76	.69	.82	.66	.61	.57	.36	.31	.31	.86	.87	.62	.73

표 2-10. 각 척도별 내적합치도(N = 4, 169)

척도	L	F	K	Hs	D	Hy	Pd	Mf(남)	Mf(여)	Pa	Pt	Sc	Ma	Si
계수	.58	.73	.66	.80	.63	.63	.53	.33	.24	.58	.85	.87	.58	.76

표 2-11a. 척도별 환산점수간 상관표(남, N = 2, 024)

척 도	L	F	K	Hs	D	Hy	Pd	Mf(남)	Pa	Pt	Sc	Ma	Si
F	-.25												
K	.51	-.43											
Hs	-.22	.52	-.31										
D	-.01	.38	-.09	.56									
Hy	-.01	.33	.07	.75	.54								
Pd	-.28	.54	-.26	.41	.41	.41							
Mf(남)	-.06	.19	-.15	.27	.18	.28	.20						
Pa	-.20	.63	-.34	.48	.29	.38	.50	.30					
Pt	-.40	.66	-.63	.61	.54	.37	.51	.28	.58				
Sc	-.41	.78	.61	.62	.40	.37	.53	.27	.65	.86			
Ma	-.34	.36	-.44	.22	-.18	.04	.26	.13	.37	.36	.48		
Si	-.12	.33	-.35	.35	.55	.16	.22	.13	.18	.56	.43	-.14	

그리하여 MMPI 개정의 주요 목적은, 우선 보다 광범위한 인구를 대표할 수 있는 현대적인 규준을 만들고, 일부 좋지 못한 문항들은 다시 쓰거나 버리고 내용의 범위를 넓힐 수 있는 새로운 문항들을 만들어 넣는 일이었다.

여기에서 우리는 한국의 신판 MMPI를 개정하면서 우리가 시도했던 여러 노력들이 미국의 MMPI-2 제작의 목적과 여러점에서 일치함을 볼 수 있다. 가장 중요한 규준집단의 문제를 현대화했고, 불필요하거나 이해가 어렵거나 우리 문화와 맞지 않는 문항들을 수정하거나 일부 교체했으며 어휘의 난이도도 조정했다. 한 가지 하지 못한 것은 문항내용의 범위를 확장하는 작업이었는데 이것의 필요성이나 중요성은 앞에서 수정한 사항에 비하면 비교적 적은 것이라고 생각할 수도 있다. 물론 앞으로 기회가 오면

표 2-11b. 척도별 환산점수간 상관표(여, N = 2,125)

척 도	L	F	K	Hs	D	Hy	Pd	Mf(여)	Pa	Pt	Sc	Ma	Si
F	–.25												
K	.50	–.13											
Hs	–.17	.44	–.29										
D	.00	.31	–.03	.52									
Hy	.03	.28	.08	.74	.51								
Pd	–.26	.51	–.22	.33	.35	.38							
Mf(여)	–.04	.01	–.00	–.10	–.13	–.16	–.03						
Pa	–.20	.59	–.37	.42	.22	.32	.45	–.11					
Pt	–.39	.64	–.62	.55	.51	.33	.46	–.07	.56				
Sc	–.40	.76	.61	.56	.35	.33	.51	.00	.65	.84			
Ma	–.32	.38	–.49	.25	–.20	.08	.25	.05	.40	.38	.53		
Si	–.07	.24	–.24	.23	.52	.07	.10	–.12	.11	.48	.33	–.23	

MMPI-2처럼 보강할 필요는 있다. 이것은 변명이 아니라 한국 임상심리학의 오늘날 현실이다.

3
검사실시와 채점

MMPI 검사자의 자격

지금까지 한국에서는 대부분의 경우 손으로 MMPI를 채점해 왔으나, 최근에는 여러 기관에서 MMPI의 컴퓨터 채점을 실시하고 있다. MMPI의 해석도 외국에서는 컴퓨터로 하고 있다. 그러나 컴퓨터 해석의 경우에도 최종 판단은 자격을 갖춘 임상심리전문가에 의하여 하도록 경고하는 글이 적혀 있다. 그러므로 MMPI의 적절한 사용을 위해서는 다음과 같은 사항이 지켜져야 한다. MMPI를 시행 및 해석하려는 사람은 반드시 검사이론, 성격이론, 정신병리학, 정신과적 진단에 관한 충분한 지식이 있어야 하며, 특히 MMPI의 속성에 관하여 광범위한 지식과 훈련을 갖추어야 한다. 검사의 해석법에 관한 지식을 갖고 있지 않는 사람은 검사시행의 자격도 없으며, 따라서 MMPI의 시행 및 해석은 적절한 훈련과 경험을 갖춘 임상심리전문가가 아니면 안 된다. 흔히 처음 MMPI를 배운 사람들이 경험을 쌓을수록 MMPI가 처음에 생각했던 것보다 해석이 어려우며 해석법에 관한 서적에서 설명하는 것만으로는 정확한 해석이 불가능함을 깨닫게 된다. 특히 MMPI의 해석 오류가 가져오게 되는 예상 밖의 심각한 결과를 경험하게 되면 MMPI의 해석을 아무나 쉽게 할 수 있는 것이 아님을 알게 되며, 검사자의 자격을 엄격히 규제할 필요가 있음에 공감할 것이다.

검사실시

어떤 사람이 MMPI를 제대로 응답할 수 있는가의 여부를 결정하는 가장 중요한 요인의 하나는 독해력이며, 무효 프로파일의 가장 큰 원인도 바로 이 독해력의 부족이다. 원래 MMPI의 문항을 만들 때 미국에서는 초등학교 6학년 수준의 문장으로 만들었으므로 적어도 6년 내지 8년간의 정규교육을 받은 사람이면 별 어려움 없이 MMPI를 해낼 수 있다. 한국에서도 이와 마찬가지이다. 교육수준이 그보다 낮은 사람이라도 만일 독해력만 충분하다면 MMPI를 할 수 있다고 보며, 독해력이 의심스러울 경우에는 학력검사의 6학년 국어문제만을 별도로 시행해 보는 것이 좋다.

독해력 다음으로 중요한 것은 피검사자의 연령과 지능수준이다. 미국이나 한국 모두에서 16세를 下限線으로 잡고 있는데, 미국에서는 12세까지도 독해력만 인정되면 MMPI를 받을 수 있게 규준치가 준비되어 있으나, 한국에서는 아직 그렇지 못하다. 독해력만 충분하다면 연령의 上限線은 존재하지 않는다. Wechsler 성인용 지능검사(전용신 · 서봉연 · 이창우, 1963)에서 언어성 검사 IQ가 80 이하인 사람들은 MMPI를 응답하기에 불가능할 것으로 본다. 그러나 일부 정신과 환자(우울증, 심한 불안증, 혹은 정신분열증)의 경우에는 원래 IQ가 낮지 않으나 정신과적 장애로 인하여 지능검사에서 IQ가 낮게 나오는 경우가 있다. 이 같은 경우에는 물론 MMPI 시행이 가능하다. 이때 IQ의 저하가 정신과적 장애 때문인지 아니면 발병 이전부터 저능이었는지를 확인할 수 있는 객관적 자료(성적표나 학력 등)를 반드시 찾아보아야 한다.

독해력이 부족하거나 IQ가 80 이하라고 해서 무조건 MMPI 실시가 불가능하다고 포기하는 것은 아니며, 때로는 불러 주거나 어려운 단어 몇 개를 설명해 줌으로써 완성하게 할 수도 있다. 미국에서는 테이프에 수록한 MMPI가 사용되기도 하며, 또한 일반적으로 환자들이 가장 어려워하는 단어 6개를 사전식 설명을 붙여 제시하는 방법도 사용한다. 환자가 물어오는 단어의 뜻은 반드시 표준사전의 설명이어야 하며, 환자에게 MMPI 문항을 읽어 줄 때에는 큰 소리로 읽지 말아야 한다. 왜냐하면 큰 소리로 읽는 것은 표준화된 시행규칙에서 의미 있게 벗어나는 행위이며, 그것의 결과가 어떤지에 대해서 아직도 확실히 아는 바가 없기 때문이다. 앞으로 연구를 통하여 표준방법과 큰 소리로 읽어 주면서 시행했을 때의 반응의 차이를 비교할 필요가 있겠다.

환자의 임상적인 상태 역시 또 하나의 고려의 대상이 될 수 있다. MMPI를 끝까지 마치는 일은 대부분의 사람들에게 지루하고 시간이 걸리는 일로서, 매우 불안하거나 초조한 사람들에게 이것은 견디기 어려운 일일 수 있으며, 그런 경우에는 몇 번으로 나누어 시행하는 것도 가능하다. 너무나 정신적 혼란이 심하여 표준방법으로 시행할 수 없을 경우에는 혼자서 문제집으로 하게 하기보다 누가 문항을 하나씩 읽어 주는 방법이 효과적일 수 있는데, 답지는 검사자가 쓸 수도 있고 환자가 쓸 수도 있다. 그러나 환자의 가족이나 친지나 혹은 다른 동료 환자가 읽어 주거나 답지를 써주는 일은 바람직하지 않으며, 때로 반응의 왜곡이 개입되거나 쓰는 사람이 자기 생각대로 응답하는 경우가 있다. 심하게 우울하거나 혹은 의사소통이 불가능한 환자들도 흔히 MMPI를 통하여 다른 방법으로는 얻을 수 없는 유익한 정보를 임상가에게 제공하는 때가 있다.

검사장소는 충분히 밝은 조명과 공간이 확보되어 있고 환기가 잘되며 조용한 곳이어야 하며, 쉽게 답지를 지울 수 있게 연필을 사용하는 것이 좋다. 검사는 개인별로 할 수도 있고, 집단으로 할 수도 있으며, 소요시간은 대부분의 사람들(90% 이상)에서 60분 내지 90분이 보통이다. 때로는 환자에게 검사용지를 주어 집에서 하게 할 수도 있으나 가능하면 검사자가 지정하는 곳에서 검사자의 감독하에 실시하는 것이 가장 좋은 방법이다.

어느 곳에서 누구에게 MMPI를 실시하든간에 검사의 목적(혹은 이유), 결과의 용도, 누가 이 결과를 보게 되는가, 그리고 결과의 비밀보장 등에 관하여 솔직하고 성실하게 설명하여 주고, 그밖에 검사에 대한 제반 질문에 친절하게 답변하여 주는 일이 환자의 협조를 얻는 데 대단히 중요하다. 단순히 말로만이 아니라 신중한 언행과 진지한 태도로 검사자는 이 검사에서 얻어지는 정보가 환자에게나 치료자에게 매우 중요한 자료가 됨을 강조할 필요가 있다. 이와 같은 검사자의 태도나 분위기가 결여되었을 때 흔히 무성의하고 불성실한 답지가 나올 수 있는 것이다.

가장 자주 물어오는 질문의 하나는 현재의 상태(혹은 기분)를 기준으로 하는가 이전의 상태를 기준으로 하는가 하는 질문인데, 검사자는 현재의 상태를 기준으로 한다고 말해 주어야 한다. 때로는 자기에게는 해당되지 않는다고 말하는 경우가 있는데(가령 미혼자에게 성생활에 관한 문항) 이때는 어떤 사실 자체보다 그가 어떻게 생각하는가 하는 것이 더 중요하다고 말해 준다. 문항내용에 대하여 너무 자주 설명을 요구하거나 비판적인 의견을 제시할 때에는, 그의 답지는 철저히 비밀이 보장되며 각 문항별의 답변보다는 여러 문항에 대한 집단적인 대답이 더 중요함을 설명해 준다. 그럼에도 불구하고 빠뜨린 문항이 너무 많거나(> 10) 거부적인 태도를 보일 때에는 다른 성격검사를 시행하는 것이 필요하며, 그와 같은 행동이나 태도 자체가 임상적으로 가치 있는 관심의 대상이 될 수 있다. 특히 인사선발의 목적으로 MMPI를 시행할 경우에 문항내용에 대한 반대의견이 가장 많은데, 작업수행과 이와 같은 문항간의 관련성 여부에 대하여 피검사자들이 제시하는 의문은 그 정당성이 인정될 수도 있다. 그와 같은 경우에 검사자는 MMPI 결과가 어떻게 사용될 것이며, 그것이 인사선발과 어떤 관련이 있는가에 대하여 설명할 수 있어야 한다.

검사 도중에 검사자는 피검사자에게 방해되지 않게 한두 번 정도 검사진행을 확인할 필요가 있으며, 특히 정신혼란이 있기 쉬운 환자들일 경우에는 답지를 정확히 기재하는가 확인할 필요가 있다. 검사자는 피검사자가 질문이 필요할 때 언제나 와서 답변해 줄 수 있어야 하며, 그들이 너무 많이 빠뜨리지는 않는가, 혹은 "그렇다"와 "아니다"에 모두 답하지는 않는가 확인할 필요가 있다. 때로는 답지의 한 줄을 몽땅 빠뜨리는 경우도 있으므로 이와 같은 제반반응 기재상의 오류들을 제때에 발견하여 피검사자로 하여금 정정하거나 보충하도록 하여야 한다. 이때 신상자료(이름, 나이, 학력 등)도 정확하게 기입되어 있는지 반드시 확인하는 것이 중요하다.

채점 및 프로파일 작성

채점의 첫 단계는 답지를 세밀히 살펴보고 빠뜨린 문항이나 이중으로 답한 문항들을 골라 색연필로 표시하는 일이다. 지우개로 지운 것이 남아 있는 곳은 깨끗이 다시 지우고, 잘못 기재된 답을 잉크나 볼펜으로 지운 것이 불분명할 때는 분명히 다시 그 위에 표를 해둔다. 다음에는 답지 위에 채점판을 대고 구멍이 뚫린 곳에 나타나는 답 표시의 수를 세어 답지의 아래쪽에 있는 원점수 줄에 기록하는 일인데, 이때 특히 주의해야 할 일은 채점판의 네 모서리가 답지의 그것에 정확히 들어맞았는가를 확인하고 움직이지 않게 하는 일이다. 때로는 답 표시를 세는 과정에서 채점판이 움직임으로써 원점수의 오류가 있을 수 있다. 또한 척도 5(Mf)에는 남녀별로 답지가 두 가지 있으므로 잘못 대는 일이 없도록 하여야 하며, 만일 원점수가 극단으로 높게 혹은 낮게 나올 경우에는 이와 같은 채점판의 착오가 있지는 않았는가 다시 확인해 볼 필요가 있다.

셋째 단계는 프로파일을 그리는 단계로, 먼저 K교정점수를 산출하기 위하여 'K원점수의 비율' 표에서 주어진 K원점수에 나타나 있는 .5K, .4K, .2K의 값을 척도 1(Hs), 4(Pd), 9(Ma)에 각각 더하고, 7(Pt)과 8(Sc)에는 1K, 즉 K의 값을 그대로 더한 뒤에 규준표에서 각 원점수에 해당하는 T-점수로 환산한다. 환산된 T-점수는 답지의 맨 아래칸에 써넣고 그 값에 따라 프로파일 용지 위에 프로파일을 그리는 것이다. 프로파일 작성에 있어서 K교정치를 구하는 것이 좋은가 아닌가에 대해서는 약간의 논란이 있기도

하나, K교정치가 그 척도들의 감별능력을 향상시켜 주는 것이 입증되고 있으며, 또한 실제로 모든 해석상의 연구가 K교정척도를 기준으로 이루어져 있으므로, 그렇게 하는 것이 바람직하다. 해석 및 연구상에 참고가 되기 위하여 K교정된 척도와 안 된 척도를 실선과 점선으로 함께 작성하는 것도 추천할 만하다.

완성된 프로파일 용지(인성비교표)를 보면 임상가는 각 척도별 원점수와 더불어 표준점수(T-점수)를 알 수 있다. T-점수는 50을 평균으로 하며, 1표준편차는 10이다. 따라서 T-점수로 70은 평균보다 2표준편차가 높은 것을 의미하며, T-점수 30은 평균보다 2표준편차가 낮은 것을 의미한다. 한 척도에서 어느 환자의 T-점수를 알게 되는 것은 다음과 같은 두 가지 이유에서 중요한데, 첫째는, 표준화된 모집단의 규준과 비교하여 그 환자의 MMPI점수가 어디에 있는지를 가리킨다. 예를 들어, 어느 남자환자가 척도 4에서 원점수 19를 나타냈다고 할 때 그것만으로는 그 척도의 의미가 확실하지 않지만, 그가 이 척도에서 T-점수로 50점을 받았다고 할 때는 그는 이 척도에서 원래의 규준집단과는 아무런 차이가 없다는 사실을 말해 주는 것이 된다. 둘째로, T-점수는 그 환자가 나타내는 여러 척도상에서의 점수들을 서로 비교할 수 있게 해준다. 예를 들어, 어느 환자가 척도4에서는 원점수 19를, 그리고 척도6에서는 원점수 15를 얻었다고 할 때, 이것만으로는 그 의미가 확실치 않지만, 그 환자가 척도4에서는 T-점수로 50을, 그리고 척도6에서는 T-점수로 70을 받았다고 할 때에는 이 환자에게 있어서 이 두 척도간의 상대적 중요성이 확실하게 드러나게 된다.

각 원점수의 T-점수 환산치 계산에는 다음 공식이 사용되었다.

$$T = 50 + 10\left(\frac{X - M}{SD}\right)$$

여기에서, X = 그 환자의 원점수

M = 그 척도의 평균점수

SD = 표준편차

예를 들어, 어느 남자환자가 척도2(우울증)에서 28개 문항을 비정상적 방향으로 혹은 그 척도가 구성된 바와 같이 우울증의 기준집단과 같은 방향으로 대답했다면, 위의 공식에서 28을 대입하여 T-점수 77을 얻는다. 이때 소수점 이하는 반올림한다.

$$T = 50 + 10\left(\frac{28 - 16.63}{4.18}\right)$$
$$= 50 + 10(2.7)$$

$= 50 + 27$
$= 77$

인성비교표의 작성방법은 척도별 T-점수를 점으로 찍은 후 3개의 타당도척도(L, F, K)와 10개의 임상척도별로 각각 실선으로 연결하며, 이때 타당도척도와 임상척도간은 연결하지 않는다. 척도 ?의 원점수는 그대로 기입하고 T-점수로 환산하지 않는 것이 상례인데, 그 이유는 대부분의 환자들에서 빠뜨리는 문항이 없거나 별로 많지 않기 때문이다.

이 과정에서 규준집단을 어느 것으로 택하는가 하는 것이 매우 중요하며, 규준집단에 따라 K교정을 하는 때와 하지 않는 때가 있으므로 그것을 반드시 확인해야 한다. 특히 노인집단과 청소년집단에 있어서 비교한 규준집단이 어느 것이었는가를 밝히는 것이 필요하며, 가급적이면 인성비교표의 빈 공간에 어떤 규준을 사용했는지를 기입하는 것이 좋다.

프로파일의 기호(記號)

어느 환자의 MMPI 결과를 해석함에 있어서 각 척도별 T-점수를 하나씩 따로따로 해석함으로써 유익한 정보를 얻어낼 수도 있지만, 대개의 경우는 어떤 형태로 묶어 해석할 때 더 유익한 정보를 얻을 수 있다. 즉, 각 개 척도별 해석과 더불어 척도 서로간에 형성하는 형태를 고찰하는 것이 필요하다는 것이다. 프로파일 해석을 편리하게 하기 위하여 기호를 사용하는 것이 그 프로파일에 관한 기본적인 정보를 간략한 모양으로 기록하고, 서로 다른 프로파일의 수를 처리하기 쉽게 줄일 수 있는 하나의 방법이다. 또한 기호를 표기함으로써 척도별 점수간의 상관적인 정보를 제공하고, 점수들이 차지하는 절대범위를 나타낼 수 있다. 기호화는 또한 유사한 프로파일들을 그들별로 쉽게 묶을 수 있는 방법을 제시하기도 한다.

MMPI 문헌상에는 주로 두 가지 기호체계가 사용되어 오고 있는데, 그 한 가지는 Hathaway(1947)의 원래 체계이고, 두번째는 Welsh(1948)의 보다 개발된 체계이다. MMPI를 전문적으로 다루는 사람은 이 두 가지 체계 모두에 대해서 잘 알고 있어야 하며, 최근에는 대부분의 문헌들에서 Welsh의 체계를 많이 사용하고 있으므로, 여기에서는 그것만 소개하겠다.[1)]

---

1) Hathaway 체계에 대해서 알고자 하는 사람은 *MMPI Handbook*, Vol. 1(Dahlstorm *et al.*, 1972)을 참조하기 바란다.

(1) 각 임상척도의 이름 대신에 숫자를 사용한다.

Hs — 1	Pa — 6
D — 2	Pt — 7
Hy — 3	Sc — 8
Pd — 4	Ma — 9
Mf — 5	Si — 0

(2) 임상척도의 10개 숫자를 T-점수의 순서로 가장 높은 것부터 시작하여 낮은 것 순으로 왼쪽에서 오른쪽으로 쓴다.

(3) 임상척도의 오른쪽을 조금 띄어서 4개의 타당도척도들(?, L, F, K)을 T-점수의 순서로 가장 높은 것부터 시작하여 왼쪽에서 오른쪽으로 쓴다. 이때 임상척도와 타당도척도들의 기호는 각각 따로 기입한다.

(4) 서로 인접한 척도들이 동일한 T-점수일 때에는 척도의 순서로 보아 앞에 오는 척도부터 쓰고 그 척도들 밑에 밑줄을 긋는다. 인접한 척도들이 T-점수상 1점 이내의 차이가 있을 때에도 그 척도들 밑에 밑줄을 긋는다.

(5) 척도의 높이를 표시하기 위하여 다음과 같은 부호를 척도번호들 뒤에 붙인다.

90 및 그 이상	*
80~89	″
70~79	′
60~69	—
50~59	/
40~49	:
30~39	#
29 및 그 이하	#의 오른쪽

만일 위의 10점 범위(T-점수)내에 아무 척도도 들어 있지 않다면, 그래도 거기에 해당되는 부호만은 기입해야 한다.

(6) 타당도척도에 대해서도 4, 5번을 반복하여야 한다.

아래에 Welsh의 기호방법을 예를 들어 표기해 보겠다.

척 도	?	L	F	K	Hs	D	Hy	Pd	Mf	Pa	Pt	Sc	Ma	Si
기 호					1	2	3	4	5	6	7	8	9	0
T-점수	55	62	77	43	62	96	51	42	55	33	88	83	26	24

Welsh Code: 2*78″1−53/4:6#90 F′ L−?/K:

4
타당도척도

MMPI가 최대한으로 정확하고 유용한 정보를 제공하기 위해서는 검사를 받는 사람이 검사제작자가 의도했던 것과 같은 태도로 검사수행에 임해야 할 필요가 있다. 피검사자는 검사문항을 주의 깊게 읽고 그 내용을 잘 파악한 후에, 할 수 있는대로 솔직하고 바른 대답을 반응양식에 따라 표시해야 한다. 이와 같은 절차에서 심하게 벗어나면 프로파일은 무효로 처리되어 해석이 불가능하게 되거나, 혹은 그 사람이 취한 검사태도(test-taking attitude)를 바탕으로 나름대로 그에 상응하는 해석이 붙게 된다. MMPI는 환자의 검사태도까지도 측정하는 최초의 성격검사이다. 다음에 설명하는 MMPI의 4가지 타당도척도들은 잘못된 검사태도를 탐지하게 할 뿐만 아니라 임상척도와 더불어 검사 이외의 행동에 대하여 유추할 수 있는 자료까지도 제공해 준다. 이 장에서는 각 타당도척도의 의미를 살펴보고 흔히 나타나는 척도의 형태를 고찰한 후, TR(test-retest)지수, Carelessness척도 및 Gough Dissimulation척도 등 검사태도에 관한 그밖의 측정방법에 대하여 논의하고, 끝으로 정신병 환자의 위장 및 반응양식(response set)의 탐지에 관하여 논의할 것이다.

MMPI에서의 타당도 개념

전통적으로 타당도의 개념은 검사가 측정하려고 목적하는 것을 실제로 측정하는 정도를 의미한다(Anastasi, 1968). 예를 들어 대학원 적성검사는 앞으로 대학원에서 성공할

학생을 알아낼 수 있는 정도에 따라 그 검사의 타당도가 결정된다. 검사의 타당도는 검사점수와 대학원에서의 어떤 성공지표, 가령 평균학점이라든가 학위의 완성 정도와 같은 사실과의 상관관계에 의하여 측정되는 것이다. 마찬가지로 MMPI의 경우, 어떤 외적 준거, 예를 들어 입원기간이나 정신과적 진단과 같은 제반 변인을 예측할 수 있는 정확도가 타당도의 척도가 될 수 있을 것이다.

MMPI에서 타당도의 두번째 개념은 다소 다른 의미로서, 환자가 검사문항들을 왜곡해서 응답하지는 않았는가를 보는, 즉 그 환자의 검사태도(test-taking attitude)를 의미한다. 환자가 MMPI 반응에서 정확하고 일관된 자기평가를 보여 주었다면 그 프로파일은 타당도가 높다고 말한다. 이 두번째 개념의 타당도란 실제로 환자가 일관성 있게 검사문항들에 응답했는가를 의미하는 것이므로 '신뢰도'란 말이 오히려 더 적절한 표현이 될 것이다. 더 구체적으로 말하면, 신뢰도 중에서도 내적일치도(internal consistency)라는 것이 전통적으로 어떤 사람이 한 검사나 척도에서 일관된 모양으로 반응하는 정도를 나타낼 때 쓰여 온 말이다. 그러나 MMPI에서 '타당도'라는 용어가 오랫동안 이렇게 쓰여 온 역사를 갖고 있기 때문에, 여러 세대에 걸친 임상가들에게 보다 적절한 용어를 쓰게끔 고쳐 준다는 것이 더 비현실적인 일이 될 수도 있다. 따라서 임상가들은 MMPI에서 타당도라는 개념이 가지는 이 특수한 의미를 잘 이해할 필요가 있겠다.

?(알 수 없다)척도

?척도는 환자가 빠뜨린 문항, 즉 답하지 않았거나, 혹은 "그렇다"와 "아니다" 모두에 답한 문항들의 총합이다. 문항의 누락은 대개 피검사자의 반응태도(response set)에 따라 좌우되며, 그 반응태도는 또한 그때의 검사지시에 의하여 많이 결정된다. 모든 문항에 응답하도록 요청하면 대개 그렇게 하며, 대부분의 사람들은 MMPI에서 별로 빠뜨리지 않고 응답한다. ?척도는 다른 타당도척도나 임상척도들처럼 정해진 특정문항들로 구성되어 있는 것이 아니며, 환자는 550개 문항 중에서 어떤 문항이라도 여러 형태(무작위로 혹은 의미 있게 합쳐서)로 빠뜨릴 수 있다. 따라서 '척도'라는 말은 그것을 구성하는 특정문항들이 정해져 있지 않으므로 타당하지 않다고 할 수도 있다.

표준채점 과정에서는 비정상적인 방향으로 답한 문항들만을 세어 보게 되므로 빠뜨린 문항들은 비정상적인 반응이 아닌 방향으로 응답한 것으로 간주된다. 만일 환자가 그 문항에 응답했더라면 비정상적인 방향으로 반응했을는지도 모르므로, 빠뜨린 문항의 효과는 잠재적으로 전체 프로파일 및 빠뜨린 문항이 속한 척도의 높이를 낮추는 결과가 된다. Clopton과 Neuringer(1977)는 무작위하게 빠뜨린 6개 문항군(5, 30, 55, 80, 105, 130)이 얼마나 프로파일 높이에 영향을 주고 프로파일 형태를 왜곡시키는가를 보여 주는 자료를 제공했는데, 임상척도들은 T-점수로 각각 .45, 2.74, 5.61, 7.70, 9.09 및 11.54 점씩 떨어졌다. 보다 더 중요한 것은 프로파일의 상승척도쌍(임상척도 중에서 가장 높은 두 척도)에 있어서 빠뜨린 문항의 각 수준에서 나타나는 30개의 프로파일 중 1, 8, 4, 8, 10 및 17개 프로파일에서 변화가 있었다. 즉 30개 문항만을 빠뜨린 때에는 전체 프로파일의 25% 이상에서 상승척도쌍의 변화가 있었고, 130개 문항을 빠뜨렸을 경우에는 상승척도쌍의 반 이상에서 변화가 나타났다. 따라서 30개 혹은 그 이상의 문항들을 빠뜨릴 때에는 전체 프로파일의 높이는 조금밖에 줄어들지 않지만, 프로파일의 형태에 있어서는 상당한 변화가 있을 수 있는 것이다.

빠뜨린 문항의 수를 가능한 최소한으로 줄이는 것이 좋음은 물론이다. 처음에 시작할 때 환자에게 MMPI를 실시하는 이유와 그것을 잘 마치는 것이 얼마나 중요한가에 대하여 설명해 주는 것이 검사완성에 필요한 환자의 충분한 협조를 얻는 데 도움이 될 수 있다. 만일 환자가 너무 많은 문항(11개 이상)을 빠뜨리면 검사자는 환자에게 빠뜨린 문항들을 다시 한 번 읽어 보게 한 후, 꼭 그렇지는 않더라도 대개 그렇다거나 혹은 대개 아니다에 따라 답하도록 권유한다. 그래도 환자가 많은 문항을 빠뜨리면 검사자는 환자에게 답하지 않은 이유에 대하여 물어 본다.

사람들이 일부 MMPI 문항에 응답하지 않는 이유는 여러 가지 있다. 때로는 부주의나 혼동 때문일 수도 있고, 때로는 자신에 대하여 바람직하지 않은 일들을 용납하기도 싫고 거짓말을 하기도 싫어서 그럴 수도 있으며, 혹은 우유부단하여 어느 한 가지의 답으로 결정을 내릴 수가 없다거나, 문항에 답할 만한 지식이나 경험이 없어서 빠뜨리는 경우도 있다.

여기에서 중요한 문제는 환자가 빠뜨린 문항들을 답하지 못하는 것인가, 아니면 답하지 않으려는 것인가인데, 전자의 경우에는 빠뜨린 문항들이 그에게 해당되지 않는 문항일 수도 있으므로 무시해도 괜찮을 것이다. 그러나 후자의 경우에는 만일 환자가 이들 문항에 실제로 응답했더라면 비정상적인 방향으로 답했을 가능성이 많다. 따라서 현재 나타난 프로파일은 그만큼 타당도가 저하되어 있다고 볼 수 있으며, 그 환자의 참모습이 아닐 수도 있다. 이 두 가지 경우를 식별할 수 있는 기준은 아직도 알려져 있지 않으며, 환자를 자세히 면담하는 방법밖에 없다. 그러나 이 방법은 시간이 많이 걸릴 뿐만 아니라 비실제적이거나 실제로 불가능한 경우가 많으며, 다행히 이런 환자의 수가 적어 큰 문제가 되지는 않는다.

?척도의 점수가 높게 올라가는 경우는 흔하지 않으나, 빠뜨린 문항이 너무 많이 나올 경우엔 그 이유를 밝히는 연구가 필요하다. 지금까지 이 방면의 연구결과는 상충되는 결과를 보이고 있다. Dahlstrom 등(1972)은 방어적인 심리과정이 ?척도의 상승을 초래하는 중요한 원인이라고 설명하고 있으나, 다른 경험적인 연구에서 Tamkin과 Scherer(1957)는 그들의 정신과 환자집단에서 방어적이고 회피적인 태도가 ?척도의 점수를 상승시키는 요인인 것 같지는 않다고 주장하고 있다. 더욱이 Eddy(1962)는 모호성의 불용납이나 불확실성에 대한 욕망 같은 것이 대학의 2학년생 집단에서 ?척도를 상승시키는 문항누락의 수준과 관계가 없음을 발견하였다. 대부분의 환자들에게 문항을 빠뜨리는 사례가 비교적 흔하지 않다는 사실이 이 방면에 대한 연구를 더디게 하고 있기는 하지만, 다양한 임상집단을 대상으로 하는 더 많은 연구가 절실히 요망된다.

빠뜨린 문항의 수와 더불어 가장 자주 빠뜨려지는 문항들도 흥미롭다. Dahlstrom, Welsh 그리고 Dahlstrom(1975)은 그들의 Handbook의 부록 A에 순수 미네소타 성인집단과 3개의 대학생 집단에서 MMPI 각 문항에 대한 누락빈도를 제시하였다. Gravitz(1967)도 직업배치를 위해 고용 전에 실시하는 예비검사로 MMPI를 받은 7,149명의 정상 남성과 4,816명의 정상 여성들이 빠뜨린 각 문항의 빈도를 보고하였는데, 그는 결론짓기를 빠뜨린 문항들은 사사롭거나 비밀스런 감정을 조사하는 문항들이라고 했다. 5% 이상의 빈도로 누락된 문항이 남자에서는 25개, 여자에서는 16개 있었고, 남녀 모두에서 누락되는 문항은 10개 있었다(58, 70, 98, 127, 255, 287, 295, 306, 400, 564). 문항들이 가장 잘 누락되는 척도로는 2(우울증), 5(남성특성—여성특성) 및 0(내향성)으로 밝혀졌다. Ball과 Carroll(1960)의 조사에 의하면 청소년들이 가장 잘 빠뜨리는 문항들은 4개의 내용영역에 속하는 것들이었는데, 즉 청소년에게 적용되지 않는 문항들이나, 종교나 性的 및 신체적 기능에 관한 것이거나, 그밖에 청소년으로서 그들 자신에 대하여 긍정적인 결정을 내릴 수 없거나, 혹은 그렇게 하고 싶지 않는 영역 등이었다.

?척도의 원점수를 T-점수로 환산하는 절차를 Hathaway와 McKinley(1967), 그리고 한국에서는 정범모 등(1965)이 제정한 것이 있는데, 양자 모두가 ?척도상 원점수 30을 T-점수 50으로 환산케 하고 있다. 그것은 곧 빠뜨린 문항 30개가 규준집단의 평균점수가 된다는 가정을 의미하는데, 그렇다면 어느 환자가 100개 문항을 빠뜨렸다고 가정할 때 그것은 T-점수로 69밖에 되지 않으므로 아직도 해석이 가능한 범위에 속한다는 말이 된다. 앞에서 논의한 제반사실들을 감안하여 볼 때 Hathaway와 McKinley(한국에서는 정범모 등)가 프로파일을 왜곡시키지 않고 환자가 빠뜨릴 수 있는 문항의 수를 너무 높게 책정하였음을 볼 수 있다. ?척도상 원점수 30이 나타날 수 있는 빈도는 약 5%이며,

표 4-1. 알 수 없다(?) 척도의 해석

원점수	해석
1~ 6	보통범위에 속하나, 누락된 문항들이 무작위한가, 아니면 어떤 패턴을 이루고 있는가를 살펴야 함. 전자의 경우에는 프로파일을 왜곡할 가능성이 없으나, 후자일 경우에는 그 사람에게 특별한 의미가 있을 수 있으므로 그 내용을 확인할 필요가 있음.
7~30	대부분의 사람들에서 전형적으로 나타나는 것보다는 많은 문항을 빠뜨렸음. 그것들이 속하는 척도를 알아볼 필요가 있으며, 30개에 가까울수록 프로파일의 형태나 상승척도쌍의 왜곡이 있을 수 있고, 그 프로파일의 타당도가 의심됨.
31이상	1. 프로파일이 무효일 가능성이 매우 높음. 2. 문항을 읽고 이해할 수 있는 능력이 부족함. 3. 검사자(의 동기)에 대한 불신감 4. 자신에 관하여 어떤 중요한 정보도 누설시키지 않으려는 조심성 5. 어떻게 답하는 것이 가장 좋게 보일 수 있는 것인지 알 수 없을 때 6. 지나친 강박성으로 인하여 문항에 대한 '바른' 반응을 결정할 수 없음. 7. 검사 및 검사자에 대한 반항적이고 비협조적인 태도 8. 정신적 혼란으로 인하여 문항을 빠뜨린 사실조차 알지 못함. 9. 심한 우울증으로 인하여 문항에 대한 어떤 결정도 내릴 수 없음.

표 4-2. 빠뜨린 문항의 발생원인과 대응방법

원인	대응방법
1. 지나친 강박성으로 인하여 문항 내용의 빈도의 정확성에 과도하게 집착하는 경우.	1. 문항이 요구하는 것은 "대개" 그렇다거나 "대개" 아니다임을 피검사자에게 설명해 준다.
2. 정신적 혼란이나 부주의로 인하여 빠뜨릴 경우.	2. 충분한 시간을 갖고 모든 문항을 주의 깊게 읽어 보고 답하라고 말해 준다.
3. 매우 방어적으로 자신에 관한 중요한 정보를 조금도 누설하지 않으려 할 때, 혹은 어떻게 답하는 것이 가장 좋은지 망설일 때. 검사(자)에 대한 불신감이 있을 때.	3. 중요한 것은 척도점수이며 각개 문항의 점수가 아님을 설명해 주고 문항에 대한 반응은 철저히 비밀을 유지할 것임을 확인해 준다.
4. 검사(자)에 대한 반항적이고 비협조적인 태도.	4. 검사불능. 임상적 면담을 통해 충분히 rapport 형성을 한 후에 다시 시도한다.
5. 우울증이 극도로 심할 때, 혹은 문항 이해가 불가능할 때.	5. 검사불능. 우울증이 다소 경감된 후에 시행해야 하며, 문항이해가 불가능할 경우에는 그 원인을 확인해 본다.

이것은 곧 원점수 30은 Hathaway와 McKinley(1967)가 생각한 것처럼 T-점수 50이 아니라 70에 가까움을 의미한다. 마찬가지로 ?척도상 원점수 100이 나타날 수 있는 빈도는 약 0.5%이며, 이것은 T-점수로 환산할 때 Hathaway와 McKinley가 제시한 것처럼 70이 아니라 80에 가깝다. 따라서 규준표의 ?척도에 대한 T-점수의 환산치는 그 정확성이 의심되며, 임상가는 빠뜨린 문항의 빈도를 보다 정확하게 계산한 T-점수의 환산치를 사용하도록 하여야 할 것이다.

만일 ?척도의 높은 점수가 환자가 검사의 후반부에 있는 문항들에 응답하지 않은 때문이라면, 앞에서부터 400개의 문항은 제대로 응답되어 있으므로 타당도 및 임상척도에 끼치는 영향은 별로 크지 않다. 그러나 연구척도들은 영향받을 수 있으므로 해석하지 말아야 한다.

L 척 도

L척도는 원래 피검사자가 자신을 좋은 모양으로 나타내 보이려는 다소 고의적이고도 부정직하며 세련되지 못한 시도를 측정하려는 척도이다. 이 척도가 높을수록 그 사람은 사회적으로 올바르게 행동한다고 주장하며, 이 척도가 낮을수록 그는 일반적인 인간적 약점을 솔직하게 고백하려 하는 것이다. 이 척도는 이성적 근거에 의하여 선발된 15개의 문항들로 구성되어 있으며, 사회적으로는 찬양할 만하나 실제로는 극히 양심적인 사람들에게서만 발견되는 태도나 행동을 측정한다. 여기에서 다루는 사소한 결점이나 약점들은 대부분의 사람들이 인정하는 것들이나, 고의적으로 자신을 좋게 보이려는 사람들은 그러한 사소한 단점마저도 부인하려 하는 것이다. 그것들은 대개 사소한 부정직이나, 공격성, 나쁜 생각 및 성격적 취약점 등인데, L척도의 문항 몇 개를 소개하면 다음과 같다(괄호 속은 비정상적인 반응임).

"때때로 욕설을 퍼붓고 싶어지는 때가 있다."(아니다)
"가끔 화를 낸다."(아니다)
"때때로 기분이 좋지 않을 때는 짜증이 난다."(아니다)

보다 세련된 비정상적인 반응경향을 가진 사람들은 L척도에서 탐지되지 않을 수 있는데, L척도의 문항들을 살펴보면 어떤 반응이 비정상적인 반응인지를 쉽게 알아볼 수 있는 명백문항들이다. 여러 연구에 의하여 밝혀진 바로는 L척도가 MMPI 문항에 허위로 답하도록 지시받은 세련된 사람들을 성공적으로 탐지해 낼 수 없었다(Dahlstrom *et al.*,

1972; Vincent, Linsz & Greene, 1966). 이 사람들은 L척도 문항에 비정상적인 반응을 하더라도 다른 사람들이 믿어 주지 않으리라는 것을 예측했던 것이다.

따라서, L척도는 심리적 세련(psychological sophistication)의 정도를 나타내는 것으로 생각할 수 있고, 이 점수가 높으면 그와 같은 세련이 부족함을 나타낸다. 대부분의 사람들은 L척도의 문항들에 대해서 채점되는 방향(아니오)으로 답하지 않지만, 정상적인 사람들 중에서도 많은 사람들이 몇 개의 문항에는 채점되는 방향으로 반응하기도 한다. MMPI 표준집단에서의 평균 원점수는 4였는데, 그 후의 연구들에서 L척도의 점수는 교육수준, 지능 및 사회경제적 위치 등과도 관계가 있음이 밝혀졌다. 교육정도가 높을수록 그리고 머리가 좋을수록 L척도의 점수는 낮게 나온다. 대학교육을 받고 사회경제적 계층이 높은 사람으로 원점수 4점 이상을 받는 사람은 드물며 대개는 0점이나 1점이다. 반대로, 심리적으로 세련되어 있지 않은 사람들(일부 소수집단의 사람들이나 혹은 사회경제적 수준이 낮은 사람들)은 높은 점수를 얻는 경향이 있다. 대학교육을 받은 사람으로서 L척도에서 높은 점수를 얻는 사람은 판단력의 결함이 있고 자신의 행동에 대한 통찰력이 부족한 사람일 가능성이 있다. Coyle과 Heap(1965)은 그와 같은 사람들은 편집성의 경향을 가지고 있을지도 모른다는 의문을 제기했지만, 그들 자신이나 다른 학자들도 이 가설을 검증하지는 않았다.

교육이나 사회경제적 수준과 같은 인구통계학적 변인들을 감안하여 L척도의 점수가 예상보다 높을 때에는, 그 사람이 다른 모든 MMPI 문항에 대하여 정직하고 솔직하게 대답하지 않았을 가능성을 우선 생각해 봐야 한다. 그와 같은 검사태도의 결과로 인하여 대부분 혹은 전체의 임상척도에서 그 사람의 점수가 심리적으로 보다 잘 적응하는 것처럼 보이는 방향으로 낮아졌을(왜곡되었을) 가능성이 있다.

이렇게 방어적인 검사태도를 시사하는 것 외에도 L척도의 점수가 높은 사람들은 지나치게 관습적이고, 사회에 순응적이며, 생각에 독창성이 없고, 문제 해결방식에 유연성이 부족하다. 또한 그들은 스트레스나 압력에 대한 인내력이 부족하며, 완고하고, 도덕적이며, 자신의 가치를 과대평가한다. 그들은 억압과 부인(denial) 기제를 과도하게 사용하며, 자신의 동기에 대하여 별로 혹은 전혀 통찰력을 가지고 있지 못한 것으로 보인다. 또한 그들은 그들의 행동이 다른 사람에게 미치는 결과에 대하여 잘 알지 못하며, 아주 드물게 L척도 점수가 극단적으로 높을 때에는 기질적인 원인이든 기능적인 원인이든 완전한 임상적 혼돈(confusion) 상태를 나타낼 수도 있다.

L척도의 상승은 때로 척도1(건강염려증)과 척도3(히스테리)의 상승을 동반하며, 이 척도들도 부인이나 심리학적 취향성(psychological mindness)과 같은 성격기제들을 탐지

하는 것들이다. L척도의 상승이 때로는 척도9(경조증)의 상승과 함께 할 때도 있는데, 이때 환자는 정신병리에 대한 전반적인 부인을 중심으로 과대망상적인 자아개념을 나타낼 수 있다.

Burish와 Houston(1976)은 L척도의 점수가 높은 학생들은 낮은 학생들보다 스트레스 상황에서 더 잘 행동함을 발견하였는데, 그들은 잠재적으로 위협적인 여러 다른 상황들에서 그들의 방어적인 전략을 두루 사용하고 있었다. Matarazzo(1955)도 역시 L척도점수가 높은 남자 의과대학생들이 낮은 학생들보다 덜 불안함을(Taylor 불안척도로 측정해 본 결과) 발견하였다.

표 4-3. 부인(Lie, L) 척도의 해석

T-점수	해 석
44 이하	1. 모든 문항을 "그렇다"로 답하는 반응태도가 있을 수 있음. 2. 인간의 일반적인 약점(도덕적 혹은 사회적)을 인정할 수 있는 능력이 있고 3. 비교적 독립적이며 자기신뢰감이 높고 4. 대체로 교육수준이 높은 정상적인 사람. 5. 자신을 극히 병적으로 보이려는 환자.
45~59	1. 사소한 사회적 약점을 적절히 부인하거나 인정할 줄 알며 2. 호감을 주는 자아상을 창조하려 시도하는 세련된 환자
60~69	1. 보통보다 다소 더 사회적 순응성이 높고 도덕적으로 조심성이 많은 정상인 2. 부인방어를 잘 쓰는 환자
70 이상	1. 가장 보편적인 인간의 약점도 부인하려 하며 2. 자기의 가치나 도덕성을 비현실적으로 그리고 경직되게 강조하려 하고 3. 자기통제가 매우 강하고 자기행동의 동기가 무엇인지 통찰력이 부족하거나 결여 되어 있으며 4. 매우 세속적이고 사회적 순응성이 강하고 5. 인사선발과 같은 상황에서 과도하게 좋은 인상을 주려고 애쓰는 세련되지 못한 정상인. 6. 스트레스에 대한 인내력이 약하고 7. 사고의 독창성이 없으며 문제해결에서 유연하지 못하고 8. 자신의 행동이 다른 사람에게 어떤 결과를 주는지 알지 못함 9. 매우 방어적이고 특히 부인이나 억압방어가 강한 환자(주로 히스테리성 장애나 신체화장애)이거나 10. 정신과 입원환자로서 모든 임상척도가 70T 이하로 낮으면 혼란된 정신증 환자일 수 있음.

L척도 점수가 낮은 사람들은 MMPI 문항에 솔직하게 답한 사람들이며, 자신의 사소한 결점이나 문제점들을 인정할 수 있을 정도로 자기 자신에 대하여 충분한 자신감을 가지고 있는 사람들이다. Gough, McKee 그리고 Yandell(1955)은 이들을 지각력이 우수하고, 사회적 반응이 풍부하며, 독립적이고, 자기 신뢰감이 높은 사람들이라고 기술하고 있다. 그들은 강하고, 자연스러우며, 부드럽고, 지도력을 행사하는 역할에서도 효율적으로 기능한다. 또한 그들은 때로는 다른 사람들에게 다소 냉소적이고 비꼬는 것 같은 인상을 주기도 하지만, 자신의 생각을 효과적으로 타인에게 표현할 수 있다.

L척도에 대한 검사-재검사 신뢰도 지수는 F나 K척도에 대해 보고된 것보다 다소 낮은 경향이 있다(Dahlstrom *et al.*, 1975). 일주일까지의 간격에 대한 신뢰도 지수는 .70에서 .85 사이에, 그리고 일 년 이상의 간격에 대한 것은 .35에서 .60 사이에 분포되어 있다.

L척도상에서 여러 원점수들이 나타나는 빈도에 대한 임상적 경험을 근거로 하여 Hathaway와 McKinley(1967)는 L척도에서 원점수 7은 T-점수로 70과 같아야 한다고 제의하며, Rosen(1952)은 원점수 10은 T-점수로 80에 해당된다고 주장하였다. 이러한 배점은 현재 한국에서 사용되고 있는 규준표의 배점과 다르므로 표 4-3에 새로운 배점과 그에 따르는 해석을 제시하였다.

F 척 도

F척도는 검사문항에 대하여 보통과는 다르거나 혹은 비전형적인 방법으로 응답하는 사람들을 탐지하기 위하여 선발된 64개의 문항들로 구성되어 있다. F척도는 거의 언제나 어느 사람의 생각이나 경험이 일반 대중들의 그것과 다른 정도를 측정한다. F가 높을 때 고의적으로 나쁘게 보이려는(faking-bad) 경우는 매우 드물다. 대학생이나 창조적 활동을 하는 사람들의 경우 어느 정도 일반 사람들과 다른 생각을 가지고 있는 예가 적지 않은데, 이때도 65T 정도가 보통이다. F척도가 높아질수록 그 사람이 가지고 있는 문제영역이 많고 문제의 정도가 심함을 의미한다. 대부분의 다른 척도들과는 달리 F척도는 기준집단과 정상집단간의 문항반응을 비교하여 만들어진 것이 아니라, 정상 성인 피험자로부터 이들 문항에 비정상적인(채점되는) 방향으로 답하는 사람이 10%를 넘지 않는 문항들로 구성되었다. 따라서 만일 어떤 사람이 F척도에서 많은 문항에 채점되는 방향으로 답했다면, 그는 대부분의 정상적인 사람들이 하는 것처럼 반응하지 않은 것이 된다. F척도를 때로는 빈도(frequency) 혹은 희귀(infrequency) 척도라고도 부르나 F라

고 붙이게 된 정확한 경위는 알려져 있지 않다.

Comrey(1958)의 요인분석에 의하면 F척도의 64개 문항들은 19개 내용차원으로 구분할 수 있는데, 거기에는 편집성 사고, 반사회적 태도나 행동, 적대감, 기태적(bizarre) 감각, 비정상적인 사고나 경험, 고립감 및 그밖의 여러 가지 모순되는 사상이나, 기대, 혹은 자기진술 등이 포함되어 있다. F척도 문항의 예를 들어보면 다음과 같다.

"사람들과 같이 있을 때는 아주 이상한 얘기를 듣게 된다."(그렇다)
"내 혼이 가끔 내 몸을 떠난다."(그렇다)
"법률은 반드시 지켜야 한다."(아니다)

F척도 문항의 대부분(64개 중에서 35개)은 F척도에서만 채점되나, 21개 문항은 정신병적 네 쌍(6[편집증], 7[강박증], 8[정신분열증], 9[경조증])과 중복된다. 따라서 F척도에서 점수가 높을 때에는 임상척도들이 높아지며, 특히 척도 6과 8이 높아진다.

임상적으로 F척도는 다음과 같은 세 가지 중요한 기능을 한다. 첫째로, 그것은 검사태도의 지표로서 이상반응의 경향을 탐지하는 데 효과적이다. 둘째로, 프로파일이 무효(invalid)가 아님이 확인될 경우 F척도는 정신병리의 정도를 나타내는 좋은 지침이 되며, 이 점수가 높을수록 정신병리가 심하다고 볼 수 있다. 셋째로, F척도의 점수를 통해서 그의 일반적인 성격이나 행동양식 혹은 사고형태를 알 수 있다.

F척도의 상승과 프로파일의 타당도 및 정신병리의 정도와의 관계에 대하여 많은 연구가 진행되어 왔다. 처음에 Hathaway와 McKinley(1951)는 F척도의 T-점수가 70(원점수 $\geq$ 12) 이상이면 프로파일의 무효를 생각해 봐야 한다고 했으나, 그 후에 많은 학자들의 연구결과 F척도의 점수가 높다고 하여 일률적으로 무효라고 할 수는 없음이 밝혀졌다.

F척도의 T-점수가 100 이상(원점수 $\geq$ 26, 한국판 36)일 때는 프로파일을 무효화시킬 수 있는 이상반응 경향을 생각해 보아야 한다. 가령 무작위반응(random responding)이나, 모든 문항에 "그렇다"로 대답했거나, 혹은 고의적으로 나쁜 반응을 위장했을 때 F척도가 100 이상으로 상승할 수 있다. 정신과적인 장애가 심한 사람으로서 이 정도로 높은 F척도 점수를 보이는 예는 매우 드물다. 그러나 Gynther, Altman 그리고 Warbin(1973)의 연구결과에서는 F척도의 T-점수가 100 이상인 정신과 환자들에서도 신뢰성이 있고 중요한 자료를 얻을 수 있다고 했다. 이러한 환자들은 망상,환시 혹은 환청, 현실회피, 판단력 장애, 혼란을 수반한 정신증 진단, 두뇌의 기질적 손상 및 입원 이유의 이해 불능 등의 특징을 보이고 있다.

일부 비행청소년 중에서 F척도가 이 정도로 상승하는 경우가 있는데, 그 주된 이유는 F척도의 문항들이 청소년 비행행동을 직접적으로 묘사하기 때문이다. Archer(1984, 1987)는 대부분의 청소년들이 성인들보다 F척도 점수가 높은 경향이 있으며, 이것은 이들 문항의 상당수가 청소년들에게는 생소한 내용이 아니기 때문이라고 지적하였다.

T-점수로 80에서 99에 속하는 F척도를 보이는 사람들은 모든 문항에 "아니다"로 대답했거나, 혹은 고의적으로 나쁘게 왜곡(malingering)하여 대답했을 가능성이 있다. 또는 검사를 이용하여 도움을 간청할 목적으로 이렇게 문제성을 과장하여 반응하는 사람도 있을 수 있다. 그 밖에 검사에 매우 저항적인 사람들도 이 범위에 속하는 점수를 보이는 경우가 있다. 특이한 반응성향(deviant response set)으로 인한 것이 아님을 확인할

표 4-4. F척도의 해석

T-점수	해 석
50이하	1. 비교적 스트레스를 느끼지 않는 정상인 2. 사회적 순응도가 높음. 3. 심한 정신병리를 부인하려 함(faking-good).
50~64	1. 어떤 특별한 영역에 문제가 있을 수 있음(가정문제, 종교문제, 건강문제 등). 2. 70T 이상의 임상척도가 있으면 그것이 나타내는 문제에 적응되어 별로 걱정하지 않는 상태 3. 외견상 잘 나타나지 않는 정신병 환자
65~79	1. 보통과는 매우 다른 사회적, 정치적 혹은 종교적 사고방식을 가지고 있는 사람 2. 자아정체 문제로 고민하고 있는 청소년 3. 정신증적 장애 및 행동장애, 심한 신경증 4. 현실검증력의 장애
80이상	1. 무효(혹은 무작위) 프로파일: 고의적, 문맹, 비협조적 2. 심하게 혼란된 정신병적 환자 혹은 두뇌손상 환자 3. 극도로 불안하고 도움을 원하는 경우 4. 자아정체 위기를 겪고 있는 청소년 5. 그 사람이 겪고 있는 정신병리의 심한 정도를 반영함. 사고장애, 판단력 장애, 사회적 회피 및 언어감소 등 6. 고의적으로 병을 가장하거나, 보통과는 매우 다르게 보이려 하는 사람(청소년)

수만 있다면, 이 범위에 속하는 F척도의 점수는 매우 심한 정신병리를 의미한다. 뚜렷한 정신병적 상태를 보이는 사람들에서 이 수준의 F척도 점수를 나타내는 예가 많다.

정신병적 상태에 있는 사람들과 심한 신경증으로 진단된 사람들에서 흔히 T-점수 65에서 79의 범위에 속하는 F척도 점수를 볼 수 있다. 뿐만 아니라 매우 특이한 사회적, 정치적, 혹은 종교적 신념을 가지고 있는 사람들이 이 수준의 점수를 나타내는 예가 있다. 그러한 경우에는 구체적으로 응답한 문항들을 찾아보는 것이 그 같은 신념의 존재 여부를 탐지하는 데 도움이 된다. Gough 등(1955)의 연구에 의하면 심한 정신병리를 비교적 잘 나타내지 않는 사람으로서 이 범위의 점수를 보이는 사람들은 변덕스럽고, 말을 잘 안 들으며, 안절부절하고, 가장하기 잘하며, 불만감이 많음을 발견하였다. 그 밖에도 이 같은 사람들은 불안정하고, 호기심이 많고, 복잡하고, 독선적이며, 기회주의적인 경향이 있기도 하다.

F척도 점수가 T-점수 50에서 64의 범위에 속하는 사람들은 대체로 정상적인 생활을 하고 있으면서 어떤 제한된 영역에서 문제를 가지고 있는 사람이든가 아니면 만성 정신병이나 혹은 성격장애를 갖고 있는 사람일 가능성이 있다. 아무튼 임상적 경험으로 보아 이 범위에 속하는 사람들이, 특히 정신과에 찾아온 사람일 경우에는, 어떤 만성적인 장애를 가지고 있는 경우가 많다. 정상인이면서 F척도 점수가 이 범위에 속하면 어딘가 석연치 않은 측면이 있을 가능성이 있으므로 주의 깊게 관찰할 필요가 있다.

F척도 점수가 50 이하인 사람들은 심한 정신병리가 없고 사회적 순응성이 좋은 사람들로서 정상적 생활을 하고 있다고 볼 수 있다. 그러나 일부 정신과적 문제가 있는 사람들이 자신을 고의적으로 좋게 보이기 위하여 정상인처럼 반응할 때가 있는데, 특히 정신과 환자일 경우에는 성격장애나 신경증을 의심해 볼 필요가 있다.

F척도의 검사-재검사 신뢰도 지수는 2주까지의 간격에는 .80에서 .97까지의 범위에, 그리고 8개월에서 3년까지의 간격에는 .45에서 .76의 범위에 분포되어 있다(Dahlstrom *et al.*, 1975). F척도의 상승은 전체 임상척도의 전반적인 상승과 정적인 상관관계가 있고, 특히 성인 및 청소년 정신과 환자 모두에서 척도6(편집증)과 척도8(정신분열증)의 상승과 정적인 상관관계가 있다(Dahlstrom *et al.*, 1972). F척도의 상승은 또한 그 환자가 겪고 있는 심리적 고통의 심한 정도에 대한 대략적인 지표이기도 하며, 이것이 높을수록 더 심한 고통을 의미한다. 그러나 임상가들이 명심해야 할 사항은 F척도 문항의 내용들이 알기 쉬운 것들이어서 환자가 필요에 따라 마음대로 F척도 점수를 높이거나 낮출 수 있다는 사실이다.

K 척 도

K척도는 현저한 정신적인 장애를 가지고 있으면서도 정상적인 프로파일을 보이는 사람들을 식별하기 위하여 경험적으로 선택된 30개의 문항들로 구성되어 있다. 이 척도가 측정하는 것은 방어성과 경계심이며, 따라서 L척도가 측정하는 행동의 일부와 중복되나, L척도보다는 매우 은밀하게 그리고 세련된 사람들에게서 측정한다는 점이 다르다.

K-교정 프로파일은 임상척도의 원점수에 규준집단과 기준집단간의 감별을 극대화할 수 있는 K의 비율을 더하는 것으로 정해진다. McKinley, Hathaway 그리고 Meehl(1948)은 K의 일부를 첨가함으로써 다섯 개의 임상척도에서 감별력이 증진될 수 있다고 생각하여 척도7(강박증)과 8(정신분열증)에는 K의 원점수 전부를 더해 주고, 척도1(건강염려증), 4(반사회성) 및 9(경조증)에는 K의 일정비율(.5, .4 및 .2)을 각각 더하여 교정하도록 했다. McKinley 등은 다른 임상척도들(척도2〔우울증〕, 3〔히스테리〕, 5〔남성특성-여성특성〕 및 6〔편집증〕)에는 K를 더하여 주는 것이 오히려 그들의 감별능력을 감소시킴을 발견하였다.

MMPI 연구자들은 K-교정 자체보다도 K척도의 다른 측면에 대해서 검토해 보았다. 몇몇 연구가들(Heilbrun, 1961; Smith, 1959; Sweetland & Quay, 1953)은 방어성(defensiveness)의 정도로서 K척도가 적절한가를 검토한 결과 정상인에서 K척도는 방어성의 정도를 나타내는 것이 아니라, 성격적 통합성과 건강한 적응의 정도를 나타내는 것이라고 보고하였다. 또한 Tyler와 Michaelis(1953) 및 Yonge(1966)도 정상 대학생집단에서 K척도는 정신병리를 의미하는 다섯 개의 K-교정척도의 높이와 의미 있게 역비례적 관계에 있음을 보고하였다. 그러나 적응곤란을 나타내는 대학생들을 대상으로 한 연구에서 Heilbrun(1961)과 Nakamura(1960)는 K척도가 방어성의 정도를 나타냄을 발견하였다. 따라서 K를 방어성의 정도로 해석하는 것이 적절한가의 여부는 피검사자의 유형에 따라 결정된다고 말할 수 있겠다. 정상인들에서 K척도의 높은 점수는 방어성을 의미하는 것이 아니나, 적응곤란을 보이는 집단에서의 높은 K점수는 방어성을 시사하는 것으로 해석할 수 있다.

임상가가 명심해 두어야 할 또 한 가지 사실은 K교정치가 부가되는 임상척도에서 환자들은 여러 가지 방법으로 높은 점수를 얻을 수 있다는 점이다. 그들은 임상척도 자체에서 많은 문항들을 비정상적인 방향으로 응답할 수도 있고, 혹은 K-교정과정에서 많은 점수를 첨가받을 수도 있다. 예를 들어, 어느 여자 환자가 척도8(정신분열증)에서 K-교정된 원점수로 40을 받았다고 할 때, 척도8에서 15문항과 K척도에서 25문항을 받을 수도 있고, 혹은 척도8에서 35문항과 소척도에서 5문항을 받을 수도 있다. 이 두 원점수에 대한 척도8에서 K-교정을 하지 않은 T-점수는 각각 55와 80이다.[1] 따라서 후자의 경우가 전자보다 정신분열증적 증상을 더 많이 나타낼 수 있음은 물론이다. 그렇다고 하여 K-교정 점수나 혹은 K-교정이 되지 않은 점수가 더 정확하다는 말은 아니다. 중요한 것은 그와 같은 점수를 받는 환자들이 임상적 및 행동상으로 매우 다를 수 있다는 점이며, 이와 같은 차이점을 임상가는 알아 둘 필요가 있다는 사실이다.

K척도가 낮으면(즉 환자가 시종일관 문제점을 시인하는 경우) 임상프로파일은 흔히 높아지게 되고, 특히 정신병적 네 쌍(척도 6, 7, 8, 9)에서 그러하며, K척도가 높아지면 일반적으로 프로파일은 낮아지나 신경증 세 척도(척도 1, 2, 3)는 높아지는 바, 이와 같은 현상은 성인 정신과 환자나 청소년 환자 모두에게서 나타난다(Dahlstrom *et al.*, 1972).

K척도는 그에 대한 T-점수를 표준방식으로 산출한 유일한 타당도척도이다. 또한 K척도는 그 프로파일이 무효임을 나타내는 특수한 점수가 없는 유일한 타당도척도이기도 하다. 그러나 임상가는 특수한 상황에서 MMPI를 하게 되는 사람들에게서 비전형적으로 나타나는 K척도에 대하여도 잘 알고 있어야 한다. 예를 들어, 인사선발의 경우에 나타나는 매우 낮은 K점수는 비정상적인 것이며, 그와 같은 경우에는 그 점수들을 상세히 관찰해 볼 필요가 있다. 반대로 정신과적 상황에서 매우 높은 K점수 역시 비정상적인 것으로 정신병리가 이미 알려지고 있거나 혹은 확실히 의심되는 환자에게서 K점수가 높게 나왔을 때, 그 환자는 어떤 종류의 심리적 장애에 대하여 방어적인 태도를 취하고 있을 수 있으며, 그러나 그 장애의 원인은 프로파일에서 정확하게 알아낼 수 없다. Duckworth와 Anderson(1986)에 의하면, 정신과 장면에서 K점수가 낮으면($T < 45$) 낮을수록 환자의 문제가 더욱 심하고, 만성적이며, K척도에서 T-점수 35에서 45 사이를 보이는 환자들은 결혼문제, 가정문제 및 직장문제와 같은 주로 환경적인 곤란을 나타낸다고 한다. 반면에, Caldwell(1977, 1985)에 의하면 K척도의 상승($T > 65$)은 정서적 격렬성의 공포와 친밀성의 회피를 나타내고 일반적으로 정서적 반응의 현저한 위축을 초래하는 바, 정신과적 환자집단에서는 상당한 억제를 의미하며, 특히 억압과 합리화 기제가 작동하고 있음을 시사한다고 한다.

---

1) 이 점수는 미국에서 사용하는 K-교정을 하지 않은 T-점수 환산표에 의한 것이며, 이와 같은 환산표가 한국에서는 제정되어 있지 않음.

표 4-5. K척도의 해석(정신과적 장애가 있는 환자들)

T-점수	해석
35 이하	1. 자신의 단점을 과장하거나, 자신에 관하여 나쁜 점을 강조하고자 함. 2. 심한 정서적 장애를 가지고 있는 것처럼 문제를 조작했거나 과장함. ㉠ 특별히 도움이나 관심을 청하기 위하여 ㉡ 고의적인 과장(malingering) 3. 입원을 요하는 급성 정신증적 장애
36~45	1. 공개적으로 인정하는 심한 정신적 장애를 가지고 있고, 자기 자신 및 타인에 대하여 비판적인 태도를 가지고 있음(F > 60T). 2. 제한된 성격적 자질과 강한 자기불만을 가지고 있으나, 자신의 상태를 향상시킬 만한 대인관계 기술이나 능력이 결여되어 있음(Es < 45T). 3. 자신의 행동이나 동기에 대한 통찰력이 결여되어 있고 타인의 동기에 대하여 의심이 많음. 4. masochistic confessor 5. 교육수준이 낮은 환자에서는 중등도의 장애를 나타내나, 수준이 높은 환자에서는 심한 장애와 자아력의 약화를 나타냄. 방어기제의 약화
46~59	1. 자기노출과 자기보호간에 적절한 균형을 유지하고 있는 환자임. 2. 심리적인 치료를 원하고 견딜 수 있는 충분한 성격적 자질을 가지고 있음. 3. 교육수준이 높은 환자에서는 중등도의 장애가 예상됨. 4. 심리적 치료의 예후는 양호함.
60~69	1. 심리적인 장애를 인정하려 하지 않으며 방어적인 환자임. 2. 부인(denial)과 히스테리적 방어가 특징적이고, 특히 저수준 환자에서 그러함.
70 이상	1. 외견상 적절함과 통제력을 과시하려 무척 노력하며, 여하한 문제나 약점도 자신에게서 인정하려 하지 않음. 2. 자신의 문제에 대한 이해나 정서적 통찰이 심히 결여되어 있고, 평가도 거부함. 3. 환자역할을 거부하고, 극단적으로 방어적이며, 프로파일에서 그의 문제성을 식별하기 곤란함. 임상척도들이 낮아질 수 있음. 4. 임상척도들이 동시에 크게 상승하여 있을 경우에는 심한 정신적 장애가 있으나 본인은 그것을 알지 못하고 있는 상태임.

표 4-6. K척도의 해석(정상인)

T-점수	해　　　석
45 이하	1. 스스로 자기문제를 해결할 능력이 부족함을 인정하고 있는 상태. 정신병리의 유무를 감별할 필요가 있음. 2. 스트레스를 겪고 있는 대학생(F > 60T)
46～55	1. 자기노출과 자기보호간에(혹은 자기평가와 비판간에) 적절한 균형을 유지하고 있는 사회경제적 수준이 낮거나 교육정도가 낮은 사람 2. 사회경제적 수준이 높은 사람(대학생 포함)이라면 스트레스를 겪고 있고, 자기수준의 다른 사람들처럼 생활이 행복하지 않은 사람
56～69	1. 중상류 및 상하류 집단과 대학생에서 전형적임. 2. 정신건강이 양호함. 잘 적응하고, 통찰력이 있고, 독립적이며, 일상적인 문제를 잘 처리할 수 있는 능력이 있음. 사고가 명료하고 합리적임. 스트레스를 받더라도 문제해결을 위하여 타인의 도움을 청하려 하지 않음. 3. 사회경제적 수준이 낮은 사람이라면 다소 방어적이고 사회적으로 바람직한 인상을 주려는 태도가 있음. 4. 좋은 인상을 보이려는 직업응모자, 입학지원자(박사과정 등)
70 이상	1. 방어적 성질을 띤 적절성 혹은 적응력의 외형 강조 2. 타인들과의 깊은 정서적 친근성을 두려워하며, 감정표현을 잘 못하고, 수줍어함. 유연성이 부족하고, 경직되어 있으며, 타인의 비정상적인 행동이나 태도에 대해서도 용인하지 않으려 함. 3. 검사 이유나 목적 혹은 비밀보장에 관한 설명이 부족한 검사 지시상황에서 자기노출에 다소 조심성이 많은 방어적인 대학생 4. 여자의 경우는 남자보다 자신을 더 엄하게 심판하므로, 방어적 태도보다는 효율성을 반영할 수 있음.

K척도의 해석은 피검사자의 사회경제적 수준과 교육정도 및 MMPI가 시행된 장면(즉, 인사선발, 정신병원, 대학의 상담실 등)에 따라 현저하게 달라질 수 있다. 정신병리가 의심되거나 혹은 확인된 사람들의 K척도 상승수준 및 그에 따른 해석법을 표 4-5에 요약하고 정상인에 대한 것은 표 4-6에 요약하였다.

K척도에 대한 검사-재검사 신뢰도 지수는 2주까지의 간격에서는 .78에서 .92까지의 범위에, 그리고 8개월에서 3년까지의 간격에서는 .52에서 .67의 범위에 분포되어 있다(Dahlstrom 등, 1975).

타당도척도의 여러 형태

타당도척도들을 각각 하나씩 해석하는 방법뿐만 아니라 그것들(L, F, K)이 이루는 형태를 관찰하는 방법 또한 매우 필요한 일이다.

대부분의 임상 및 정상인 집단에서는 다음의 4가지 타당도척도 형태가 가장 자주 나타난다. 3가지 타당도척도들을 각각 보통, 보통상, 보통하로 그 높이에 따라 분류한다면 27개의 형태가 있을 수 있으나 실제로는 몇 가지 제한된 수의 타당도척도 형태만이 보편적으로 나타난다. 흔히는 타당도척도 형태를 작성할 때 ?척도는 빼놓는 것이 상례인데, 그 이유는 ?척도는 대부분의 사람들에서 상승하는 예가 드물고, 표준 프로파일표에는 그려 넣지도 않는 경우가 많기 때문이다.

대부분의 임상장면에서 가장 자주 보게 되는 타당도척도 형태는 그림 4-1(굵은 선)

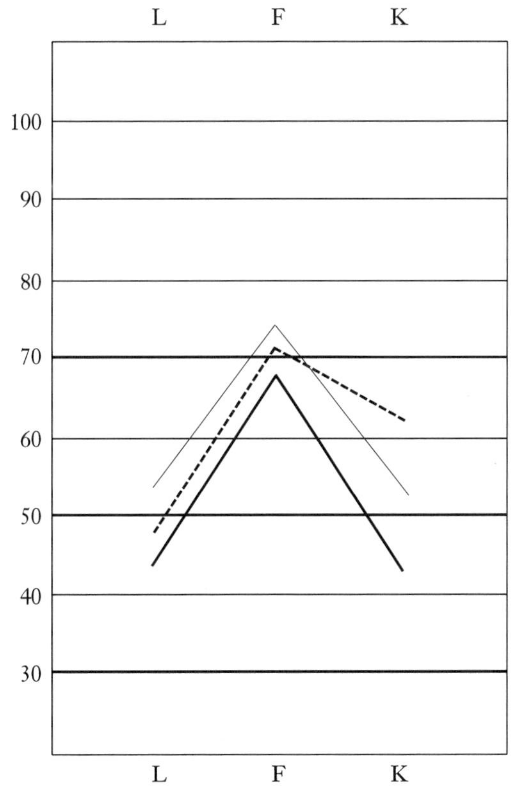

그림 4-1. 타당도척도: 삿갓형

이다.

이 형태의 기본적인 특징은 L척도와 K척도가 T-점수 50 이하이며 F척도는 T-점수 60 이상이라는 점이다. 이때 환자는 자신의 신체적 및 정서적 곤란을 인정하고, 이 같은 문제에 대한 도움을 요청하며, 이 문제들을 해결할 수 있는 자기의 능력에 대하여 자신이 없는 상태이다. F척도 점수가 증가할수록 환자에게는 더욱 많은 문제가 생기고, 또한 스스로도 더욱 어렵게 느껴지며, 보다 빨리 도움을 얻고자 증상을 과장하거나, 혹은 일부러 정신적 장애가 있는 것처럼 위장하는 것으로 볼 수 있다. 이와 같은 F척도 상승의 여러 원인 중에서 어느 것이 타당한가를 결정하기 위해서는 Gough의 Dissimulation 척도나 명백-모호 소척도와 같은 다른 타당도 지표들을 사용하는 것이 좋다. 대부분의 경우 이 타당도 형태가 어떤 심리적 치료나 조처에 도움이 되기에 가장 바람직한 상태를 나타내는 것이라 할 수 있다. 단, 여기에 두 가지 조건이 있는데, 하나는 F척도가 T-점수 80을 넘지 말아야 하며, 다른 하나는 K척도가 40 이하로 떨어지지 말아야 한다는 것이다. 전자의 경우는 환자가 스트레스와 갈등을 너무 심하게 겪고 있어서, 이 같은 스트레스와 갈등의 일부를 경감시킬 때까지 어떤 심리치료적인 조처도 취할 수 없는 상태이다. 후자의 경우에는 환자가 자신의 문제에 대한 해결책을 강구하는데 필요한 정신적 혹은 심리적 자질을 가지고 있지 못할 수 있다. 정신과 병동에서 이 같은 타당도척도 형태를 보이는 환자들은 다른 종류의 타당도척도 형태를 보이는 환자들보다 충동억제력이 약하고, 부적절하며, 파괴적인 행동을 나타내는 빈도가 더 많다고 보고되고 있다(Post & Gasparikova-Krasnec, 1979). 환자의 상태가 호전되기 시작함에 따라 F척도의 상승은 감소하고 K척도의 상승이 증가하게 된다.

이 타당도척도 형태에는 다시 두 가지 변형이 있는데, 첫째 변형에서는 L척도와 K척도가 T-점수 50에서 60 사이에 있고 F척도가 T-점수 70 이상으로 상승되는 경우이다(그림 4-1에서 가는 선으로 된 도형). 이 환자는 자신의 문제를 인정하면서 동시에 이들 문제에 대하여 자신을 방어하려고 애쓰는 사람으로서, 이때 F척도의 높이가 증가함에 따라 문제의 심한 정도도 증가한다. 이같이 비효율적인 방어와 동시에 다소 심한 문제들도 인정하려는 태도는 만성적인 적응곤란 환자들에게서 전형적으로 볼 수 있는 현상이다(Gross, 1959). 이 종류의 환자들은 대부분의 심리학적 치료에 대하여 별로 좋은 효과를 나타내지 않으며, 시간이 경과하여도 이 형태의 어떤 변화는 잘 일어나지 않는다.

두번째 변형으로는 L척도가 T-점수 50 이하이고 F척도는 K척도와 같거나 혹은 보다 크며, K척도는 T-점수 55 이상인 경우이다(그림 4-1에서 점선으로 된 도형). 이 변형에 속하는 환자는 오랫동안 지속되어 온 문제를 가지고 있으나 이제는 거기에 하도 잘 적응이 되어 별로 불편을 느끼지 않으며, 그러면서도 문제점만은 인정하고 있는 상태이다. F척도의 높이가 증가할수록 문제의 수나 심한 정도도 증가하며, 그럼에도 불구하고 환자는 여전히 마음 편하게 느낀다. 이 환자는 오직 현재의 문제를 처리할 수 있는 도움만을 바라며, 현재의 스트레스가 경감되기만 하면 만족해 한다. 스트레스의 경감과 더불어 나타나는 이 형태의 유일한 변화는 F척도 상승의 감소이다.

네 가지 보편적인 타당도 형태 중 두번째는 그림 4-2로서, L척도와 K척도는 적어도 T-점수 60 이상으로 상승되고 때로는 T-점수 70에 가까울 수도 있으며, 반면에 F척도는 T-점수 50에 가깝거나 혹은 그보다 낮다. 이 환자는 바람직하지 못한 감정이나 충동 혹은 문제들을 부인하거나 회피하려 하며 자신을 가능한 한 가장 좋게 보이려고 애쓰는 사람이다. 그는 비교적 단순하며, 세상을 선과 악의 양극단으로만 보려는 경향이 있다. 이들은 대개 적절한 사회적 적응을 하고 있거나, 기껏해야 가벼운 행동장애 정도를 보

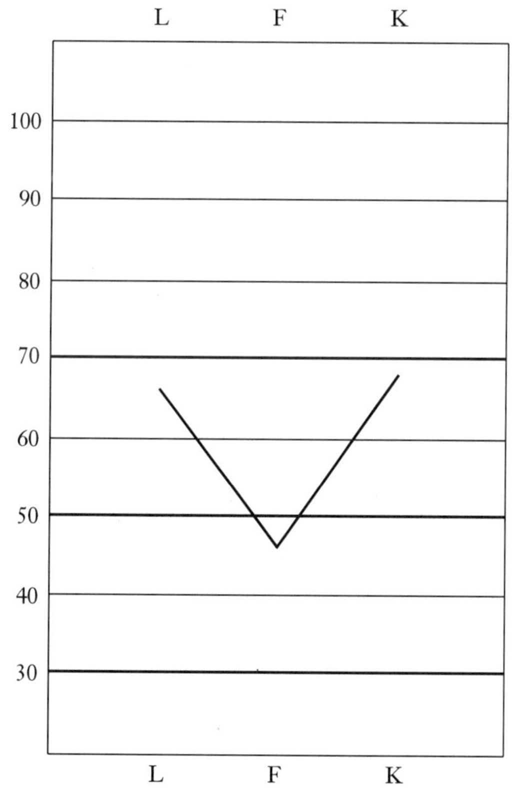

그림 4-2. 타당도척도: V자형

이는 사람이다(Gross, 1959). 그러나 정신과 병동에서는, 특히 임상척도들도 정신병적 상태를 나타내는 경우, 이와 같은 타당도척도 형태를 보이는 사람은 정신병 환자일 가능성이 많다(Sines, Baucom & Gruba, 1979). 이 타당도척도 형태를 가장 많이 보이는 사람들은 방어적인 정상인들(예를 들어 세련되지 않은 직업응모자들)이나, 히스테리 환자들이나, 혹은 건강염려증 환자들이다. 이 형태와 더불어 흔히 척도1(건강염려증)과 3(히스테리)도 동시에 상승하며 나머지 척도들은 정상범위에 머무른다. 만일 심리검사를 받지 않으면 안 될 만한 충분한 이유가 있을 때 고의적으로 방어적인 태도를 취하거나 정신적 장애를 부인하는 경향이 있을 수 있으며, 대개 이 같은 사람들은 치료를 위하여 의뢰되지도 않고 본인이 치료를 원하지도 않는다. 대학생들로 하여금 '이상적인 자기'를 나타내라고 지시하였을 때 이와 같은 타당도척도 형태를 보여 주었다(Hiner, Ogren & Baxter, 1969).

네 가지 타당도척도 형태의 세번째는 그림 4-3과 같은 바, 이 형태의 기본적인 특징은 세 개 타당도척도들이 正的 기울기를 이루고 있어, L척도는 F척도보다 낮고 F척도는 K척도보다 낮다는 점이다. 일반적으로 L척도는 T-점수 40 정도이고 F척도는 대략 T-점수가 50에서 55 사이이며, K척도는 T-점수 60에서 70 사이에 들어 있다. 이 형태는 일상생활에서 흔히 당면하는 여러 가지 문제들을 해결할 수 있는 적절한 능력이 있고, 현재 어떤 심한 갈등이나 스트레스 같은 것을 겪고 있지 않는 정상적인 사람에게서 전형적으로 볼 수 있는 형태이다. 이 형태에서 K척도의 높이는 그 사람이 속하는 참조집단에 따라 올라가거나 내려갈 수 있다. 예를 들어, 정상적인 대학생이라면 이 범위의 상단에 가까운 점수를 보일 것이고, 사회경제적 수준이 낮은 정상인이라면 이 범위의 하단에 가까운 점수를 나타내게 된다. '좋게' 보이려고 애쓰는 입사지원자나 직업적 혹은 교육적 상담을 받으러 온 사람, 상담직 종사자 및 교도소의 재소자 등에서 이 같은 타당도척도 형태를 보이는 경우가 많다. 스스로 정신과에 찾아온 사람으로서 이 형태를 나타낸다는 것은 흔하지 않은 일인데, 다만 (가) 정상이면서 결혼생활에 갈등이 있거나, (나) 정교한 방어기제를 쓰고 있는 사회경제적 수준이 높거나 대학교육을 받은 사람들에게서 이 형태가 많은 것으로 알려지고 있다. 이와 같은 경우 임상척도들은 척도9와 척도5를 제외하고 모두 낮아지는(정상범위내) 경향이 있다.

보편적으로 나타나는 타당도척도 형태의 마지막 것은 그림 4-4와 같다. 이 형태에서는 세 개의 타당도척도들이 負的 기울기를 이루고 있어서, L척도는 F척도보다 높고 F척도는 K척도보다 높다. L척도는 T-점수 60까지 상승하고, F척도는 T-점수 50 정도이며, K척도는 T-점수 40에서 45 사이에 위치한다. 이러한 환자는 순박하고 덜 세련되

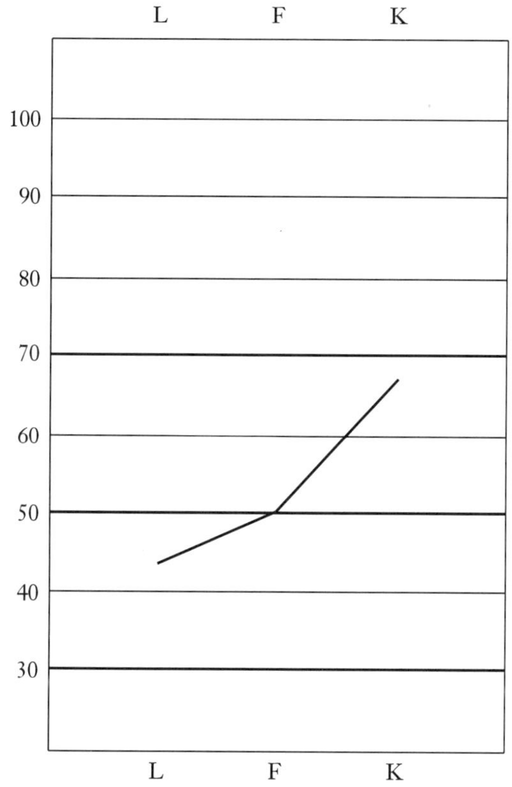

그림 4-3. 타당도척도: 正的 기울기

어 있으나 '좋게' 보이려고 애쓰는 사람들로서, 그들은 대개 교육수준이 낮거나 사회경제적 수준이 낮은 계층의 출신이 많다. 좋게 보이려는 그들의 노력은 대부분 성공하지 못하며 신경증 세 척도(척도 1, 2, 3)가 상승하는 경우가 많다.

남자들인 경우에는 척도5가 떨어진다. F척도가 높아진다 하더라도 대개의 경우 T-점수 70 이상으로 높아지지는 않으며, 그들은 몇 가지 문제점들을 자신에게서 인정하면서도 좋게 보이려는 노력을 포기하지 않는다. 이와 같은 환자들은 여하한 형태의 심리학적 치료에도 좋은 효과를 잘 나타내지 않는 사람들이다. 이들은 대부분 자신의 문제점을 진정으로 인정하지 않으며, 설사 인정한다 하더라도 심리학적 치료에 대한 흥미나 그것을 이행할 수 있는 내적 자질이 부족하다. 이 타당도척도 형태는 시간이 지나더라도 별로 변하지 않으며, 다만 F척도가 T-점수 50 이상으로 올라갔을 경우에 다소 낮아

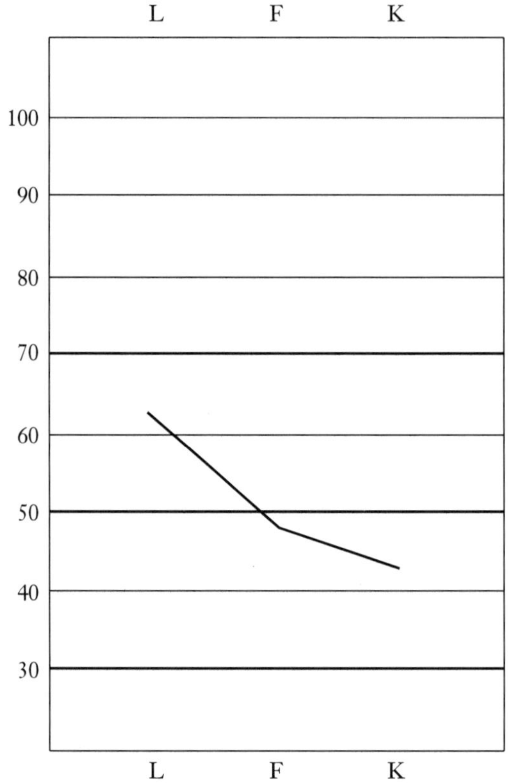

그림 4-4. 타당도척도: **負的** 기울기

질 뿐이다.

정상 K+ 프로파일

때로는 유일하게 의미 있는 상승을 보인 척도가 타당도 및 임상척도들 중에서 K척도뿐인 프로파일이 있다. Marks와 Seeman(1963)은 그 같은 프로파일을 정상 K+프로파일이라고 이름붙였다. 이 프로파일은 실제로 앞에서 이미 기술한 바 있는 보편적으로 나타나는 타당도척도 형태 중에서 두번째에 속한다(그림 4-2). 정상 K+프로파일(Marks & Seeman, 1963; Marks, Seeman, & Haller, 1974)의 세부적 특징은 다음과 같다.

(1) 정신과 입원환자에 한함

(2) 모든 임상척도들은 T-점수 70 이하일 것

(3) 여섯 개 이상의 임상척도들이 T-점수 60 이하일 것
(4) 척도 L과 K는 F보다 높고 F척도는 T-점수 60 이하일 것
(5) K척도는 F척도보다 T-점수로 5점 이상 높을 것

Marks 등은 이 환자들은 수줍음이 많고, 불안하며, 감정표현이 억제되고, 그들의 문제가 심리적인 것임을 인정하는 데 방어적인 사람들이라고 기술하였다. 이 사람들은 친밀한 대인관계를 회피하고 수동적으로 저항하며, 그들의 성격구조는 분열성(schizoid) 요소를 내포하고 있다. 이들은 사고의 흐름에 조리가 없고 공상이나 백일몽에 빠지는 시간이 많은가 하면, 편집성 경향을 나타내기도 하여, 의심이 많고 겁이 많으며 감정표현이 어색하다. 이 같은 프로파일을 보이는 환자의 거의 절반 가량은 정신병적이라는 진단을 받으며, 약 4분의 1은 만성 두뇌손상 환자로 진단되었다. 전체적으로 볼 때 이들의 지능은 보통보다 훨씬 높으며, 60% 이상은 고등학교 수준 이상의 교육을 받았다.

정상 K+프로파일에 대한 연구는 별로 많지 않으며, 되어져 있는 연구들도 여러 가지 다양한 결과를 나타내고 있다(Gynther & Brilliant, 1968; Newmark, Gentry, Simpson, & Jones, 1978). Gynther와 Brilliant(1968)는 정신보건센터에 검사의뢰된 환자 중에서 3.6%가 앞에서 기술한 정상 K+프로파일에 해당함을 발견하였는데, 그러나 정상 K+프로파일을 보이는 환자와 다른 환자들간에 신뢰성 있는 심리적 혹은 행동적 차이를 발견할 수 없었다. Newmark 등(1978)은 정신분열증이라고 진단된 입원환자 중에서 4.7%가 Normal K+프로파일을 보임을 발견하였다. Gynther와 Brilliant가 자료 수집한 곳과 Marks 등이나 Newmark 등이 자료수집한 곳과는 임상장면이 서로 다르므로 임상장면 요인이 이와 같이 서로 다른 결과를 가져왔을는지도 모른다. 어쨌든 임상가들은 앞으로 더 연구가 진행될 때까지 Normal K+프로파일에 대한 Marks 등의 연구결과를 함부로 일반화해서는 안 될 것이다.

한국에서는 유일하게 김중술(1970)의 이와 유사한 연구가 있는데, 그의 자료에 의하면 정신과 입원환자의 9.7%가 정상 K+프로파일을 나타내었다. 그러나 김중술의 기준은 임상척도에서 Mf와 Si척도(이들은 T-점수 70을 넘지 않을 것)를 제외한 모든 척도들이 T-점수 60 이하에 속하며 타당도척도들(L, F, K)은 T-점수 70을 초과하지 않는다는 조건뿐으로서, Marks 등이 제시한 기준과 반드시 일치하지는 않는다. 임상적 증상이나 진단별 분류표 등의 고찰에 있어서 김중술은 Marks 등(1963)의 방법에 의존하였으나 연구결과에 있어서 서로 많은 차이가 나타나고 있는데, 이것 역시 임상적 장면의 차이에 기인하는 것으로 보여진다. 한국에서도 정상 K+프로파일에 대한 후속연구가 절실히 요망되는 바이다.

F-K 지수

Gough(1947, 1950)는 F척도의 원점수에서 K척도의 원점수를 뺀 점수를 F-K 지수라 지칭하고, 실제보다 좋게 보이려 하거나 혹은 나쁘게 보이려는 MMPI 프로파일을 탐지하는 지표로 삼았다. 미국인의 경우 F-K 지수가 +9보다 크면 그 프로파일은 '부정왜곡'이라 할 수 있고, 환자가 일부러 실제보다 더 심한 병적 상태를 가장하려고 노력하는 현상을 의미한다. F-K 지수가 0보다 적으면 그 프로파일은 '긍정왜곡'이라 할 수 있고, 환자가 여하한 병적 상태도 부인하고 실제보다 더 좋게 보이려는 노력을 나타내는 것이다. F-K 지수가 그 중간인(0~9) 점수를 보이는 프로파일을 유효한 프로파일이라 부른다.

F-K 지수에 관한 대부분의 연구들은 정상인으로 하여금 병적인 상태를 가장하도록 지시한 상태와 정상적으로 대답하도록 지시한 형태의 차이를 비교하였는데, 실제로 심리적인 문제를 가지고 있는 사람들에게 이 같은 방법으로 연구한 결과들은 F-K 지수의 변별기능에 대하여 대체로 부정적인 결과를 제시하고 있다(Anthony, 1971; Johnson, Klingler, & Williams, 1977; Grayson & Olinger, 1957). 그러므로 F척도의 경우에서 논의한 바와 같이, F척도에서 높은 점수를 얻는, 따라서 F-K 지수에서도 높은 점수를 보이는 환자들에 대해서는 그들이 나타내 보이려 하는 극단적인 고통이 정확한 자기표현인가, 아니면 어떤 이유에서 병적 상태를 과장하려는 시도인가를 확인하기 위하여 별도의 면담을 가질 필요가 있다.

'긍정왜곡' 프로파일을 탐지하는 데 한 가지 문제는, 대학생이나 정신건강에 이상이 없는 정상인들의 경우 K점수가 높아지고 F점수가 떨어지는 경향이 있는데, 이것은 그들의 심리적 건강상태를 정확히 반영한 것임에도 불구하고 이 지표는 '긍정왜곡'이라고 잘못 판정하게 된다. 이 같은 이유 때문에 이 지표를 '부정왜곡' 프로파일의 경우에만 사용하도록 추천하며, 그때도 나쁘게 보임으로써 얻는 바가 있어 보일 경우에만 사용할 것을 권유한다. 그 같은 경우란 불구자 보상을 청구하고 있거나, 법정에서 정신이상으로 판결받고자 원하고 있거나, 혹은 심한 정신과적 장애가 있으므로써 얻는 바가 있는 경우 등이다. 이와 같이 나쁘게 보일 만한 이유가 없을 때 F-K 원점수 차가 9점 이상일 경우에는 실제로 나쁜 상태를 의미한다. 정상인을 대상으로 한 연구(Grow *et al.*, 1980)에서는 F-K > 7 혹은 F > 15일 때 부정왜곡이 가장 효과적으로 감별되었으며, F-K ≤ -11일 때 긍정왜곡이 가장 효과적으로 감별되었으나, 긍정왜곡의 경우는 부정왜곡의 경우만큼 정확하지 못했다. 또한 같은 연구에서 임상 집단을 대상으로 했을 때는, F-K > 7 혹은 F > 15일 때 부정왜곡 지표가 가장 효과적이고 F-K < -1일 때 긍정왜곡 지표가 가장 정확했다. 그러나 우리 나라에서 F-K 지수를 사용할 때 주의하여야 할 점은, 정상인 집단의 F원점수 평균 및 F-K 원점수 평균이 미국의 경우와는 다르다는 점이다. F원점수 평균은 미국인의 경우 약 4점이지만 한국인의 경우 약 10점(정범모 등, 1965)이다. F-K 원점수 평균은 미국인의 경우 -9점 정도(Gough, 1950)인 데 비하여 한국인의 경우 -2점 정도(정범모 등, 1965)이며, 배정규 등(1986)에 따르면 -0.4점(SD = 11.8)이다. 따라서 우리 나라에서 F-K 지수를 부정왜곡 지표 또는 긍정왜곡 지표로 사용할 때에는 그 점수를 다소 상향조정해서 사용해야 할 필요가 있는 것으로 보이며, 이에 대한 연구가 필요하다. 배정규 등(1986)은 F-K ≥ 20을 부정왜곡 지표로 사용할 것을 제안하였다.

Gough의 가장(Dissimulation, Ds)척도

MMPI의 검사태도에 관한 또 하나의 지표로 Gough의 가장척도(Ds)(Gough, 1954)가 있다. Ds척도는 처음에는 74개의 문항으로 만들어졌으나 나중에 40개 문항으로 개정되었다(Gough, 1957). 이 척도는 신경증 환자집단과 신경증 환자의 MMPI 반응을 가장하도록 지시받은 일단의 대학생 및 전문적인 심리학자 집단을 의미 있게 감별하는 문항들로 구성되어 있다. Ds척도의 문항들은 이 책의 부록에 실려 있다. 이 문항들은 신경증에 관한 것이 아니라 신경증에 대하여 일반 사람들이 가지고 있는 고정관념에 관한 것들이다. 신경증 환자의 MMPI 반응을 가장하도록 지시받은 심리학자들과 학생들은 Ds척도에서 신경증 환자들보다 세 배 내지 네 배 정도 높은 점수를 나타내었다. 또한 전문적인 심리학자들도 신경증을 가장하는 데 있어서는 대학생들보다 조금밖에 더 낫지 못했고, 두 집단 모두 Ds척도에 의하여 쉽게 확인될 수 있었다. 이러한 Gough의 연구결과는 신경증에 관한 한 전문적인 심리학자들도 정신병리에 대하여 아무런 훈련도 받지 않은 일반 학생들이 가지고 있는 것과 동일한 그릇된 고정관념을 가지고 있음을 보여 주는 것이다. Gough의 연구는 또한 문항을 경험적으로 선택하거나, 혹은 특수한 행동을 측정하기 위하여 선택된 문항들을 경험적으로 타당도검증을 해보는 방법의 좋은 점을 강조한 것이 되기도 한다.

흥미 있는 독자는 자신이 신경증 환자가 되어 MMPI를 받아 보고, 다음에 Ds척도를 채점한 후 그 결과를 확인해 보기 바란다. Ds척도를 채점한 후에 독자는 거기에 포함된 문장들의 내용을 검토함으로써 신경증을 반영하는 것으로 고정관념화된 문항들이 어떤 것들인지를 알 수 있을 것이다.

MMPI에서 정신병리를 가장하려는 사람들은 그들의 검사문항에 대한 반응에서 쉽게 확인할 수 있다는 Gough의 주장에 대하여, 이를 지지하는 또 하나의 증거로 Mehlman과 Rand(1960)의 연구가 있다. 그들은 임상심리학자, 심리학과 대학원생 및 학부생들에게 45개의 MMPI 문항을 주고 각 문항이 어느 임상척도에 속할 것인지를 말해 보라고 했다. 그 결과, 각 문항이 속하는 임상척도를 알아맞히는 능력에 있어서 집단간에 아무런 차이가 없었고, 모든 집단들이 네 개 혹은 다섯 개의 문항만을 정확히 알아맞힐 수 있었다. MMPI 척도라고 하는 것은 논리적으로가 아니라 경험적으로 작성되었다는 사실을 생각한다면 이 같은 결과는 놀랄 만한 것도 아니다. 어느 척도가 어떤 문항으로 구성되었는지 사람들은 알아맞힐 수 없으므로, 이것은 곧 그들이 실제로 어떤 특수한 종류의 정신병리를 가지고 있는 환자의 반응을 정확히 가장한다거나 그와 관련되는 척도에서 임의로 높은 점수를 얻는 일도 불가능할 것이라는 말이 된다.

Ds척도를 사용하여 Anthony(1971)는 심리검사를 받으러 찾아온 비정신병적 진단을 받은 남자들로 하여금 정신병적 증상을 과장하도록 지시를 주었을 때, 86%의 정확도를 가지고 그들을 확인할 수 있었다. Ds척도는 F척도의 원점수나 F-K 지수보다 통계적으로 의의는 없으나 더 높은 정확도를 가지고 부정왜곡 프로파일을 확인할 수 있었다. 그러므로 Ds척도는 부정왜곡 프로파일을 확인하는 데 그 유용성이 매우 높다고 할 수 있다.

Ds척도를 일률적으로 채점한다면 임상가는 Ds척도가 여러 다른 상황의 다양한 환자들에게 어떤 기능을 하는지 알 수 있게 될 것이다. 특히 환자가 신경증 세 척도(척도 1, 2, 3)의 상승을 보이고, 또한 환자에게 정신병리를 가장하거나 과장할 만한 어떤 이유

표 4-7. Ds-r척도(Dissimulation Scale, revised)의 문항 및 채점방향

채점방향	문	항	번	호	
예	10	23	24	29	31
	32	44	47	68	93
	97	104	125	210	212
	225	241	247	303	306
	325	352	360	375	388
	422	438	459	475	481
	518	525	535	541	543
아니오	83	88	96	257	453

가 있다고 생각될 때 Ds척도를 채점해 보면 매우 유익할 수 있다. Ds척도가 T-점수 70 이상으로 올라가면 그 환자는 정신병리를 가장하거나 혹은 과장하고 있을 가능성이 높다. 따라서 Ds 척도가 T-점수 70 이상으로 높은 프로파일은 모두 해석에 특별한 주의를 기울이지 않으면 안 된다. 면담을 통하여 환자가 부정왜곡하려는 동기를 철저히 규명하고, 가능하다면 MMPI를 다시 실시해 봄이 바람직하다. 우리 나라에서 이 척도를 손쉽게 사용할 수 있도록 하기 위하여 개정된 Ds척도(Dissimulation Scale, revised: 이하 Ds-r척도)의 문항번호와 채점방향을 표 4-7에 제시하였다. 배정규 등의 연구(1986)에 따르면 정상인 집단의 Ds-r 평균은 15.5점이고 표준편차는 7.4점이며, 원점수 23점이 T-점수 60, 원점수 30점이 T-점수 70점에 해당한다.

참고로 소개한다면, Ds-r척도는 1957년에 Gough가 캘리포니아 심리검사(California Psychological Inventory: CPI)를 개발하면서 원래의 74개 문항 중 문항변별력이 높은 40개 문항을 추출한 것이며, Gough는 Ds-r척도에 새로운 문항 4개를 추가하여 CPI의 Sense of Well-Being Scale(Wb)을 만들었다(Gough, 1969; Megargee, 1972).

검사-재검사(Test-Retest, TR) 지수

MMPI에서 환자의 검사태도에 관한 또 하나의 측정치는 검사-재검사 지수(TR)이다. 이 지수는 MMPI의 문제집에 들어 있는 16개의 반복문항에 대하여 환자가 상반되게 응답한 문항의 총합이다. Buechley와 Ball(1952)은 F척도에서 T-점수 70 이상을 보이면서 MMPI 반응을 일관성 있게 할 수 없거나 하지 않으려는 청소년과 일관성 있게 반응하는 청소년을 감별하는 데 TR지수가 도움이 되었다고 보고하였다. 그들은 TR지수에서 3점 이상이면 무효 프로파일이라고 결론지었다. Dahlstrom 등(1972)은 상반되는 반응이 네 개 이상이면 반응신뢰도가 의심된다고 지적하였으나 그 같은 규정의 근거는 제시하지 않았다.

TR지수는 정신병리의 종류 및 정도와는 비교적 무관하다고 보여지는바, 이 같은 주장은 여러 진단집단의 평균치간에 사소한 차이밖에 없었다고 보고한 Jones, Neuringer 그리고 Patterson(1976) 및 Coché와 Steer(1974)의 연구결과와도 일치된다. TR지수 점수는 성별의 차이도 보이지 않고 있어, Gravitz와 Gerton(1976)은 정상 남녀에 있어서 반복문항에 대하여 다르게 반응한 갯수는 각각 세 개와 네 개 정도라고 보고하였다. 또한 TR지수는 문화적으로도 별다른 차이가 없는 것으로 보이는데, 김중술과 배정규(1986)에 따르면 우리 나라의 TR지수의 평균은 정상인의 경우에는 2.29(SD = 1.58),

정신과 환자의 경우에는 2.17(SD = 1.80)(불안증집단)에서 3.58(SD = 1.65)(정신병집단)의 범위로 밝혀졌다.

TR지수 점수를 F척도와 같은 다른 타당도지표와 비교한 결과는 단순하지 않다(Greene, 1976). 높은 F척도 점수(T-점수 80 이상)로 인하여 무효라고 판정된 프로파일 중에서 4 내지 14%는, 한계치를 네 개 이상의 상반반응으로 하였을 때, TR지수에서 유효로 간주되었다. 더욱 중요한 것은, 프로파일의 유효성을 판정하는 전통적인 기준으로 되어 온 F척도의 T-점수가 71보다 적은 유효 프로파일 중에서 8 내지 16%는 TR지수상으로 볼 때에는 무효였다. 그러므로, TR지수는 F척도만으로는 탐지되지 않을 수 있는 일부 무효 프로파일을 탐지할 수 있고, F척도만으로는 무효라고 간주될 수 있는 일부 프로파일을 유효한 것으로 인지할 수 있다.

TR지수가 무효 프로파일을 확인하는 데 유용하기는 하지만 임상가가 명심해야 할 일은 TR지수 점수 3 이하는 환자가 문항들에 일관성 있게 답했다는 것을 보여 줄 뿐이지 반드시 정확하게 답했다는 의미는 아니다. 때로는 환자가 일관성 있게 정신병리를 가장하거나 과장할 수도 있기 때문이다. 더욱이, TR지수는 환자반응의 일관성만을 측정하는 것이므로 일관적이기는 하나 진실하지 못한 검사태도인 "모두 그렇다" 혹은 "모두 아니다" 반응태도는 그것으로 탐지될 수 없으며, 다음에 설명하게 될 부주의척도(Carelessness Scale, Greene, 1978)가 이 같은 반응태도에 더 민감하다. TR지수는 이 지수에서 8점 정도를 나타내는 '무작위' 반응태도 같은 것은 쉽게 탐지할 수 있다.

이상의 제반 연구결과로 보아 TR지수와 전통적인 타당도 지표들은 검사태도에서 동일한 과정을 측정하는 것이 아님을 알 수 있다. 아직도 검토되지 않은 한 가지 흥미로운 과제는 F척도에서 T-점수 70 이하(즉 유효한 프로파일)을 보이나 TR지수에서는 네 개 이상의 상반반응을 보이는(즉 무효한 프로파일) 사람들의 임상척도의 상승정도와 그 형태에 관해서이다. 또한 여러 가지 문항반응의 비일관성이 프로파일 타당도에 주는 영향을 별개의 비검사적 타당도 기준을 사용하여 알아보는 연구도 필요하다고 하겠다.

부주의(Carelessness, Ca)척도

Greene(1978)은 MMPI에 대한 또 하나의 타당도지표로 부주의척도(Carelessness Scale)를 만들었다. 이전에 Addiction Research Center Inventory(Haertzen & Hill, 1963)에서 부주의척도를 사용해 본 결과 심리적으로 상반되는 문항들이 반복문항보다 검사불능 혹은 동기부족 피검사자들을 탐지하는 데 더 효과적임이 밝혀졌다. Greene(1978)의

MMPI 부주의척도는 내용상 심리적으로 상반된다고 판단되는 경험적으로 선발된 12쌍의 문항으로 구성되어 있다. 부주의척도에서 피검사자가 12쌍의 문항들에 모두 불규칙하게 답했을 경우 그 사람의 총 점수는 12점이다. Greene은 한계치를 4개 이상의 비정상반응으로 정할 때 무효 프로파일을 가장 적절히 감별할 수 있다고 하였는데, 그러나 그는 이 한계치의 타당도를 확인할 수 있는 외적 기준은 아무것도 사용하지 않았다. 김중술과 배정규(1986)의 연구에 따르면, 우리 나라에서 부주의척도의 평균점수는 정상인의 경우에는 2.55(SD = 1.32)이고, 정신과 환자의 경우에는 전환증집단의 2.84(SD = 1.87)에서 정신병 집단의 3.58(SD = 1.65)의 범위였으며, 이 수치를 감안한다면 Greene의 기준은 너무 엄격한 것으로 보인다.

부주의척도의 보다 미묘한 성질로 인하여——단순히 반복된 것이 아니라 심리적으로 상반되는 문항들에 근거한——반복되는 동일한 문항들의 존재를 알아차리고 TR지수에서는 탐지되지 않고 빠져 나갈 수 있는 세련된 환자의 비정상적인 검사태도도 이제는 임상가들이 탐지할 수 있게 되었다. 또한 부주의척도는 "모두 그렇다"와 "모두 아니다" 반응태도를 탐지하는 데도 유용한 것인데, 그 이유는 어느 경우에도 최소한 비정상반응 5점을 얻을 수 있기 때문이다. MMPI를 올바르게 답하지 않으려는 환자들을 탐지하는 일뿐만 아니라 심리적으로 혼란되어 MMPI를 올바르게 답하기가 불가능한 환자들을 탐지하는 데에 부주의척도가 효과적이다. 그와 같은 경우에 임상가는 환자와의 면담을 통하여 심리적 혼란의 유무를 확인할 수 있다.

TR지수의 경우와 마찬가지로 부주의척도에 있어서도 외적 기준과의 타당도 연구가 앞으로 더 필요하다. 뿐만 아니라, 이 같은 방법들이 탐지하는 '무효 프로파일'들이 실제로 환자를 잘못 진단하게 만드는 경우가 얼마나 자주 있는지에 대해서도 아직 알려지지 않고 있다. 그때까지 TR지수나 부주의척도 모두가 해석에 주의를 요하는 일부 프로파일들을 확인하는 데 유용하게 쓰일 수 있을 것이다.

이상반응태도(Deviant Response Sets)

타당도지표와 관계되는 또 하나의 문제는 가끔 환자들이 보이는 부적절한 반응태도를 탐지하는 일이다. 때로 어떤 환자들은 문항을 잘 읽고 그 내용에 관하여 생각한 후에 "그렇다", "아니다"로 응답하는 것이 아니라, 자기멋대로 어떤 반응태도를 가지고 검사문항에 답하는 경우가 있다. MMPI를 제대로 할 수 없거나 하지 않으려는 환자가 검사를 직접적으로 거부하지는 않고 모든 문항에 "그렇다"나 "아니다"로 답하거나, 혹은 하나 건너씩 "그렇다"와 "아니다"로 번갈아 답하는 경우가 있는가 하면, 자신의 문제나 고통을 전적으로 부인하고 좋게만 보이려 하거나(긍정왜곡), 혹은 문제영역을 과장하여 나쁘게만 보이려는(부정왜곡) 환자들도 있다. 여기에 대해서는 이미 앞에서도 논의한 바가 있거니와, 임상가는 검사를 실시하기 전에 환자의 협조를 충분히 얻도록 하여 이 같은 현상을 사전에 방지하는 것이 가장 바람직하다.

이들 반응태도 중에서 가장 눈에 띄게 나타나는 두 가지는 "모두 그렇다"(그림 4-5, 4-6)와 "모두 아니다"(그림 4-7, 4-8)인데, 이런 태도는 답안지나 인성비교표를 대충 살펴보아도 쉽게 탐지할 수 있다. "모두 그렇다" 프로파일(그림 4-5와 그림 4-6)을 살펴보면 타당도척도의 형태가 두 경우 모두에서 매우 믿을 수 없는 모습으로서, L척도의 T-점수는 33과 31이고 K척도의 T-점수는 24와 23이며, F척도는 T-점수 115와 108이다.

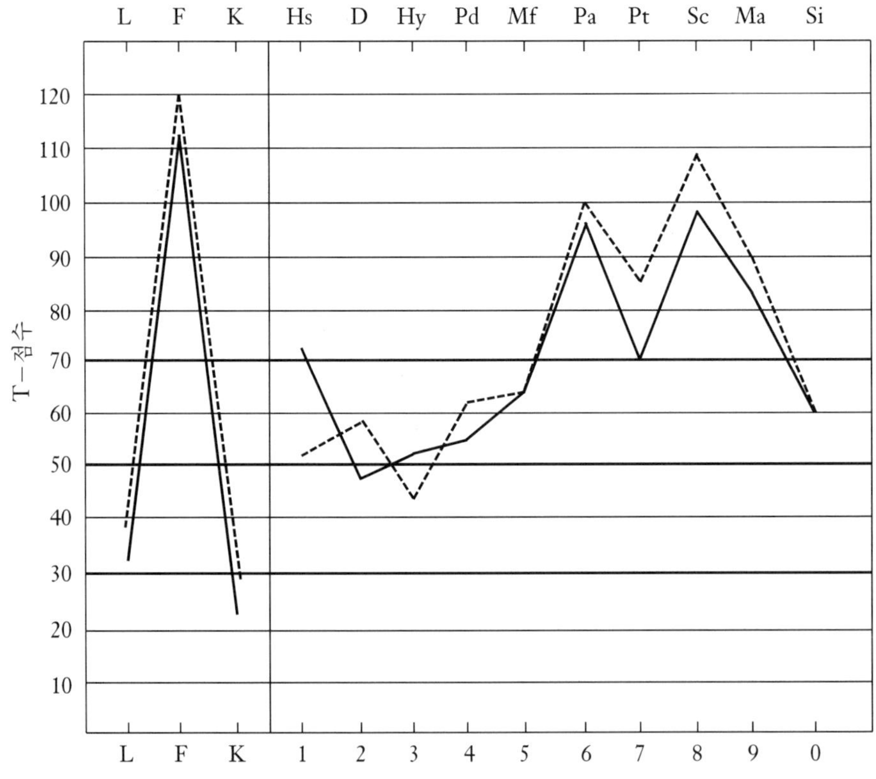

그림 4-5. 한국 남자의 "모두 그렇다" 프로파일(——)과 미국 남자의 "모두 그렇다" 프로파일(……)

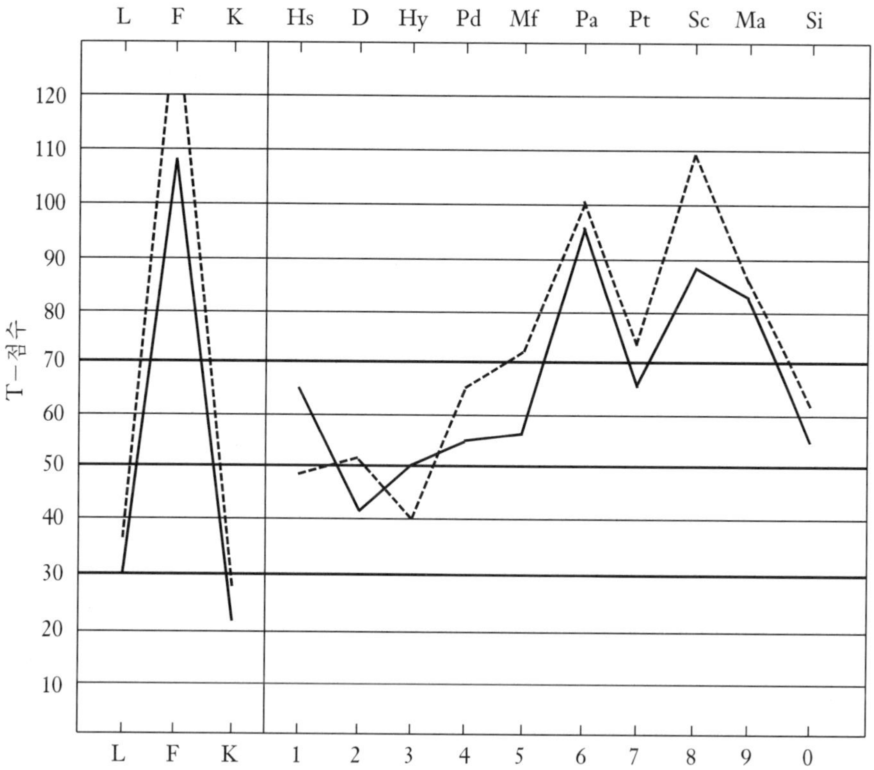

그림 4-6. 한국 여자의 "모두 그렇다" 프로파일(——)과 미국 여자의 "모두 그렇다" 프로파일(……)

정신병적 네 쌍 중 셋(척도 6, 8, 9)은 극단적으로 상승되어 있고, 신경증 세 척도(척도 1, 2, 3)에서 척도1은 T-점수 70 근방에, 그리고 척도2와 척도3은 T-점수 50 근방에 위치하고 있다. "모두 아니다" 프로파일(그림 4-7과 그림 4-8)에서는 세 타당도척도 모두가 T-점수 60에서 90 사이로 상승되어 있는 바, L, K척도의 이와 같은 상승은 유효한 프로파일에서는 드물게 나타나는 현상이다. 신경증 세 척도는 다소 상승되어 있는 반면에, 정신병적 네 쌍은 정상범위에 위치하고 있다. "모두 그렇다"나 "모두 아니다" 반응태도를 보이는 사람들도 몇 개의 문항에 대해서는 다르게 반응할 때가 있으므로 이로 인하여 프로파일의 모양이 다소 달라지기도 한다.

그림 4-5에서 그림 4-8까지를 보면 "모두 그렇다"와 "모두 아니다"의 응답태도가 우리 나라의 경우에는 미국의 경우와 다소 상이한 프로파일을 나타내고 있다. 이와 같은

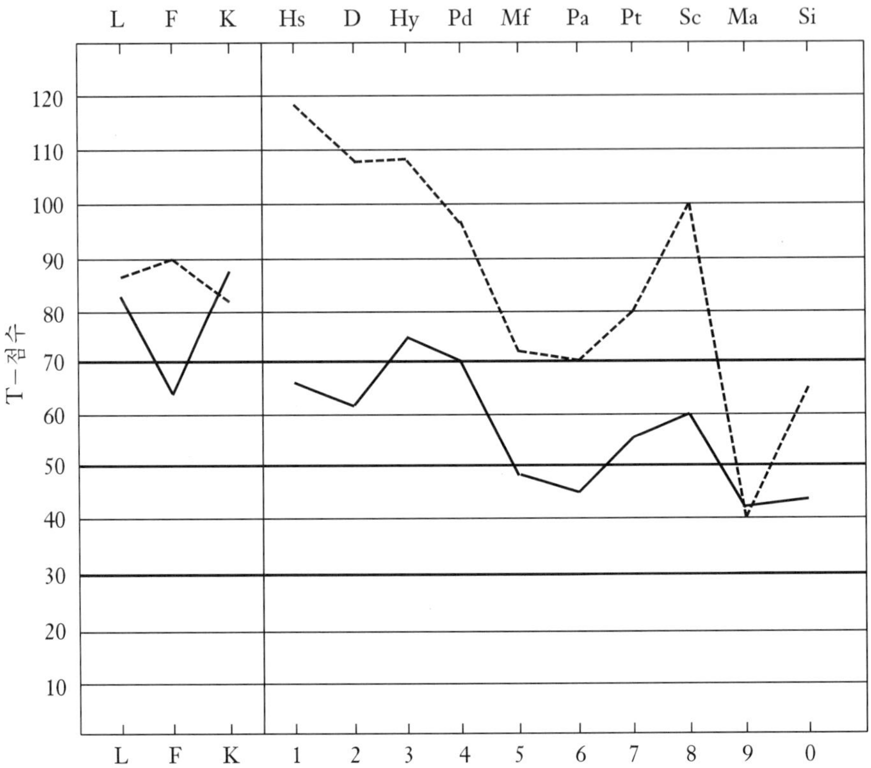

그림 4-7. 한국 남자의 "모두 아니다" 프로파일(——)과 미국 남자의 "모두 아니다" 프로파일(……)

차이가 나타나는 것은 크게 두 가지 이유 때문이라고 보여지는 바, 첫째로 MMPI의 566문항 중에서 55개 문항의 채점방향이 우리 나라에서는 바뀌었기 때문이며, 둘째로 한국과 미국의 각 척도별 평균과 표준편차가 서로 상이하기 때문이다. 특히 "모두 아니다" 프로파일(그림 4-7과 그림 4-8)을 보면 형태상의 차이가 매우 심한 것을 볼 수 있고, 우리 나라의 경우에는 미국의 경우보다 덜 극단적인 점수를 보이고 있으므로, "모두 아니다" 응답태도에 대해서는 보다 세심한 주의를 가지고 검토할 필요가 있다.

보다 더 탐지하기 어려운 반응태도는 무작위 반응태도(random response set)인데(그림 4-9와 그림 4-10), 이것은 환자가 문항내용을 무시하고 "그렇다" 혹은 "아니다" 표시를 각 문항에 무작위로 하는 경우를 의미한다. 이 경우에는 우선 환자가 MMPI를 제대로 할 수 있는 적절한 지능수준과 독해력을 가지고 있는지 확인해 볼 필요가 있으며, 흔히

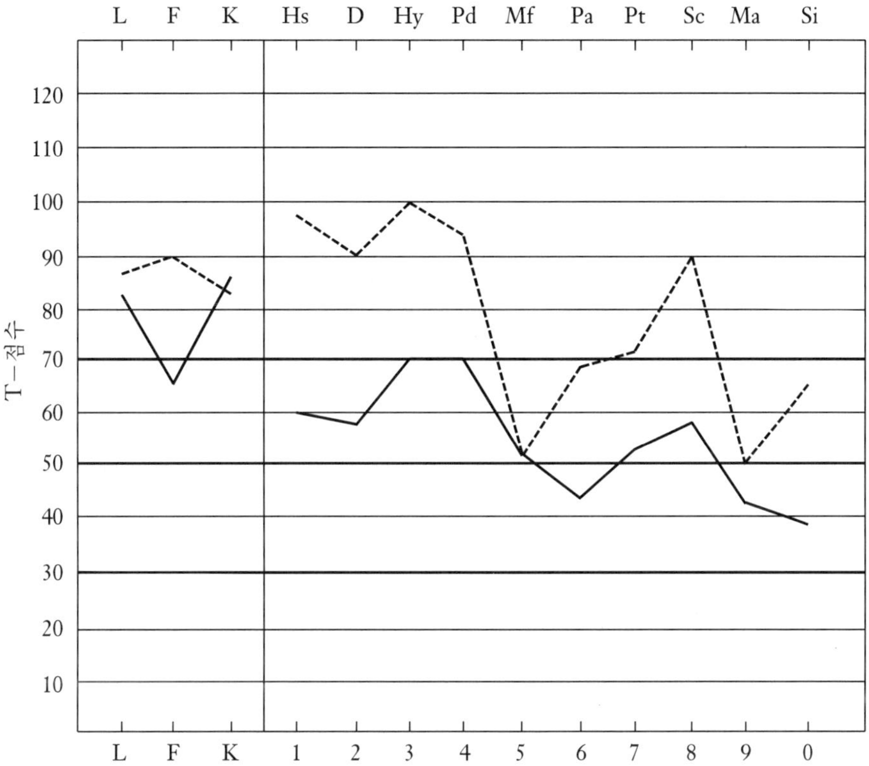

그림 4-8. 한국 여자의 "모두 아니다" 프로파일(——)과 미국 여자의 "모두 아니다" 프로파일(……)

는 이 두 가지 조건 중 어느 하나가 부족한 사람들이 자신의 부족한 점을 노출시키기 꺼려한 나머지 무작위반응으로 응답하는 경우가 있다. 무작위반응 프로파일(그림 4-9와 그림 4-10)에서 F척도는 T-점수 80 이상으로 상승하고(90에 가까와짐), L과 K척도는 둘 다 T-점수 50에서 60 사이에 위치해 있으며, 임상척도들은 정신병적 형태를 이루어, 척도8(정신분열증)이 단독상승하고 척도6(편집증)은 두번째로 높은 척도가 된다. 이때 앞에서 논의한 TR지수와 부주의척도(Ca)를 사용하여 환자가 무작위로 반응했는지 여부를 측정할 수 있으며, 한편 임상적 면접을 통하여 무작위반응 태도와 유사한 프로파일을 보이는 실제로 정신장애를 가지고 있는 환자를 확인할 수도 있다. 그 같은 환자들은 흔히 외양으로 정신병적임이 드러나 보이든가, 혹은 급성 성격와해현상을 보일 수 있는데, 대개는 그들의 장애가 너무 심하여 MMPI를 끝까지 완성하지 못하는 경우가

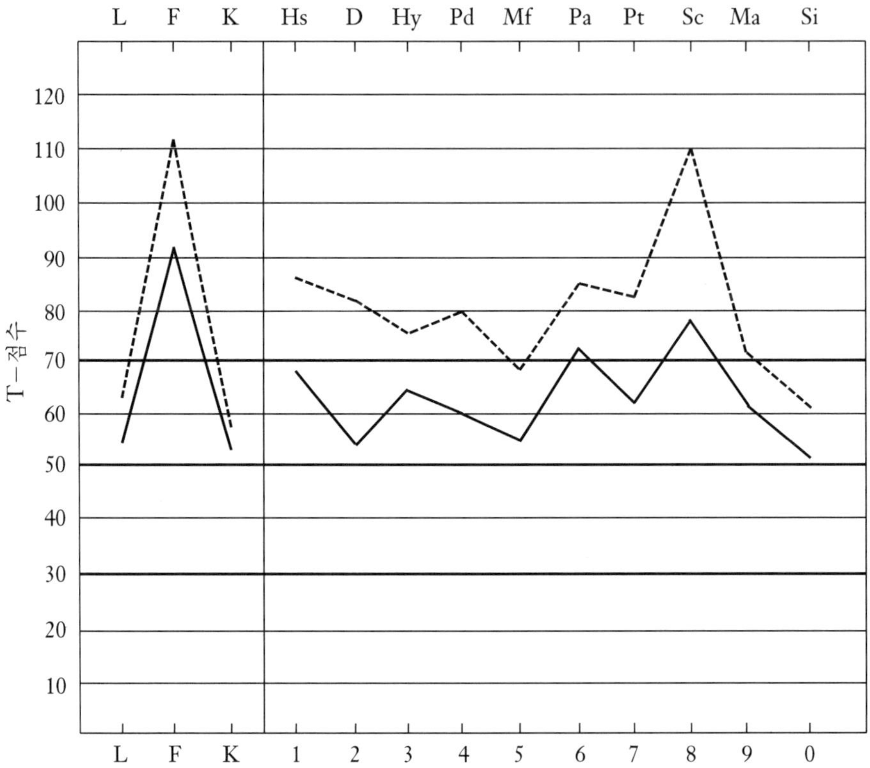

그림 4-9. 한국 남자의 무작위반응 프로파일(——)과 미국 남자의 무작위반응 프로파일(……)

많다. 무작위반응 프로파일(그림 4-9와 그림 4-10)을 보면, 우리 나라와 미국의 경우 비록 그 형태는 어느 정도 유사하나, 우리 나라의 경우에는 프로파일의 형태만으로는 무작위반응 태도를 탐지하기 어려우며, 무작위반응 태도에 대하여 보다 섬세한 주의를 기울여야 한다는 점을 알 수 있다. 따라서, 무작위반응 태도에 대한 철저한 연구가 필요하며, TR지수 및 부주의척도(Ca)의 사용이 요망된다.

김중술과 배정규(1986)는 전체 응답 중 무작위적 응답이 차지하는 비율이 증가함에 따라 프로파일의 형태가 얼마나 왜곡되는지를 알아보려는 연구를 수행하였다. 이들의 연구에서 피험자는 300명이었으며, 각 피험자의 유효한 MMPI를 바탕으로 전체 566문항 중 일정 비율의 문항에 대한 응답을 원래의 응답 대신 무작위적인 응답으로 대체하였을 경우를 가상하고, 이때 예상되는 프로파일을 논리적인 계산공식에 의하여 도출하

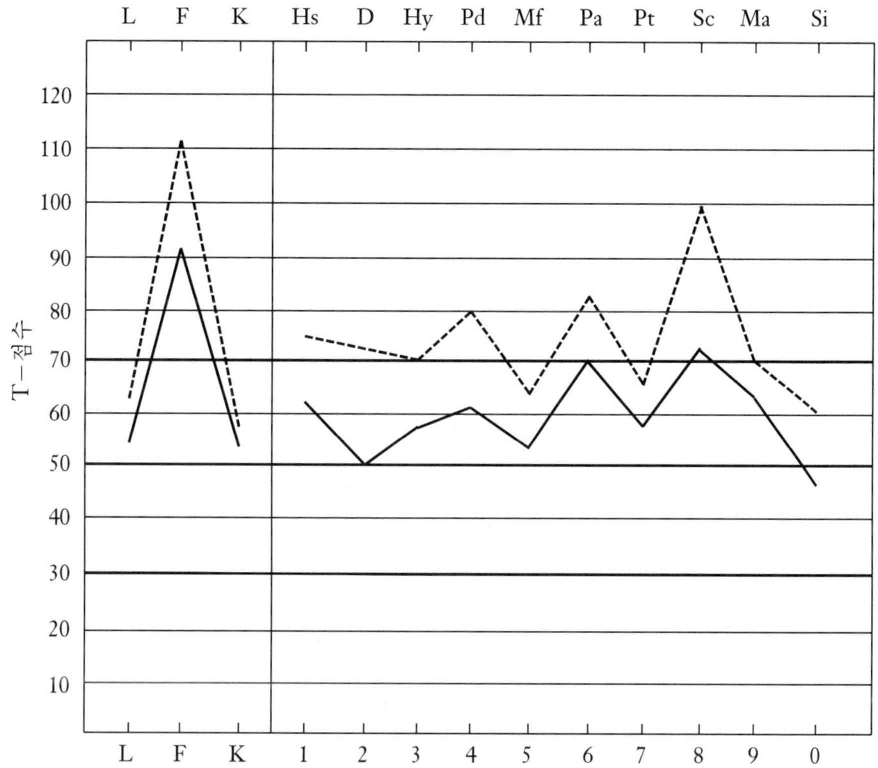

그림 4-10. 한국 여자의 무작위반응 프로파일(——)과 미국 여자의 무작위반응 프로파일(……)

였다. 전체 문항 중 10%를 무작위적으로 응답하였을 경우, 20%를 무작위적으로 응답하였을 경우, 혹은 30%를 무작위적으로 응답하였을 경우 등 무작위적인 응답의 비율을 10% 단위로 증가시켜 나가면서 각각의 경우에 예상되는 프로파일을 만들어 보았다(표 4-8).

이때 무작위적인 응답의 비율이 증가함에 따라 프로파일 형태가 얼마나 왜곡되는지를 알아보기 위하여 다음과 같은 점들을 검토하였다. 첫째로, 상승척도쌍(two-point code)이 변화하는 정도를 알아보았는데, 전체 응답 중 무작위적인 응답의 비율이 10%일 때는 전체 프로파일들 중 27.3%에서 상승척도쌍의 변화가 있었으며, 20%일 때는 40.3%, 30%일 때는 54.7%, 40%일 때는 63.0%, 50%일 때는 72.7%에서 변화가 있었다. 둘째로, T-점수 65점 이상인 척도의 수가 변화되는 정도를 알아보았는데, 전체 응답문항

표 4-8. MMPI 결과에 끼치는 무작위반응의 영향(차이)

무작위 반응의 정도 (%)	진단	행동특성	상승척도 쌍	척도수 (T ≥ 65)	상승척도 쌍 혹은 척도수 (T ≥ 65)	TR	Ca
						$\bar{X}$(SD)	$\bar{X}$(SD)
0	–	–	0	0	0	2.56(1.95	3.20(1.67)
10	–	–	27.3	17.3	34.0	3.59(1.58)	3.73(1.35)
20	–	–	40.3	31.3	49.7	4.52(1.25)	4.21(1.07)
30	1	2	54.7	45.7	64.7	5.33(0.96)	4.63(0.82)
40	21	31	63.0	53.3	72.7	6.04(0.70)	4.99(0.60)
50	41	59	72.7	63.7	79.0	6.64(0.49)	5.30(0.42)
60	67	81	82.7	72.7	87.3	7.13(0.31)	5.55(0.27)
70	86	91	90.3	80.3	94.7	7.51(0.18)	5.75(0.15)
80	–	–	95.0	86.3	97.7	7.78(0.08)	5.89(0.07)
90	–	–	97.7	87.7	100	7.95(0.02)	5.97(0.02)
100	–	–	97.7	88.0	100	8.00(0.00)	6.00(0.00)

자료: 김중술 · 배정규(1986)

중에서 무작위적인 응답의 비율이 10%일 때는 전체 프로파일들 중 17.3%에서 변화가 있었고, 20%일 때는 31.3%, 30%일 때는 45.7%, 40%일 때는 53.3%, 50%일 때는 63.7%에서 변화가 있었다. 셋째로, 프로파일의 특성에 대한 임상심리학자의 판단에 차이가 있는지를 알아보았다. 진단적 소견이 변하는 정도는 전체 응답문항 중에서 무작위적인 응답의 비율이 30%일 때는 전체 프로파일들 중 1%에서 변화가 있었고, 40%일 때 21%, 50%일 때 41%, 60%일 때 67%, 70%일 때 86%에서 변화가 있었다. 행동특성(behavioral correlates)에 대한 임상심리학자의 판단이 변화하는 정도는 무작위적인 응답의 비율이 30%일 때 전체 프로파일들 중 2%에서 변화가 있었으며, 40%일 때 31%, 50%일 때 59%, 60%일 때 81%, 70%일 때 91%에서 변화가 있었다. 이 연구 결과를 종합해 보면, 프로파일의 기계적인 특성(상승척도쌍 및 T점수가 65점 이상인 척도의 수)만 감안한다면 전체 응답 중 무작위적인 응답의 비율이 30~40%일 때 전체 프로파일들 중 약 50%의 프로파일이 왜곡되는 것을 알 수 있으며, 임상가의 판단을 감안한다면 전체 응답 중 무작위적인 응답의 비율이 약 50%일 때 전체 프로파일들 중 약 50%의 프로파일이 왜곡되는 것을 알 수 있다. 김중술과 배정규(1986)는 TR지수와 부주의척도를 동시에 사용할 것을 제안하였으며, TR점수 ≥ 5점이면서 동시에 Ca 점수

≥ 5점이면 무작위적인 응답태도에 의한 프로파일일 가능성이 높다고 제안하였다.

부정왜곡(Faking-bad)

어떤 사람들(예를 들어 보상을 위한 감정의뢰자나 징집대상자)은 실제보다 나쁘게 보이거나 혹은 병이 더 심한 것처럼 보이려는 태도(부정왜곡)로 MMPI에 응답하는 경우가 있다. 이와 같은 태도가 매우 직접적이고 심할 경우에 결과적으로 나타나는 MMPI 프로파일은 언뜻 보기에는 매우 심한 장애를 가지고 있는 사람의 것처럼 보일 수 있는데, 부정왜곡으로 반응한 사람에게서 나타나는 전형적인 프로파일을 그림 4-11에 제시하였다(미국인의 경우). 이 프로파일의 특징은 F척도가 매우 상승하고(흔히는 T-점수

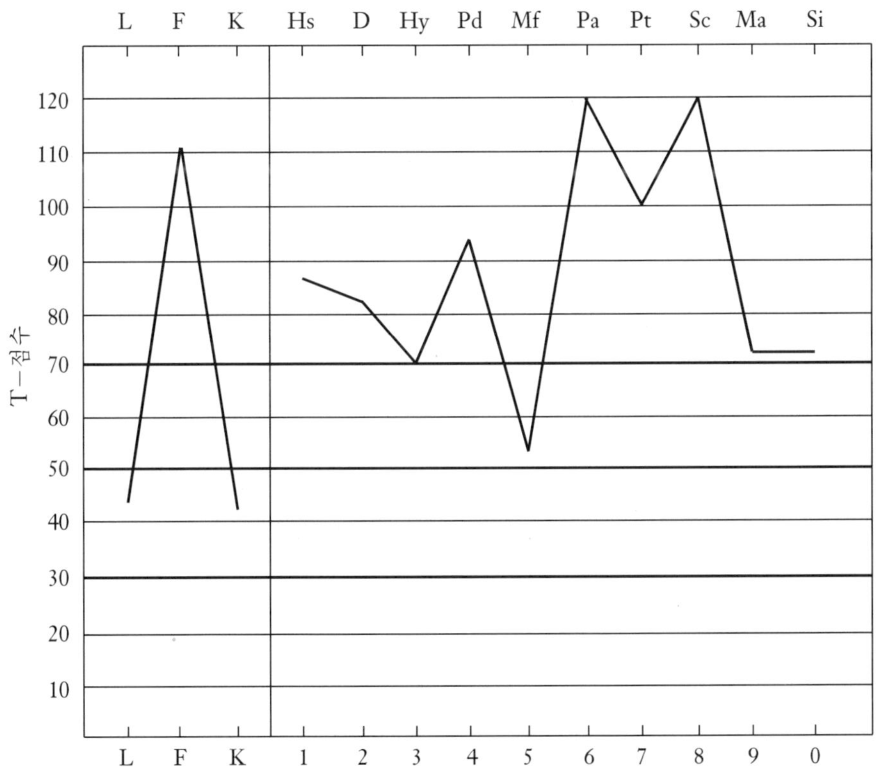

그림 4-11. 고의적으로 나쁘게 보이려는 사람의 전형적인 프로파일(K-교정)

100 이상), L과 K척도는 T-점수 50이나 혹은 그보다 다소 낮은 위치에 있게 되며, 척도 5를 제외한 대부분의 임상척도들이 높게 상승하는데, 특히 척도 6과 8이 가장 높다.

부정왜곡 프로파일은 심한 정신적 장애가 있는 사람의 프로파일과 다음과 같은 몇 가지 점에서 구별된다. 첫째로, F척도 점수가 부정왜곡 프로파일에서는 대부분 너무 높다. 임상적으로 정신병이라고 진단되는 사람들이 보이는 F척도 점수의 범위는 대개 70에서 90인 데 비하여 부정왜곡 프로파일에서의 F척도 점수는 100 이상으로 상승하는 것이 보통이다. 둘째로, 정신과적 장애가 있는 사람들의 유효 프로파일에서는 L과 K척도가 F척도와 어느 정도 함께 상승하는 것이 보편적이다. 셋째로, 허위부정 프로파일에서는 실제로 장애가 있는 사람들의 유효 프로파일보다 임상척도들이 아주 극단적으로 상승하는 경향이 있다. 끝으로 Gough(1950)의 F-K 지수에서 높은 점수를 보이는 경우를 들 수 있는데, 여기에 대해서는 이미 앞에서 언급한 바 있다.

부정왜곡 프로파일과 무작위반응 프로파일과의 차이점은 허위부정 프로파일에서는 L과 K척도의 T-점수가 50 이하로 낮은 데 비하여 무작위반응 프로파일에서는 이보다 다소 높은 것이 상례이다. 또한 무작위반응 프로파일에서는 보통 척도8이 단독상승을 이루나, 부정왜곡 프로파일에서는 척도 6과 8이 동시에 극단적인 상승을 나타낸다.

부정왜곡 프로파일과 "모두 그렇다" 반응태도의 프로파일을 비교하면 몇 가지 차이점을 발견할 수 있는데, 첫째로, "모두 그렇다" 프로파일에서는 F척도가 훨씬 더 높게 상승(T-점수 110 정도)한 반면에 L과 K척도는 부정왜곡 프로파일에서 보다 더 낮다.

또한, 두 가지 프로파일 모두에서 척도 6과 8의 상승을 보이고 있으나 "모두 그렇다" 프로파일에서는 프로파일의 기울기가 더 뚜렷이 정신병적 형태를 취하고 있으며 척도 1, 2, 3은 T-점수 50 근방에 위치하고 있다.

부정왜곡 프로파일은 "모두 아니다" 반응태도의 프로파일과도 쉽게 구별될 수 있는데, 부정왜곡 프로파일에서는 F척도가 L이나 K척도보다 훨씬 더 높은 반면에 "모두 아니다" 프로파일에서는 이 세 척도가 동시에 상승되어 있다. 뿐만 아니라 "모두 아니다" 프로파일은 뚜렷한 負的 기울기를 보이고 있다.

긍정왜곡(Faking-good)

어떤 사람들은 자신의 문제를 부인하고 실제보다 정신적으로 더 양호한 것처럼 보이려고 애쓰는 사람들이 있는데, 이와 같은 현상은 스스로 전문적인 도움을 받으려는 사람들 중에서도 볼 수 있다. 이러한 경향이 아주 심할 때 그것을 우리는 긍정왜곡

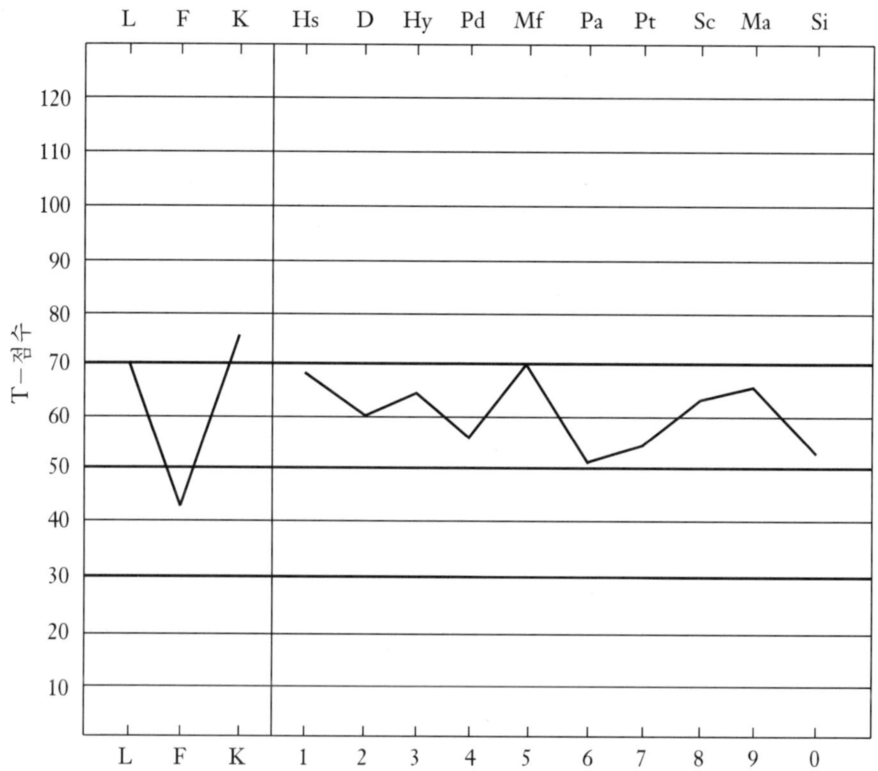

그림 4-12. 고의적으로 좋게 보이려는 사람의 전형적인 프로파일(K-교정)

(faking-good)이라고 부르며 이때 나타나는 전형적인 프로파일을 그림 4-12에 제시하였다(미국인의 경우). 긍정왜곡 프로파일에서 볼 수 있는 가장 현저한 특징은, 타당도척도들이 V자 형태를 이루고 L과 K가 동시에 상승하며 F척도의 T-점수는 40에서 50 사이에 위치하고 있는 점이다. 또한 대부분의 임상척도들은 T-점수 30에서 50 사이에 분포되어 있으며 이 중에서 Mf척도가 가장 높을 때가 많다.

L척도의 문항들은 비교적 그 내용이 분명하므로, 머리가 영리하고 교육수준이 높거나 심리적으로 세련된 사람들은 이들 문항의 목적을 간파하고 L척도에서 낮은 점수를 나타내는 경우가 많다. 그러나 K척도의 문항들은 L척도의 경우처럼 그렇게 분명하지 않으므로, 머리가 영리하고 교육수준이 높거나 심리적으로 세련된 사람이라 하더라도 긍정왜곡의 동기를 가지고 있으면 K척도에서 매우 높은 점수를 나타내지 않을 수 없다. 그러나 K척도 점수가 높다 하여 무조건 긍정왜곡의 동기가 있다고 해석하기 전에 그 사람

의 사회경제적 위치를 고려해 볼 필요가 있다. 전에도 언급한 바와 같이 사회경제적 지위가 높은 사람들은 낮은 사람들보다 K척도에서 높은 점수를 나타내는 경향이 많으므로, T-점수 60에서 70 사이를 받았다 하여 그것이 반드시 높은 사회경제적 수준의 사람들에서도 긍정왜곡을 의미하는 것은 아니다.

모호-명백문항(Subtle and Obvious Items)

전통적인 타당도 지표와 더불어 모호하거나 명백한 문항들에 대한 반응을 검토하는 것이 어떤 종류의 반응태도, 특히 허위긍정 같은 것을 탐지하는 데 도움이 됨을 알게 되었다. Wiener와 Harmon(Wiener, 1948)은 MMPI 문항들을 논리적인 관점에서 검토하여 정서적인 장애를 의미하는 것으로 쉽게 간파할 수 있는 문항들을 명백문항, 그리고 정서적인 장애를 의미하는 것으로 간파하기에 비교적 어려운 문항들을 모호문항이라고 지칭하였다. 이 방법을 적용한 결과 110개의 모호문항과 146개 명백문항을 규정할 수 있었다. 이들 모호문항 중 65개(59%)에서는 경험적으로 결정된 이상반응이 문항 내용으로만 예측한 이상반응과 일치하지 않았고, 명백문항의 경우에는 오직 8개(5%)에서만 이 같은 불일치현상을 나타내었다. 이와 같은 결과는 이들 두 종류의 문항들에서 모호하거나, 아니면 명백한 성질을 입증하는 증거라 하겠다. Wiener와 Harmon은 각 임상척도별로 모호하거나 명백한 문항의 소척도를 제작하려 하였으나, 척도 2, 3, 4, 6, 9의 다섯 척도에서만 그것이 가능하였다. 따라서, 이들 각 다섯 척도의 전체점수는 모호점수와 명백점수로 나뉘어지고, 전체점수에 대한 각각의 비중을 평가할 수 있다.

다른 임상척도들은 주로 명백문항들만으로 구성되어 있어서 모호-명백소척도를 작성하기가 불가능하며, 여기에는 K-교정을 가장 많이 필요로 하는 임상척도들(1, 7, 8)이 속한다. 또한 Wiener와 Hasrmon의 예비연구에서는 명백척도들의 상승이 학교생활이나 직업훈련에서의 실패를 예고하는 경향이 있으나 모호척도들에서는 이와 같은 관계가 의미 있게 나타나지 않음을 보여 주었다.

Wiener와 Harmon의 모호-명백문항에 대한 다른 연구결과들은 이것이 긍정왜곡과 부정왜곡을 탐지하는데 유용함을 입증하였다(Anthony, 1971; Harvey & Sipprelle, 1976). 특히 긍정왜곡 반응태도는 다른 타당도 지수로는 탐지하기 어려우므로, 모호-명백척도는 이 영역에서 매우 고무적이라 할 수 있겠는데, 유감스럽게도 현재의 연구결과로는 모호·명백척도를 근거로 긍정왜곡 반응태도를 규정할 수 있는 분명한 기준이 나와 있지 못하다. 다만 다섯 개의 모호척도 모두에서 T-점수 70 이상을 보이고 다섯 개의 명백척도 모두에서 T-점수 50 근방을 나타내는 환자는 긍정왜곡을 시도하고 있다고 보아도 좋을 것이다. 비록 배정규 등(1986)은 모호, 명백문항이 F-K 지수 또는 Ds-r 척도보다 부정왜곡을 탐지하는 데 있어서 적중률이 낮은 것으로 보고하고 있으나 모호-명백척도의 점수들간에 전술한 것과 반대되는 관계가 나타날 때에는 부정왜곡 반응태도를 의심해 볼 필요가 있으며, 모호 혹은 명백문항의 일부만 상승하거나 혹은 이 척도들이 중간 정도로만 높을 때에는 그 의미가 불분명하다.

모호-명백문항에 대해서는 Wiener와 Harmon의 연구 외에도 여러 연구자들이 유사한 연구결과들을 제시하고 있는데, 그 하나는 Seeman 등(Vesprani & Seeman, 1974; Wales & Seeman, 1968, 1972)의 연구이며, 다른 하나는 Christian 등(Christian, Burkhart, & Gynther, 1978; Burkhart, Christian, & Gynther, 1978; Gynther, Burkhart, & Hovanitz, 1979)의 연구이다. 이들 세 집단의 연구자들간에는 모호-명백문항에 대한 규정에 다소 차이가 있어 어느 기준이 가장 좋은지 확실하지 않지만, 세 기준 모두가 비슷한 결과를 나타내고 있어 앞으로의 후속 임상적 연구가 절실히 요망된다.

요 약

이 장에서 제시한 자료들을 통합함으로써 MMPI 프로파일의 타당도를 결정짓는 몇 가지 일반적인 과정에 대한 지침을 얻을수 있다(표 4-9). 우선, 임상가는 TR지수와 부주의척도를 통하여 환자가 MMPI 문항들에 답하는 과정에서의 일관성을 알아볼 필요가 있다(Greene, 1978).

만일 이 두 지수에서 일관성을 나타내면 임상가는 안심하고 다음 단계로 넘어가도 좋다. 만일 이들 지수 중에서 한 가지 혹은 두 가지 모두에서 문항응답이 비일관성이나 중간 정도의 일관성을 나타내면 임상가는 다음 단계로 진행하는 데 상당한 주의를 기울일 필요가 있다. 여러 가지 수준의 비일관적인 문항응답이 프로파일의 타당도에 끼치는 영향을 알아보기 위하여 외적 타당도기준을 사용한 연구를 시행할 필요가 절실히 요구된다.

다음으로, 임상가는 가장척도(Dissimulation Scale: Gough, 1957), Wiener와 Harmon(Wiener, 1948)의 모호-명백소척도, F́척도(Hathaway & McKinley, 1967) 및 ? 척도 등을 사용하여 문항응답의 정확성을 조사할 필요가 있다. 만일 이 4개 지수 모두에서 환자가 문항들에 정확하게 응답한 것으로 나타나면 임상가는 안심하고 다음 단계로 진행해도 좋다. 만일 이들 지수 모두나 혹은 몇 개에서 부정확한 문항응답이 시사되

표 4-9. MMPI 프로파일의 타당도 측정과정

Ⅰ. 문항응답의 일관성을 평가할 것

척 도	문항응답양식		
	일 관 성	중 간	비일관성
TR지수(원점수)	≤ 3	4	≥ 5
부주의척도(원점수)	≤ 3	4	≥ 5

Ⅱ. 문항응답의 정확성을 평가할 것

척 도	문항응답양식		
	정 확	중 간	부 정 확
Ds척도(T-점수)*	≤ 59	60~69	≥ 70
Ds-r척도(원점수)	≤ 22	23~29	≥ 30
Wiener와 Harmon의 모호-명백소척도(T-점수)*	5개 소척도 모두에서 모호 = 명백	몇 개 소척도에서 모호 10~19점 〉 명백, 혹은 반대	4 혹은 5소척도에서 모호 20점 이상 〉 명백, 혹은 반대
F척도(T-점수)*	≤ 100	101~120	≥ 121
?척도(원점수)*	≤ 5	6~ 30	≥ 31

Ⅲ. 타당도척도 및 그 형태를 해석할 것

*우리 나라의 경우 아직까지 정확한 분류점수가 확인되지 않았음.

면 임상가는 더욱 조심하여 임하지 않으면 안 된다. 여기에서도 여러 가지 수준의 부정확한 문항응답이 프로파일의 타당도에 끼치는 정확한 영향을 알아보기 위하여 외적 타당도기준을 사용하는 연구가 요청된다. 만일 문항응답의 정확성에 관한 지수들 중 몇 가지가 중간 정도이거나, 그와 더불어 문항응답의 일관성 지수 중 하나나 혹은 두 가지 모두가 중간 정도라면, 임상가는 극도로 조심하여 해석에 임할 필요가 있다.

만일 환자가 일관성 있고 정확하게 문항들에 응답하였다면 임상가는 각개의 타당도척도와 그 형태를 안심하고 해석할 수 있다. 문항응답의 일관성과 정확성을 나타내는 이들 지수 중에서 중간 정도나 비일관성 혹은 부정확영역에 속하는 수가 증가할수록 임상가는 타당도척도 및 그 형태와 그밖의 임상척도들을 해석하는 데 더욱 많은 주의를 기울이지 않으면 안 될 것이다.

5
임상척도

이 장의 목적은 MMPI 사용자로 하여금 각 임상척도의 구성과 그 척도가 측정하고 반영하는 내용을 충분히 이해하도록 도와주는 데 있다. 각 척도에 대해서는 주로 다음과 같은 영역에 관하여 논의될 것이다.

(1) 그 척도가 측정하는 내용영역

(2) 그 척도와 기준집단의 구성내용

(3) 정신과 환자 및 일반인에서 그 척도의 높은 점수와 낮은 점수에 대한 행동특징과 해석

(4) 성별, 연령, 교육수준 및 사회적 계층과 같은 중재변인들이 척도점수에 미치는 영향

임상척도가 낮은 점수의 의미에 관해서는 아직도 제한된 지식밖에 없으며, 이와 같이 낮은 점수에 대한 연구의 부족은 낮은 점수는 적응을 나타내며 정신적 장애를 의미하는 것이 아니라는 전통적인 생각 때문이기도 하다(Carson, 1969). 그러나 항상 그런 것은 아니며, 몇 개 척도에서의 낮은 점수는 프로파일의 전반적인 상승이나 높은 점수쌍과 관계없이 주의 깊은 관심을 필요로 한다. 구체적으로 낮은 점수에서 특별한 주의를 요하는 척도로는 척도 3(Hy), 4(Pd), 5(Mf), 6(Pa) 및 9(Ma)라 할 수 있다.

일반적으로 임상가들은 MMPI에서 높은 점수쌍(T-점수가 70 이상으로 상승하는 두 개의 가장 높은 임상척도)의 해석을 강조하고 있는데, 그러나 대부분의 경우 그 해석을 보충하거나 수정할 때에는 개별 척도의 해석을 참고로 한다. 흔히 생각하는 것과는 달

리 각 MMPI 척도와 관련되는 행동특징에 대해서는 충분한 통계분석적 연구가 되어 있지 않은 경우가 많으며, 몇몇 학자들(Boerger, Graham, & Lilly, 1974; Hedlund, 1977; Hovey & Lewis, 1967; Zelin, 1971)의 연구가 많은 도움을 준다.

또한 대부분의 MMPI 해석법에 관한 연구들은 피검사자의 부정적인 측면만을 기술하고 있는데, 근래에 와서 MMPI가 대학생 및 일반 정상인을 대상으로 하여 사용되는 경우가 많고, 부정적인 측면만이 아니라 긍정적인 측면(혹은 성격특성)도 반영한다고 생각되므로(Kunce & Anderson, 1976), 각 척도가 경미하게 높을 때 반영하는 적응적인 양상에 대해서도 논의하고자 한다. Kunce와 Anderson은 이러한 적응적이며 긍정적인 측면을 나타낼 수 있는 조건으로 T척도의 절대적인 점수보다, 검사가 시행된 상황, 면접 때의 인상, 과거력, 그리고 타당도척도, 임상척도들의 평균적인 상승도 및 자아강도 점수와 같은 여러 MMPI 양상들을 중요한 고려의 대상으로 제시하고 있다.

척도1: 건강염려증(Hypochondriasis, Hs)

척도1은 그 사람이 호소하는 신체적 증상의 수와, 이와 같은 증상들이 다른 사람을 조종하는 데 사용되고 있지는 않는가 여부를 측정하는 33개 문항으로 구성된 척도이다. 이 척도가 측정하는 증상의 임상적 특징은 신체기능에 대한 과도한 집착 및 그와 관련되는 질환이나 비정상적인 상태에 대한 불안이다. 이 증상들은 특히 위장계통을 선호하며 그 같은 장애를 부인하는 여하한 의학적 검사결과나 설득에 대해서도 전혀 반응을 보이지 않는다. 이러한 불안이나 집착은 원칙적으로 정신병적 상태보다는 신체기능에 대한 신경증적 걱정을 의미하는 것으로, 이것이 척도1의 측정목적이다. 이 척도를 제작하는 데 사용된 기준집단은 신체적 기능에 비정상적이며 신경증적인 걱정을 나타내는 건강염려증 환자군이었다(McKinley & Hathaway, 1940). 척도1에 속하는 문항의 대부분은 다른 임상척도에서도 채점되고 있으며, 8개 문항만이 이 척도에 고유하다. 가장 많은 문항들(20)이 척도3(Hy)과 중복되며 같은 방향으로 채점된다. 오직 5개 문항만이 정신병 네 척도(Pa, Pt, Sc, Ma)에 속하는 척도들과 중복되며, 4개 문항이 척도8(Sc)과, 그리고 1개가 척도6(Pa)과 중복된다. 척도1의 문항 중 3분의 2에서 비정상반응이 "아니다"이며, 따라서 "아니다" 반응태도의 경향이 있을 때에는 이 척도의 점수가 높아지게 된다. 대부분의 문항들이 내용상 명백한 것으로 보여지나(Dahlstrom, Welsh & Dahlstrom, 1972), Christian, Burkhart 그리고 Gynther(1978)에 의하면 학생들에게 척도1의 문항들이 얼마나 분명하게 심리적인 문제를 나타내느냐고 물었을 때 대부분의 학생들이 중립적(명백하지도 않고 모호하지도 않은)이라고 평정하였다.

다른 여러 표집을 대상으로 문항에 대한 요인분석을 하여본 결과 일관성 있게 한 개의 공통요인이 발견되었는데, 그것은 신체적 건강의 불량이었고(Comrey, 1957b; Eichman, 1962; O'Conner & Stefic, 1959; Stein, 1968), 그 다음으로 나타난 요인은 위장계통의 장애였다(Comrey, 1957b; O'Conner & Stefic, 1959). MMPI의 전체 임상척도 중에서 가장 분명하게 단일차원적 성질을 보이는 척도는 Hs뿐이다.

실제로 신체적인 병이 있는 사람은 척도1에서 중간 정도의 높이(T-점수 60내외)밖에 올라가지 않는다. 그 같은 사람들은 자신의 정당한 신체적 증상에는 응답하나 이 척도가 측정하는 모호한 신체적 고통의 영역 전부에는 응답하지 않는다. 실제적인 신체적 질병에 대해서는 척도1보다 척도2가 더 상승하는 예가 많다(Garson, 1972). 만일 실제로 신체적인 병이 있는 사람이 척도1에서 T-점수 65 이상을 보인다면 거기에는 신체적인 상태 외에 건강염려증적인 양상도 함께 관련되어 있기 쉬우며, 환자는 건강염려증적인 증상을 통하여 자기 주변의 가족이나 친척들을 조종하고 지배하려는 의도가 있을 수 있다. 비록 환자 자신은 그의 고통이 정당한 신체적 상태를 나타내는 것이라고 강력히 항변하더라도 임상가는 척도1의 상승을 무시해서는 안 되며, 그 이유는 이같이 반대항변을 하는 환자들에게도 분명히 건강염려증적인 양상이 있는 예가 많기 때문이다.

Kunce와 Anderson(1976, 1984)은 MMPI의 임상척도가 부정적인 행동특징뿐만 아니라 긍정적인 행동특징들도 나타낸다고 주장하며, 각 척도마다 그 척도가 반영하는 기본적인 차원을 언급하고 있는데, 척도1의 경우에는 그것을 **신중성**이라 했다. 정신적으로 정상적인 사람에게서 이 척도가 가볍게(60T～65T) 높을 때는 오히려 긍정적인 행동특징들을 나타내고 있어서, 그들은 양심적이고 사려 깊으며 조심스럽고 진실하다. 이 사람들은 자신의 신체적 변화에 예민할 뿐만 아니라, 온도나 광선과 같은 환경적 변화에도 매우 민감한 반응을 보인다. 그들은 신체적 건강과 더불어 생태학적 문제에도 관심을 가지고 있으며, 평소에 잘 적응하던 사람도 스트레스에 당면하면 일시적으로 화를 잘 내고 의존적이 되며 신체적 건강상태에 집착하는 행동을 보인다.

척도1이 높은 사람

척도1이 높은(T-점수 65 이상) 사람들은(특히 이 척도가 가장 높을 때) 책임이나 심리적인 문제를 직접 처리하기를 회피하고 주변의 사람들을 조종하기 위하여 실제적 혹은 상상적인 신체증상을 호소하는 경우로서, 그중에서도 특히 위장계통의 장애가 가장 보편적이고, 다음으로는 만성적인 피로감, 통증 및 무력감 등을 호소한다. 그들의 일반적인 성격적 특징으로는 자기중심적, 이기적 및 자기도취적인 점이다. 그들은 외부세계를 비관적이고 패배주의적이며 냉소적인 태도로 보며, 스스로도 불만스럽고 불행하다고 느끼며, 주위의 다른 사람들까지도 비참하게 만들기 쉽다. 다른 사람들에게 요구사항이 많고 의존적이어서 남더러 자기를 돌보아 달라는 태도이나, 매우 비관적이다. 적개심을 직접적으로 표현하지 않고 간접적으로 표현하며, 그 하나의 방법으로 신체적인 고통을 호소함으로써 타인들을 지배하고 조종하려 한다. 외부로 불안을 크게 나타내지도 않으며, 현저한 신체적 기능장애도 보이지 않으나, 기능의 효율성은 매우 낮다. 그들의 신체적 호소는 의존욕구가 신체적 증상으로 전치된 것이며(Carson, 1972), 이것이 그들의 불안에 대처하는 방법이기도 하다(Trimboli & Kilgore, 1983).

이 척도가 65 이상으로 높으면서 다른 임상척도가 이보다 더 높은 것이 있으면 이때는 그 사람이 가장 높은 척도가 나타내는 감정이나 행동과 관련되는 신체적 증상을 보이고 있음을 의미한다. 예를 들어 척도7이 가장 높고 척도1이 다음으로 높은 척도라면, 그 사람은 현존하는 높은 불안의 결과로 나타날 수 있는 신체적 증상을 나타내 보일 수 있다는 것이다. 진단적으로는 대개의 경우 신경증에 속하나, 만일 척도8이 동시에 높을 경우에는 신체적 망상을 수반하는 정신병이거나 혹은 정신병의 초기일 수도 있다.

이와 같은 제반 특징들은 일시적이거나 환경적인 것이라기보다는 장기간 뿌리박고 있어 온 하나의 성격스타일을 반영하는 것으로 쉽게 변화되지 않는다. 척도1은 지능과 부정적인 상관이 있으며, 특히 심리적인 추리력과 역비례적인 관계에 있다. 즉 척도1이 높을수록 그 사람은 자신의 신체적인 고통에 대한 심리적인 이유를 탐색하는 데 흥미가 없다. 따라서 그와 같은 관계를 생각해 보도록 권유하는 임상가를 동정하거나, 혹은 자신의 증상을 올바로 이해할 줄 모르는 수련이 부족하고 무능한 사람이라고 경멸하고, 그가 조종할 수 있는 사람을 발견할 때까지 제 이, 제 삼의 임상가를 찾아간다. 그들의 심리적인 통찰력의 부족과 냉소적인 태도로 인하여 대개의 심리적인 치료나 상담은 별로 도움이 되지 못한다.

척도 1이 낮은 사람

척도1에서 낮은 점수(T-점수 45 이하)를 얻는 사람들은 건강염려증적인 고통을 부인하는 것을 공통특징으로 하는 하나의 이질적 집단이다. 그들은 신체적 집착에서 자유로

표 5-1. 척도1(건강염려증, Hypochondriasis: Hs)의 상승수준별 해석

T-점수	해석
44 이하	1. 모호한 신체적 증상이나 건강에 대한 걱정을 부인하는 사람 2. 보건직에 종사하는 사람이나, 건강염려증 환자의 가족이나, 병을 나약함과 동일시하여 부정적으로 생각하는 사람 3. 기민하고, 낙천적이며, 통찰력 있고, 효율적임.
45~55	보통 범위에 속하는 신체적 증상을 호소함.
56~65	1. 실제로 신체적 질환이나 장애가 있는 사람. 미성숙하고, 고집 세고, 의욕이 약함. 2. 자신 및 타인의 신체적 건강에 대하여 건설적인 관심을 가지고 있는 정상인. 조심성 있고, 사려 깊고, 진실하며, 양심적임.
65 이상	1. 자신에게 어떤 신체적 병이 있다고 생각하거나, 그 같은 병을 이용하여 다른 사람을 조종하고 지배하려 함. 2. 모호한 신체적 증상에 과도하게 집착하고, 불평이 많고, 냉소적이며, 요구사항이 많고, 부정적이고, 비관적임. 3. 심리적 및 신체적 치료에 대한 예후가 불량함. 여하한 해결책에 대해서도 거부적임.

울 뿐 아니라, 정상적인 통증이나 증상을 용납하기를 거부하거나, 혹은 매우 악화될 때까지 병을 무시하는 건강에 지나친 자신감을 가지고 있는 사람들이다. 흔히 이들은 과거에 병을 조종의 수단으로 쓰는 건강염려증 환자와 가까이 했거나 혹은 의료계통에 종사하는 사람(의사, 간호사 등)이거나, 혹은 병을 나약함과 동일시하여 질병에 대하여 부정적인 감정을 가지고 있는 사람들이다. 반면에, 이들은 대체로 예민하고, 자발적이며, 민첩하고, 낙관적이며, 책임감 있고, 심리적인 통찰력을 갖춘, 일상 생활에서 효율적인 사람들이다.

척도1의 검사-재검사 신뢰도계수는 임상척도들 중에서 가장 높은 것에 속하여, 이 주까지의 간격에서는 .79에서 .86까지의 상관을 보이며, 1년 간격에서는 .36에서 .65의 상관을 보인다(Dahlstrom, Welsh, & Dahlstrom, 1975). 척도1에서 여자들이 남자들보다 조금 더 높은 경향이 있고(Greene, 1980), 나이가 많을수록(Colligan *et al.*, 1984[정상인]; Schenkenberg *et al.*, 1984[정신과 환자]), 혹은 사회경제적 계층이 낮을수록(McDonald & Gynther, 1963) 다소 높아진다.

척도2: 우울증(Depression, D)

척도2의 60개 문항들은 우울증상(symptomatic depression)을 측정하기 위한 것으로서, MMPI 시행 당시에 그 사람이 느끼는 비관 및 슬픔의 정도를 나타내는 기분(mood) 척도이다. 우울증상의 주된 현상은 사기 저하, 미래에 대한 희망의 상실 및 자신의 생활환경에 대한 일반적인 불만 등이다.

그밖에 이 척도에서 다루는 우울증의 증상에는 행복감이나 자기가치감의 부인, 행동이 느려지고 아무 일에도 관여하고 싶지 않은 태도, 주변에서 일어나는 일에 대한 관심의 결여 등이 있고, 심인성 신체증상, 걱정, 긴장, 적대감의 부인, 사고기능 통제의 곤란 등이 나타난다.

척도2의 기본차원(Kunce & Anderson, 1976, 1984)은 평가로서, 선과 악, 옳은 것과 그른 것을 가려내는 특성이라고 보며, 정상인에서 경미하게(T = 60~65) 상승되어 있을 때는 현실적이며 객관적이고 사려 깊은 성향을 의미한다. 스트레스에 처하면 이 사람들은 일시적으로 걱정과 불안에 빠지며 자신의 행동에 대한 비판적 태도와 죄책감을 느끼기도 한다.

척도2는 '신경증적' 혹은 내인성 우울증이라기보다는 반응성 혹은 외인성 우울증을 측정한다. 따라서 척도2의 점수는 환자의 기분이 변함에 따라 하루하루 변할 수 있다. 또한 척도2는 환자가 자기자신 및 자신의 생활상황(환경)에 대하여 얼마나 안정되고 안락하게 느끼는가 하는 것을 가리키는 좋은 지수라 할 수 있으므로, 높은 점수는 그만큼 강한 불만도를 나타내며, 자기자신 및 상황에 대한 평가가 달라짐에 따라 척도2의 점수도 변하게 된다. 이 척도에서의 매우 높은 점수는 임상적인 우울증을 의미하지만 중간 정도로 높은(60~65T) 점수는 생활에 대한 가벼운 불만을 의미하며, 이 같은 불만이 아주 심하지 않으므로 크게 걱정할 정도가 아니든가 혹은 너무 오랫동안 지속되어 그것과 더불어 살고 있는 상태를 나타낸다.

Harris와 Lingoes(1955)는 내용이 유사하거나 동일한 태도나 혹은 특성을 반영하는 문항들을 주관적으로 함께 묶어서 척도2의 소척도를 작성했다. 척도2에서 그들은 다섯 개의 문항군을 얻을 수 있었는데, 즉 우울감, 나태성, 신체적 기능장애, 둔감성 및 깊은 생각 등이다(표 5-2).

이 소척도의 목적은 척도2에서 동일 점수를 보일 때 그 해석을 보다 정확하게 하도록 하는 데 있다. 소척도 점수를 앎으로써 임상가는 각 환자의 우울증의 정확한 성질을 이해할 수 있으며, 특히 두 사람 이상의 환자가 동일한 원점수를 보일 때 그러하다. Harris와 Lingoes(1955)는 문항들을 오로지 한 척도에만 국한시키지 않아, 일부 소척도 간에 상당한 문항의 중복이 있다. 예를 들어, 깊은 생각 소척도의 10개 문항 모두가 우울감 소척도에도 나타나며, 둔감성 소척도의 15개 문항 중 12개가 우울감 소척도에도 나타난다. 그런가 하면, 신체적 기능장애와 같은 일부 소척도들은 다른 소척도와 공통적인 문항이 하나도 없거나, 혹은 몇 개밖에 없는 경우도 있다.

대개 Harris와 Lingoes 소척도는 척도2가 T-점수 60에서 80 사이에 있을 때 해석에 유용한 정보를 제공할 수 있다. 척도2가 T-점수 80을 넘으면 소척도 모두가 T-점수 70 이상으로 상승하는 것이 상례이며, T-점수가 60 이하이면 소척도 중에서 T-점수 70 이상으로 상승하는 것이 하나도 없게 된다. 이 소척도들은 T-점수가 70 이상으로 상승하지 않으면 해석하지 말아야 하는데, 그 이유는 변량이 제한되어 있기 때문이다. 어떤 소척도에서는 한 문항을 더하거나 뺄 때 환자의 점수가 T-점수로 5 내지 10점씩 변할 수도 있다. 척도2에 대한 Harris와 Lingoes 소척도 해석에 대한 일반적인 지침은 척도 3(Hy), 4(Pd), 6(Pa), 8(Sc) 및 9(Ma)의 Harris와 Lingoes 소척도에도 적용된다. Harris와 Lingoes(1955)는 다른 MMPI 임상척도에 대해서는 소척도를 만들지 않았다.

척도2에 대한 Harris와 Lingoes 소척도의 높은 점수에 대한 설명을 표 5-2에 제시하였다.

척도2의 해석은 어느 다른 임상척도가 함께 상승했는가에 따라 달라진다. 척도2가 높

표 5-2. 척도2(Depression)에 대한 Harris와 Lingoes 소척도 고득점자의 특징

소척도			고득점자의 특징
명 칭	약 자	문항수	
우울감	D_1	32	어떤 일에서든 즐거움을 못 느끼고, 비관적이며, 의기소침하고, 자긍심이 낮음. 심리적 무력감을 호소하며, 문제에 대처할 수 있는 정력이 부족함.
나태성	D_2	15	사회적 관계형성을 외면하며, 움직이려 하지 않음.
신체적 기능장애	D_3	11	신체적 기능장애를 호소하며, 자기자신에 집착하여 있음.
둔감성	D_4	15	정서적 반응이 결여되어 있고, 자신의 심리적 기능을 불신함.
깊은 생각	D_5	10	깊은 생각에 잠기며, 화를 잘 냄.

아졌다 함은 그 환자의 마음이 매우 불편한 상태로서 어떤 일에 대하여 우울하게 느끼고 있음을 의미하는데, 그러나 그 같은 심적 고통의 원인을 이 척도 하나만으로는 알아낼 수 없다. 예를 들어, 위법사항으로 구속되어 그 구류 때문에 고민하고 있는 사람과, 자신의 가치에 대하여 고민하며 심리치료를 받고 있는 환자가 척도2에서 동일한 원점수를 얻었을 때, 그들 각각의 우울한 원인은 서로 다르다. 그 원인은 다른 임상척도의 상승을 함께 고찰한다면 밝혀질 수 있는 것으로서, 구속되어 있는 피의자의 경우에는 척도4(Pd)와 9(Ma)가 가장 높은 두 개의 척도일 수 있고, 심리치료를 받고 있는 환자의 경우에는 척도2(D)와 7(Pt)이 가장 높은 척도일 가능성이 많다.

척도2가 T-점수 65 이상으로 상승한 유일한 임상척도일 때, 특히 다른 우울증을 나타내는 외형적 행동특징이 전혀 없다면, 자살 가능성에 대한 신중한 평가가 필요하다(Carson, 1969; Graham, 1977). 그 같은 환자들에서의 자살 가능성은 임상적으로 우울증이 현저하게 드러나 보이는 환자의 경우보다 더 크다고 생각되며, 척도2의 상승과 동시에 척도4 혹은 8이나 척도9가 함께 상승하여 있으면 자살위험성은 더욱 커진다. MMPI에서 자살 가능성이 문제가 될 때에는 임상가는 직접적인 임상면담과 같은 보다 적극적인 평가방법을 동원하는 것이 반드시 필요하다.

척도2가 높은 사람

척도2에서 높은 점수(T-점수 65 이상)를 보이는 사람들은 대체로 우울증적 증상을 나타내는 사람들이다. 그들은 우울하고, 불안하고, 위축되어 있으며, 자신의 미래에 대하여 비관적으로 생각하고, 어려운 문제를 해결하고 적응해 나갈 자신이 없다고 느낀다. 자기비하적이고, 죄책감을 느끼며, 걱정이 많고, 자신을 쓸모없는 인간이라고 생각한다. 행동상의 특징으로는 말하기 싫어하고, 잘 울며, 동작이 느리고, 기운 없고 피로감을 느끼고, 초조해지며, 불면증, 식욕감퇴 등의 다양한 신체적 증상을 호소한다. 타인과의 친밀한 관계를 회피하고, 수줍어하며, 혼자 있기를 좋아할 뿐만 아니라, 흥미의 범위가 심하게 제한되고, 이전에 즐겨하던 활동들에서 손을 떼며, 지나치게 조심스러워진다. 아주 간단한 결정조차도 내리기 힘들어 하고, 결혼이나 직업선택과 같은 중요한 결정사항에 당면하면 당황하여 어쩔 줄 모르며, 불쾌한 일은 아주 싫어하고, 스트레스에 당면하면 쉽게 포기하고, 지나치게 자신을 억제하고 양보한다.

이 척도가 높으면 자신의 불편이나 현재의 지적 기능에 대한 불만을 인정하는 것을 의미하며, 주관적으로 느끼는 고통의 지표가 된다. 이것들이 자기불만을 의미하는 한 변화에 대한 내부적 압력으로 작용하여 양호한 예후의 징표가 될 수도 있다. 이와 같은 주관적인 고통은 불안상태에서도 나타날 수 있고 혹은 순수히 우울한 상태에서도 나타날 수 있으므로, 척도2가 높다고 하여 반드시 우울증으로만 진단되는 것은 아니다. 진단 여하를 막론하고 척도2가 높은 사람들은 그들이 현재 상황에 대하여 불만을 인정하는 사람들이다.

척도2가 낮은 사람

척도2에서 낮은 점수(T-점수 45 이하)를 보이는 사람들은 능동적이고 기민하며 사회적으로 활동적이고 다양한 일에서 효율적인 사람들이다. 그들은 긴장이나 불안, 죄책

표 5-3. 척도2(우울증, Depression: D)의 상승수준별 해석

T-점수	해 석
40 이하	1. 사교적이고, 낙관적이며, 기민한 사람, 사고나 행동이 자유로움. 2. 이 같은 행동들이 그 사람의 환경과 상황에 적절할 것(특히 근래에 사고가 있었을 때)
41~59	정력과 열의가 균형을 이룬 생활태도나 행동
60~69	1. 자신이나 어떤 일에 대하여 불만이 있으나, 이 같은 상태를 우울한 것이라고 느끼지는 않으며, 오히려 상황에 적절할 수도 있음. 2. 자신에게 일어나는 일에 적절한 걱정을 나타내지 않거나, 만성적인 우울한 생활에 적응된 상태 3. 정상인일 경우, 현실적, 객관적이며, 사려 깊고, 생각을 좋아함. 스트레스하에서는 자신의 행동에 과도하게 비판적인 태도를 취하고, 죄책감에 잘 빠지며, 걱정과 불안을 나타냄. 옳고 그른 것, 선과 악을 잘 따지고, 인성이나 그 의미에 대한 실존적 의문을 잘 가짐. 4. 대학상담의뢰자에서 가장 흔하며, 만성적 우울증이라기보다는 현실적으로 압박을 가하는 문제에 대한 반응을 나타냄. 5. 소척도 분석을 통하여 정확한 해석을 시도할 것
70 이상	1. 인생이나 자신에 관하여 비관과 우울한 기분을 보이는 환자. 자기비하적, 현실회피적, 죄의식, 우유부단, 걱정이 많음. 점수가 높아질수록 운동지체, 극단적 무망감, 부적절감, 자기비하 등이 확산되고, 망상적이 됨. 2. 다른 임상척도를 검토하거나, 환자면담을 통하여 우울감의 원인을 파악하도록 한다.

감, 우울감 등을 느끼지 않으며, 대체로 자신감 있고, 정서적으로 안정되어 있으며, 낙관적이다. 사회적인 상황에서 편하게 느끼며, 지도자 역할을 잘하고, 재치 있고, 좋은 첫인상을 준다. 그러나 이 사람들은 또한 자제력이 부족하다는 평을 들으며, 때로는 허세를 부리고 자기과시적이어서, 이로 인하여 다른 사람들에게서 적대감을 불러일으키고, 대인관계를 해치게 되는 경우도 있다.

척도2의 신뢰도계수는 이 척도가 시간이 지남에 따라 변할 수 있는 반응성 우울증의 측정치라는 점을 고려할 때 낮을 것으로 예상되지만, 실제로는 그렇지 않다. 일반적으로 이 척도의 신뢰도계수는 다른 임상척도들의 그것과 유사하며, 한 달까지의 간격에 대한 신뢰도계수는 .80에서 .90의 범위에 속하며, 1년 이상의 간격에서는 .40에서 .50의 범위가 보통이다. 여자들이 남자들보다 척도2에서 다소 높은 경향이 있고(표 5-3을 참조), 나이 많은 사람들이 젊은 사람들보다 더 높은 경향이 있다. 치료를 받지 않았어도 재검사시에는 점수가 다소 낮아지는 경향이 있고, 척도2는 또한 교육정도와는 역비례적 관계를 보인다(Colligan *et al.*, 1984).

척도3: 히스테리(Hysteria, Hy)

많은 사람들에게 있어서 어떤 현실적 어려움이나 갈등을 회피하는 최선의 방법은 그것의 존재를 부인하는 것이다. 척도3은 이와 같은 부인의 양과 형태를 측정한다. 그런데 이 사람들에게 있어서 이러한 특성은 그의 생활방식의 일부로 되어 있고 성격 속에 너무나도 깊이 뿌리 박고 있어서, 그 같은 방어기제를 사용하고 있다는 사실조차 그들은 알지 못하고 있다. 이들에게 치료란 매우 어려운 일로서, 그 이유는 분명히 존재하는 현실조차도 그들은 인정하기를 단호히 거부하기 때문이다.

척도3의 60개 문항들은 두 가지 서로 다른 유형으로 구성되어 있는데, 그 하나는 특정한 신체적 증상을 나타내는 문항들이며, 다른 하나는 자신은 사회적으로 잘 적응하고 있고 아무런 심리적 혹은 정서적 문제도 가지고 있지 않다고 주장하는 것을 나타내는 문항들이다. 이 두 가지 문항들이 정상인에서는 서로 아무런 관계가 없거나 혹은 배타적인 관계에 있으나, 성격이 히스테리적 역동을 중심으로 구성되어 있는 사람들에서는 서로 밀접한 관계를 가지고 있어서, 신체적 문제가 많이 있다는 사실은 인정하나 그것 때문에 걱정된다는 것은 부인한다. 이와 같은 사람들이 보통 때는 아주 잘 적응하는 것처럼 보이나, 스트레스에 당면하게만 되면 전환성 형태의 신체적 증상을 유발함으로써

(특히 T = 80 이상일 때; Trimboli & Kilgore, 1983) 갈등을 해결하고 책임을 회피하려 한다.

부인의 실제영역은 척도3의 상승도와 다른 임상척도의 상승도를 비교해 봄으로써 알 수 있다. 일반적으로 척도3보다 높은 척도가 나타내는 증상들은 환자가 인정하고 보려 하지만 척도3보다 낮은 척도가 나타내는 증상은 부인하고 보려 하지 않는다.

척도3은 지능수준이나 교육정도 및 사회적 계층과도 관계가 있다. 상류사회에 속하면서 머리가 우수하고 교육정도가 높은 사람들은 이 척도에서 점수가 높은 경향이 있으며, 정상인이나 정신과 환자집단 모두에서 여자가 남자보다 높은 경향이 있다.

이 척도의 기본차원은 **표현**으로(Kunce & Anderson, 1976, 1984), 경미한 상승을 보이는 사람들의 긍정적인 특징은 감정이 풍부하고, 예민하고, 너그럽고, 정이 많고, 낙천적이고, 우호적인 점 등이다. 이 사람들은 자기 감정을 솔직히 표현하며, 좋고 나쁜 것이 분명하다. 그러나 스트레스를 받으면 이 같은 장점들이 심신장애나 부인방어로 변모한다.

척도3의 거의 모든 문항들이 다른 임상척도에서도 채점되며 10개 문항만이 척도3에 고유하다. 척도3에 속하는 문항의 3분의 1은 척도1과 중복되며 같은 방향으로 채점된다. 따라서 이 두 척도가 함께 상승하는 경우가 많은 것은 당연한 이치이다. 척도3에서 K척도와 중복되는 문항이 10개 있는데 그들도 같은 방향으로 채점된다. 그러므로 척도3

표 5-4. 척도3(Hysteria)에 대한 Harris와 Lingoes 소척도 고득점자의 특징

소척도			고득점자의 특징
명 칭	약 자	문항수	
사회적 불안의 부인	Hy_1	6	사회적 외향성이 특징적임.
애정욕구	Hy_2	12	자신이 타인에게 비판적이며 화난 태도를 가지고 있다는 사실을 서툴게 부인함. 그들은 남을 결코 벌하지 않는다고 생각하며, 타인에 대한 신임이나 낙천성을 지나치게 주장함.
권태-무기력	Hy_3	15	신체적으로나 정신적으로 기능이 떨어졌다고 호소하며, 괜찮은 것처럼 보이려 애쓰나, 항상 주의와 위안을 필요로 함.
신체적 증상	Hy_4	17	감정의 억압이나 전환을 시사하는 신체적 장애를 나타냄.
공격성의 억제	Hy_5	7	타인과의 일치를 강조하며 폭력을 부인함.

은 K-교정을 받지 않더라도 기능적으로 10개 문항을 공유하고 있다는 사실로 인하여 K-교정을 받은 것과 유사한 결과를 나타낸다. 신경증 세 척도의 다른 척도들(척도1과 2)과 마찬가지로 척도3의 문항 중 47개(78%)에서 "아니다"가 이상반응이다.

Harris와 Lingoes(1955)는 척도3에서 5개의 소척도를 발견했는데, 즉 사회적 불안의 부인, 애정욕구, 권태-무기력, 신체적 증상 및 공격성의 억제 등이다(표 5-4).

척도3이 높은 사람

척도3이 현저하게 높은 사람들은 부인(denial)과 피암시성이 강하고, 대개 신체적 증상을 나타냄으로써 스트레스에 대처하거나 책임을 회피하려는 사람들이다. 이들이 호소하는 신체적 증상들은 이미 알려진 기질적 장애의 양상과 대부분 잘 들어맞지 않는다. 그들이 주로 나타내는 증상으로는 두통, 흉통, 무기력감, 심박항진(tachycardia), 급성 불안, 발작 등이며, 우울증적 양상이 수반될 때도 있다. 보통 때는 아무런 증상도 없는 경우가 많으나 스트레스를 받으면 갑자기 증상이 나타나고, 스트레스가 지나가면 증상도 갑자기 없어진다.

신체적 증상 외에 다른 증상들은 이 사람들에게서 비교적 잘 나타나지 않는다. 때로 그들은 걱정이 많은 편이라고 스스로 말하지만, 긴장이나 불안감 혹은 우울감 등을 호소하는 예는 비교적 드물다. 환각이나 망상 혹은 의심성 같은 것도 드문 편이며, 스트레스 기간 동안 그들의 증상이 매우 극적으로 나타나나, 실제로 척도3이 높은 사람들에게서 정신병 진단은 거의 찾아볼 수 없다. 정신과 환자집단에서 자주 볼 수 있는 진단은 전환장애(conversion disorder)나 심인성 동통장애이다.

척도3이 높은 사람들의 일상기능에서 가장 특징적인 현상은 그들의 증상 저변에 깔려 있는 어떤 가능한 심리적 원인에 대한 통찰이 매우 결여되어 있다는 사실이다. 그들은 그들의 성격 역동, 즉 동기나 감정에 대한 심리학적 해석을 받아들이지 못한다. 임상가가 그것을 지적하면 오히려 그들은 임상가가 자신을 이해하지 못한다고 불평한다.

이 척도에서 점수가 높은 사람들은 심리적으로 매우 미성숙하여 때로는 소아적 혹은 유아적이라고까지 표현되며, 감정반응이 변화무쌍(labile)하다. 그들은 자기중심적이고 자기도취적이며, 이기적이고, 타인으로부터 많은 주의와 애정을 요구한다. 그들이 갈망하는 주의와 애정을 얻기 위하여 간접적이고 부정한 수단을 동원하는 경우도 흔히 있으며, 다른 사람들이 그들에게 적절한 반응을 보이지 않으면 그들은 적대적이 되고 화를 내지만, 이 같은 감정을 부인하며, 직접적이거나 공개적으로 분노를 표현하는 경우는 드물다. 그들이 가장 많이 쓰는 방어기제는 부인과 억압이며, 대체로 방어적이고 과잉 통제적이다. 신체적 및 심리적인 고통에 대한 심한 공포를 가지고 있는 것이 이 사람들에게 특징적이라 할 수 있는데, 거부당하거나 사랑하는 사람을 잃는 것을 매우 고통스러워하며, 특히 이들 중에서 아동기에 그 같은 애정의 상실을 경험한 사례가 많다. 고통을 처리하는 유일한 방법은 그것으로부터 다른 곳으로 주의를 돌리고 고통이 존재한다는 것을 부인하는 길이다(Caldwell, 1974, 1985).

척도3이 높은 사람들은 대인관계에서 적어도 외양으로는 우호적이고 정열적이며 말이 많고 용의주도하나, 실제로는 피상적이고 미성숙하다. 그들이 다른 사람들에게 관심을 갖는 것은 주로 상대방으로부터 무엇을 얻을 수 있을까 하는 이유 때문이며, 진지한 관심 때문은 아니다. 척도0(Si)에서 T-점수가 30에 가까와지거나 그보다 낮을수록 그들의 대인관계에서 피상성과 순수한 친밀성의 결여가 더욱 현저해진다. 그들의 타인에 대한 무감각과 공감능력(empathy)의 결여는 그들의 자기중심성을 반영하는 것이다.

여자들에서 이 척도가 높고 척도5가 낮을수록 성적이거나 혹은 육감적인 행위를 요란하게 나타내는 경우가 있는데, 그들은 이때 자신이 무엇을 하고 있는지 잘 모르거나 그것에 별로 주의를 기울이지 않는다. 그러나 자신의 행동의 실상을 알게 되었을 때 그들은 놀라고 분개하며, 성적 의미를 부인하고 혹은 자신을 피해자로 여긴다.

타인들로부터 호감을 사려는 욕구와 타인에게 첫인상을 좋게 주려는 욕망이 하도 강한 나머지 그들은 임상가에게 대체로 고분고분하므로 처음에는 심리치료에서 좋은 효과를 나타낼 수 있는 환자로 보인다. 그들은 흔히 직접적인 충고나 제의에 잘 따르기도 한다. 그러나 그들은 자신의 행동 저변에 깔려 있는 숨은 원인을 이해하는 통찰력이 매우 부족하며, 성격적 역동에 대한 심리학적 해석에 대해서는 강한 저항감을 보인다. 임상가가 그것을 지적하면 그들은 임상가의 이해가 부족하다고 불평하며, 구체적이고 직접적인 해결책만을 요구한다. 따라서 처음의 인상은 좋았음에도 불구하고 이 사람들을 대상으로 하는 여하한 형태의 심리치료도 임상가에게는 매우 힘든 작업이 된다.

이 척도가 높은 사람들이 흔히 나타내는 문제는 학교나 직장에서의 실패에 대한 걱정, 결혼생활의 불행, 자신이 속한 사회적 집단으로부터의 소외 및 권위적 대상과의 갈등 등이다. 그들의 성장배경을 보면 거부적인 아버지에 대하여 여자들은 신체적 증상으로 반응했고 남자들은 거역적인 행위나 노골적인 적대감으로 반응한 경력을 가지고 있다.

척도3이 낮은 사람

척도3에서 낮은 점수를 보이는 사람들은 대체로 그들의 일상생활에서 순응적이고, 통속적이며, 비모험적이다. 그들은 흥미범위가 제한되어 있는 경우가 많고, 강인하며, 현실적이고, 논리적이다. 또한 그들은 사회적으로 고립되어 있거나 대인관계에서 재치가 부족하고, 지도적 책임을 회피하며, 인생이란 괴로운 것이라고 생각하며 냉소적인 태도를 가지고 있다. 타인을 신뢰하지 않으며, 다소 의심이 많고 비우호적이다. 타인들이 보기에는 무미건조하고 아무런 굴곡이 없는 생활에 만족하고 있으며, 외부 환경으로부터 자신을 보호할 방어기제가 부족하여 어려운 상황에 처하면 피해를 입을 수 있다.

척도3의 검사-재검사 신뢰도계수는 2주까지의 간격에서는 .63에서 .84까지 1년까지의 간격에서는 .36에서 .72까지의 범위를 보인다(Dahlstrom 등, 1975). 여자들이 남자들보다 다소 더 높은 척도3의 점수를 보이며(표 5-5), 여자에서 척도3의 단독상승은 흔히 있는 일이나 남자에게 단독상승은 드문 일이다. 남자나 여자에서 척도3이 가장 낮은 점수로 떨어지는 예는 흔치 않다(Gulas, 1974). 척도3은 심리생리적 증상(Lair & Trapp,

표 5-5. 척도3(히스테리, Hysteria: Hy)의 상승수준별 해석

T-점수	해　　　석
40 이하	1. 냉소적이고, 불신하며, 사회적으로 고립되어 있는 환자 2. 세상을 냉혹하게 대처하며, 흥미범위가 좁고, 방어 기제가 약함.
41~59	1. 히스테리 역동의 태도나 행동을 전형적으로 가지고 있는 환자 2. 대부분의 정상인. 해석 불요.
60~69	1. 과다노출적, 외향적, 피상적인 환자, 순박하고 자기중심적이며, 여하한 문제도 부인함. 2. 인생의 긍정적인(낙관적인) 측면만 보려 하고 불유쾌한 일들은 외면하려 함. 3. 대인관계에 대한 통찰력이 부족함. 4. 정서적임. 긍정적인 감정을 잘 나타냄.
70 이상	1. (60~69)의 1항이 더욱 심함. 피암시적임. 2. 스트레스하에서는 특수한 신체적 장애가 나타남. 3. 미성숙하고, 요구가 많고, 억압이 강함. 4. 단순하고 구체적인 문제해결책을 요구하고, 자기검토를 불원함. 5. 첫인상은 좋으나, 심리적 치료는 어려움.

1962) 및 전환증상(Fricke, 1956)을 나타내는 환자와 다른 환자집단과를 신뢰성 있게 구분해 주지만, 이들 환자집단에서 상당한 개별척도 점수간의 중복이 나타나는 경우가 많다. 나이 어린 사람들과 노인들에서 척도3이 상승하는데, 청소년들에서는 생리적인 과정에 대한 민감성이 높아지기 때문이고, 노인들에서는 신체적 취약성에 대한 관심이 높아지기 때문인 것 같다(Hibbs *et al*., 1979).

신경증 세 척도의 형태

신경증 세 척도—척도1(Hs), 2(D), 3(Hy)—사이에서 가장 자주 발견되는 형태로는 다음과 같은 네 가지가 있다.

첫번째 형태는 전환 V로서(그림 5-1) 척도1과 3이 T척도 65 이상으로 상승하고 척도2는 그보다 낮은 프로파일이다. 이 형태를 보이는 환자는 자신의 정신적인 고통을 보

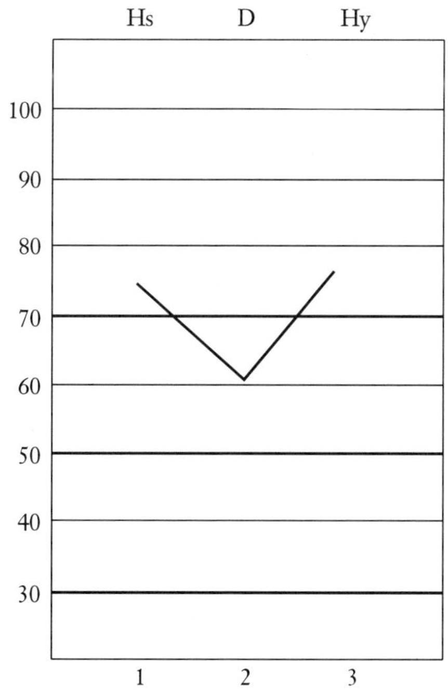

그림 5-1. 신경증 세 척도: 전환 V

다 합리적이며 사회적으로 수용될 만한 신체적인 문제로 전환시키려 한다. 즉 심리적 스트레스나 곤란을 신체적인 장애로 전환시키는 것이다. 실제로 이 형태의 전반적인 상승도는 그 환자가 겪고 있는 심리적 고통의 심한 정도를 반영하며, 척도1과 3 모두가 T-점수가 80에 가까와질수록 이와 같은 방어기제의 허구성이 환자만 빼고 다른 사람들에게는 더욱 분명해진다. 또한 척도 1 및 3과 비교되는 척도2의 상대적 상승도가 '전환방어'의 적절성을 의미하기도 하는데, 즉 척도2와 비교하여 척도 1 및 3의 상대적 상승도가 크면 클수록 환자는 자기생활에서 겪게 되는 어려움의 실제 원인과 직면하지 않으려는 방어적 태도가 강하고 만성적이며, 변화를 거부하려 한다. 이 같은 현상은 그가 자신의 증상에 대하여 우울해지지 않는다는 사실에서도 알 수 있다. 이 형태에 대한 또 다른 중요한 특징은 척도 1과 3의 상대적 상승이다. 척도3이 척도1보다 더 높으면 환자는 신체적 고통에 대하여 비관적이기보다는 낙관적이며, 그 같은 고통들은 특정 부위에 한정되어 있고 대개 머리나 사지에 집중되어 있다. 반면에 척도1이 척도3보다 더 높은 환자들은 신체적 고통이 한정되어 있지 않고 모호하며, 그것에 대하여 고통스럽고 비관적인 태도를 가지고 있는가 하면, 이들의 실제적 혹은 상상적 장애는 정서적 곤란에 대한

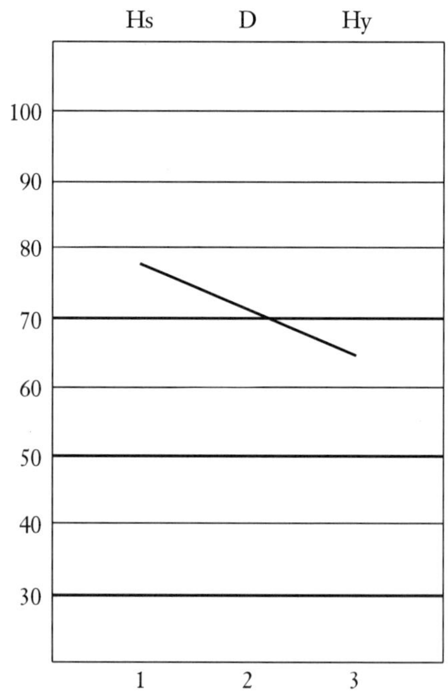

그림 5-2. 신경증 세 척도: 하강양상

직면을 회피하기 위한 수단일 수도 있다. 신체적 장애에 집착하고 그것에 대한 여하한 심리적인 근거도 부인하려는 태도로 말미암아 이 집단의 환자들은 어떤 형태의 심리적 치료에서도 좋은 성과를 얻지 못한다. 신경증 세 척도가 이와 같은 형태를 이룰 때는 타당도척도들도 보통 이와 유사한 형태를 보이게 된다. 척도2가 T-점수 40 이하로 낮으면 더욱 전환장애적 성질을 나타내어 신체적 증상에 대한 깊은 우려를 보이지 않으며 정서적 곤란을 부인하나, 척도2가 70T 이상으로 높으면 우울한 상태가 함께 나타난다.

신경증 세 척도의 두번째 형태는 하강양상이다(그림 5-2). 이 형태의 기본적인 특징으로는 세 척도 모두가 T-점수 65 이상으로 상승되어 있고, 그 중에서 척도1이 가장 높으며 척도2와 3은 하강 순서로 높다. 이 형태를 보이는 환자들은 극히 사소한 기능장애에도 과민반응을 나타내는 장기간에 걸친 신체적 걱정과다가 특징이며, 그럴 만한 신체적 병이 없음에도 불구하고 항상 신체적 고통을 호소한다(somatization disorder). 신체적 증상의 대표적인 것으로는 메스꺼움, 어지럼증, 피로감, 불면증 및 두통이다. 이 환자는 대개의 경우 안정된 결혼생활과 직장생활을 하고 있으며, 신체적 증상 집착은 정서적 혹은 심리적인 문제에 대하여 직면하기를 회피하려는 수단으로 쓰이는 경우가 많다.

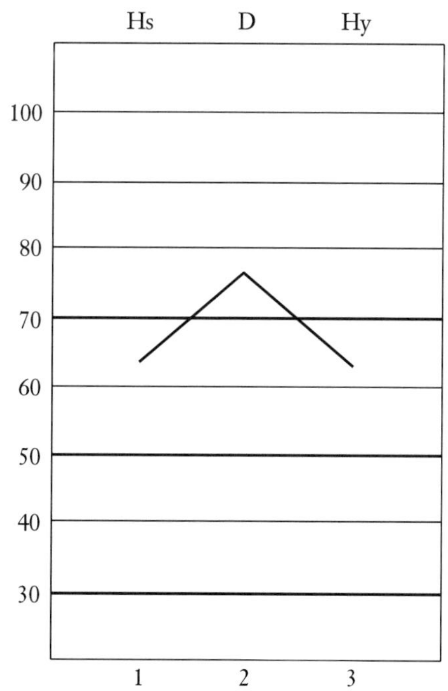

그림 5-3. 신경증 세 척도: 삿갓형

신경증 세 척도의 세번째 형태(그림 5-3)는 세 척도 모두가 높으면서 척도2가 그 중에서도 가장 높은 형태이다. 이 환자들은 잡다한 증상을 수반하는 만성적인 신경증적 상태를 보이는 사람으로서, 흔히 우울증이나 히스테리적 양상을 나타내며, 이 형태의 상승이 더욱 그러하다. 척도1은 T-점수 65보다 낮고, 척도2와 3이 T-점수 70보다 높을 때 환자는 정서적으로 과도하게 통제되어 있고, 화가 목구멍까지 차 있는 것 같은 느낌을 호소한다. 이 환자들은 항상 피곤하고 불안하며 자기감정이 어떤 것들인지 자신도 알 수 없고 자기가 우울한 것은 신체적 증상 때문이라고 주장한다. 의존적이고 수동적이며, 심한 불행이나 불편도 잘 참고 견딜 줄 알게 되어 결국은 치료에 대한 동기마저도 약해지는 경우가 많다.

신경증 세 척도의 네번째 형태는 점차로 상승하는 곡선(그림 5-4)으로서, 세 척도 모두가 T-점수 65보다 높으면서 각 척도는 연속적으로 앞의 척도보다 높다. 미국에서 이 양상은 부인과적 병의 경력이 있는 여자들에서 전형적으로 많이 발견된다고 한다(Duckworth와 Duckworth〔1975〕는 이것을 '자궁적출' 프로파일이라고 부른다). 이 여자들은 불감증, 성욕감퇴 및 여러 가지 부부갈등을 갖고 있으며, 장기간에 걸쳐 아픈 곳

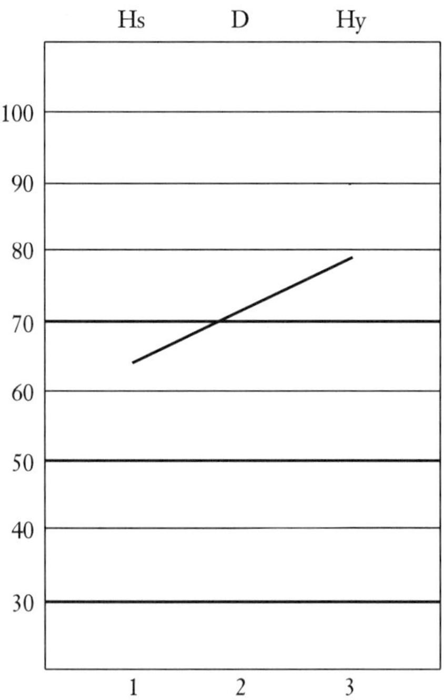

그림 5-4. 신경증 세 척도: 상승양상

이 끊이지 않는다. 이 형태를 보이는 남자들은 만성적인 불안 상태에 있거나 장기간의 긴장과 걱정으로 인한 신체적인 영향, 즉 위장장애나 위궤양을 나타내는 경우가 많다. 남녀 모두에서 이 형태는 우울증과 신체화(somatization) 증상을 보이며 심한 불안감과 식욕부진 및 소화기장애 등을 보인다. 심리적 통찰력의 결여와 행동에 관한 심리학적 해석에 대한 저항이 이 형태를 보이는 환자들의 전형적인 특징이다.

척도4: 반사회성(Psychopathic Deviate, Pd)

"무엇인가와 싸우고 있는 것"이 50개의 문항으로 구성된 척도4의 상승과 관련되는 대표적인 표현이다. 갈등의 정확한 성질과 그 적절성은 갈등의 대상(부모, 친구, 배우자, 사회, 학교 등), 그에 수반된 혼란의 정도(특히 척도8의 상승) 및 그것이 발생한 상황 등에 의하여 결정되는 것이며, 그 사람이 처한 상황을 알아보지도 않고 이 척도가 나타내는 행동은 무조건 나쁘다고 판단내리는 것은 온당하지 못하다. 문항내용 영역은 다양성 있고, 어떤 경우에는 서로 모순되기도 하는데, 주로 가정이나 권위적 대상 일반에 대한 불만, 자신 및 사회와의 괴리(self-and-social alienation) 그리고 일상생활에서의 권태 등이 이것들이 측정하는 주요 대상이다. 척도3에서와 마찬가지로, 외견상 모순되는 문항들을 동시에 채점되게 반응하는 것이 척도4를 구성하는 데 사용된 기준집단의 큰 특징이어서, 그들은 사회적 적응곤란을 인정하면서 동시에 사회적 침착성과 자신감을 함께 주장한다. Kunce와 Anderson(1976, 1984)은 주장성(assertiveness)을 이 척도의 기본 차원이라 생각하며, 정상적인 사람으로서 이 척도가 경미하게 높을 경우에는 자기주장적이고 솔직하며 모험적이고 진취적이라 표현한다. 이 사람들은 새로운 상황에 빨리 적응하며 정력적이고 선도적이나, 좌절되었을 경우에는 이 같은 장점들이 공격성과 부적응적인 사회적 행동으로 변모한다.

척도4는 반사회적 성격으로서 비사회적이며 비도덕적인 형(psychopathic personality, asocial and amoral type)으로 진단된 주로 17세에서 22세 사이의 젊은이들을 기준집단으로 사용하여 경험적으로 구성되었다. 그들 중에 중형의 범죄를 범한 사람은 없었으며, 대부분이 사소한 비행을 오랜 동안 저질러 온 경력소지자들이었다. 그들이 비행을 범할 때는 아무런 사전계획이나 깊은 생각 없이 하는 것이 보통이었고, 붙잡히는 것을 피하려는 노력도 별로 없었다. 따라서 그들의 우울증이나 권태감은 어떤 순수한 내재적인 근원에서 기인한 것이기보다는 당시의 객관적 상황에 대한 반응이라고 할 수 있다.

표 5-6. 척도4(Psychopathic Deviate)에 대한 Harris와 Lingoes 소척도 고득점자의 특징

소척도 명 칭	약 자	문항수	고득점자의 특징
가정불화	Pd_1	9	가족의 간섭에 거역하려 함.
권위불화	Pd_2	8	사회적 규율이나 관습 및 부모의 기준에 대하여 거부하려 함.
사회적 안정성	Pd_3	6	대인관계 불안을 부인하며, 공손을 과시하고, 의존욕구를 부인함.
사회적 소외	Pd_{4A}	13	타인으로부터 고립감을 느끼며, 소속감이 결여되어 있고, 자신의 곤란에 대한 책임을 외부에 돌리고, 사회적 관계에서 만족을 못느낌.
내적 소외	Pd_{4B}	11	자기통합이 결여되어 있고, 죄책감을 인정하며, 의기소침함.
소외	Pd_4	24	이 소척도는 Pd_{4A}와 Pd_{4B}의 합과 같음.

또 다른 의미에서 이 척도가 높은 사람들은 돌보아 주는 것에 공포를 느끼는 사람들이다(Caldwell, 1985). 그들은 어렸을 때 아무도 돌보아 주는 사람이 없는 가정에서 자랐기 때문에 성장 후에는 상처받는 것에 대한 방어로 돌보아 주는 행위와 결별한 것으로 보인다. 역시 이 척도는 성격적인 척도이다(Trimboli & Kilgore, 1983).

척도4의 문항들을 요인분석한 결과 Harris와 Lingoes(1955)는 네 개의 소척도를 확인하였는데, 즉 가정불화, 권위불화, 사회적 안정성(social imperturbability) 및 소외(alienation) 등이다(표 5-6).

그들은 또한 소외척도를 사회적 소외(social-alienation)와 자기소외(self-alienation)로 세분하였다. 이 척도를 제작함에 있어서 Harris와 Lingoes는 각 소척도에 척도4에 들어있지 않는 문항을 두 개 내지 여섯 개씩 첨가하였는데, 그 이유는 밝히지 않았다. 다른 임상척도들의 소척도에서는 이렇게 문항을 더 첨가하는 일이 없었다.

척도4가 높은 사람

척도4에서 높은 점수를 보이는 사람들의 주된 특징은 분노감, 충동성, 정서적 피상성 및 예측불능성 등이다. 그들은 사회적으로 비순응적이고, 일반적으로는 사회적 규범에

대하여, 특수하게는 권위적 대상에 대하여 거부적이다. 그들은 권위적 대상에 대하여 뿌리 깊은 적개심과 분노를 갖고 있으며, 그것은 외부적으로 나타날 때도 있고 나타나지 않을 때도 있는데, 과거에 반사회적 행위를 범한 경력이 없을 경우에는 이 같은 적개심이 자기 자신에게로 내향화되었을 가능성이 있다. 따라서 척도4의 현저한 상승은 반사회적 행동이나 태도를 나타내지만, 반드시 이 같은 행동이 외부적으로 표현되는 것을 의미하는 것은 아니며, 반사회적 행동이 외부적으로 표현되려면 다른 임상척도들이 함께 상승하여야 한다. 척도8이나 9가 척도4와 함께 상승하면 비행률이 크게 증가하나, 만일 척도1, 7 혹은 특히 2가 척도4와 함께 상승하면 비행률은 일반 청소년들의 예측수준보다도 더 낮아진다(Dahlstrom *et al.*, 1972).

척도4가 높은 사람들은 사회적 가치나 기준을 내향화하는 데 상당한 곤란을 느끼며, 규칙이나 법규에 대하여 저항적이다. 그들은 가족과의 관계도 원만치 못하며, 자신의 잘못(혹은 곤란)에 대하여 부모를 탓한다. 학교성적의 부진, 직장생활의 곤란 및 결혼생활에서의 문제 등은 이들에게서 나타나는 특징적인 양상이라 할 수 있다.

이 점수가 높은 사람들은 매우 충동적인 사람들로서 즉각적인 충동만족을 도모하려고 한다. 계획할 줄 모르며, 또한 자기가 한 행위의 결과에 대해서 충분히 고려하지도 않거니와 그로부터 이득을 얻을 줄도 모른다. 참을성이 없고 욕구좌절에 대한 인내심이 부족하며, 판단력이 부족하고, 모험적이며, 경험을 통해 배울 줄 모르고 동일한 곤란(문제)에 반복하여 봉착하게 된다.

다른 사람들에게 이들은 미성숙하고 때로는 어린애같이 보인다. 그들은 자기도취적이고 자기중심적이며, 이기적이고 자기본위적(egocentric)이다. 그들의 행동은 과시적이고 허세적이며, 그들은 다른 사람의 욕구나 감정에는 무감각하다. 만약 그들이 타인에게 흥미가 있다면 그것은 오직 다른 사람들을 어떻게 이용할 수 있을까 하는 관점에서 뿐이다.

이 척도가 높은 사람들은 사회적으로 능숙하고 정력적이고 외향적이어서 타인에게 주는 첫인상은 좋으나, 오래 사귀어 보면 그들의 무책임감, 신뢰성의 결여, 변덕 및 분개심이 드러나게 된다. 그들은 흥미범위도 넓고 여러 가지 활동에 관여하나, 뚜렷한 목표가 없고 행동의 방향도 없다. 처음 시작하는 임상가는 흔히 이 같은 그들의 첫인상에 위압당하고, 다음에는 그들의 내부 속성이 드러나기 시작함에 따라 크게 실망하게 된다.

척도4의 점수가 높은 환자들은 심한 주관적인 불안이나 우울감을 호소하지 않는 게 상례이나, 간혹 우울증이 나타날 때에도 주로 우울한 감정이나 생각을 보이기는 하되 정신적 운동지체나 그밖에 우울증의 극단적인 무력증상들은 나타내지 않는다. 이들의 우울증은 대부분 자신의 행동에 가해진 현재의 속박에 대한 불만의 표현이며, 자신의 행동에 대한 진지한 걱정이나 죄책감을 나타내는 것은 결코 아니다. 때로는 자신의 행동으로 인하여 문제가 생겼을 때 죄책감이나 후회하는 빛을 꾸며 보이기도 하지만, 이 같은 반응은 일시적인 것이며, 당장의 위기만 지나가면 곧 없어져 버린다. 그들에게는 깊은 정서적 반응이 결여되어 있는 바, 이로 인하여 권태감이나 공허감이 생기기도 한다.

척도4가 높은 환자들은 성격장애자로 진단되는 경우가 가장 많으며, 정신병 환자로 진단되는 예는 비교적 드물다. 그들은 특히 반사회적 성격이나 수동-공격적 성격 소유자일 가능성이 많은 바, 오랜 기간의 가족 및 사회적 불화와 더불어 성격적 적응곤란이 있는 것 같기도 하다. 그들의 유창한 언변과 활달한 태도 및 비교적 높은 지능수준 등으

표 5-7. 척도4(반사회성, Psychopathic Deviate: Pd)의 상승수준별 해석

T-점수	해　　　석
40 이하	1. 경직되고 통속적인 환자, 매우 지루하고 권태로운 생활도 잘 견딜 수 있음. 2. 남자들은 성에 대한 흥미가 적고, 특히 이 척도가 가장 낮을 때 그러함. 3. 공격적이거나 자기주장적인 성향을 강하게 억압하고 있으며, 특히 척도3이 높을 때 그러함.
41~55	1. 권위, 소외감 및 권태에 대하여 정상범위에 속하는 불평을 하는 환자 2. 권위적 대상에 대한 불만을 잘 나타내지 않고 사회현실을 그런대로 받아들임.
56~64	1. 사회적 문제나 현안에 대하여 진지하게 관심을 가지고 있는 환자. 환경적 갈등에 대한 반응을 나타내고 있거나, 혹은 습관적인 대인관계 및 사회적 갈등에 적응되어 있는 상태 2. 갈등의 원인이 환경적인 것이라면 갈등이 해소된 후에는 점수가 정상범위로 돌아와야 함. 3. 자기주장을 잘하고 신체적 원기와 욕구를 잘 표현하는 정상인. 새로운 상황에 쉽게 적응하고, 선도적이며, 정력적, 활동적임. 모험적이고 솔직하며 진취적이나, 욕구 좌절되면 공격적이고 사회적 부적응 행동을 보일 수 있음.
65 이상	1. 화나 있고 싸우고 있는 사람임. 주로 권위적 대상과 갈등을 겪고 있는 환자이며, 이 갈등은 행동으로 나타나기보다는 적대감이나 반항심으로 나타나고 있음. 2. 신뢰성이 결여되어 있고, 자기중심적이며, 무책임함. 경험에서 배울 줄 모르며, 계획성이 없고, 충동적임. 좌절인내력이 낮음. 3. 사회적으로 호감을 주고 첫인상이 좋으나, 오래 사귀거나 스트레스를 당하면 반사회적 특성이 나타남.

로 인하여 심리치료나 상담에 좋은 반응을 보일 것 같이 보이지만, 불행하게도 척도4가 높은 환자들의 치료에 대한 예후는 나쁘다. 보다 더 괴로운 결과(예를 들어 감옥이나 이혼 등)를 면하기 위하여 치료에 동의하기는 하나, 그들은 자신의 문제에 대한 책임을 수용할 수 없어 되도록 빨리 치료를 종결하려 한다. 그들이 가장 잘 쓰는 방어기제는 외향화(externalization), 행동화(acting-out), 합리화 및 지능화이다. 그들의 행동변화에 효과적인 방법은 어떤 형태의 심리치료보다 성격적 성숙을 도모하는 길밖에 없다. 그러나 지능이 높을수록 치료를 통하여 척도4의 행동을 유익하게 사용할 수 있는 적절한 직업을 찾아 그들을 건설적인 길로 인도할 수 있는 가능성이 높아진다. 척도4가 높으면서 척도2가 낮으면(T = 45 이하) 의미 있는 성격변화의 가능성은 더욱 적을 확률이 높다.

척도4에서 높은 점수를 보이는 정상인들도 반항적이고, 미성숙하며, 과시적, 비순응적, 비관습적인 것으로 알려지고 있다. 그들은 반사회적 행동까지 나타내지는 않으나 일반적으로 사회적 기준이나 관습을 벗어나는 행동을 잘 행한다. 대학생의 거의 10%가 척도4에서 T-점수 70 보다 높은 점수를 보이므로 대학생 인구에 대한 별도의 규준을 작성할 가능성도 논의되었다(Forsyth, 1967; Goodstein, 1954; Murray, Munley & Gilbart, 1965). King과 Kelley(1977a)는 상담을 요청한 대학생 중에서 척도4의 T-점수가 70 이상인 학생들은 과거에 법률적, 학업적 및 범죄적 문제를 일으켰던 경력이 다른 학생들보다 더 높았다고 보고했다. 척도4가 높은 내담자들이 고전적인 비도덕적, 비사회적 행동을 보이지는 않더라도, 이 척도의 상승이 충동의 행동화가 아닌 반항성의 지표는 될 수 있을 것이다. 심리상담을 요청하지 않는 대학생으로서 척도4가 높을 때도 동일한 정신병리가 나타나는지는 앞으로 검토해 보아야 할 과제이다. 대개의 경우 척도4의 상승은 나이가 들어감에 따라 사라지는데, 척도4가 높으면서 나이가 많을수록 시간이 경과하더라도 이 척도가 줄어들 가능성은 더욱 적어진다. 40세 정도에서 척도4가 높은 경우에는 장기간의 반사회적 행동(특히 알콜중독, 횡령, 수표사기 등)을 의미하며, 65세 이상에서 이 척도가 높을 경우에는 반사회적 행동이라기보다는 사회적 소외, 무감동, 쾌락의 상실 및 깊은 관계형성의 결여를 나타낸다(Good와 Brantner, 1974).

척도4가 낮은 사람

척도4에서 낮은 점수를 얻는 사람들은 매우 통속적이고 순응적이며 권위에 대하여 수용적이다. 그들은 또한 수동적이고 복종적이며 비주장적이다. 그들은 근본적으로 싸우지 않는 사람들인데, 그렇게 천성을 타고난 사람들이 있는가 하면, 또 어떤 사람들은 한

때는 잘 싸우는 사람이었는데 그 같은 행동이 너무나 고통스럽고 비생산적이어서 싸우지 않는 사람으로 변한 경우도 있다. 타인들이 자기에게 어떻게 반응할 것인가에 대하여 관심이 많으며 대체로 대인관계에서 진실되고 신임이 두텁다.

이 점수가 낮은 사람들은 욕망의 수준이 낮은 것이 특징이다. 지위나 안정에 대하여 관심은 있어도 경쟁심이 강하지는 못하다. 그들의 흥미범위는 좁으며, 문제해결에 있어서 독창적이거나 자발적이지는 못하더라도 매우 끈기가 있어 지루하고 재미 없는 삶이라도 참고 견디는 소질이 많다. 그들은 또한 자기 자신에 대하여 비판적이며, 근거 없는 자기불만감을 가지고 있는 경우가 많다. 남자들은 성에 대한 흥미가 적은 편이며 때로는 실제로 여자를 두려워할 때도 있는 바, 특히 척도4가 프로파일에서 가장 낮은 점수일 때 그러하다.

척도4의 검사-재검사 신뢰도계수는 비교적 안정되어 있어서, 한 달까지의 간격에서는 .59에서 .84이고, 1년까지의 간격에서는 .49에서 .61까지이다(Dahlstrom *et al.*, 1975). 척도4의 원점수 분포에 있어서 남녀간의 차이는 별로 없다. 척도4의 점수는 나이가 들어감에 따라 다소 감소하는 경향이 있는데, 이 같은 양상은 높은 점수를 얻은 사람들에게서 일어나는 느린 성숙적 변화를 반영하는 것으로 생각된다.

척도5: 남성특성-여성특성(Masculinity-Femininity, Mf)

MMPI의 척도명이 어느 정도로 그 진단명을 반영하는가 하는 것에 대해서 회의를 나타내는 학자들은 척도명 대신에 약호(code)를 쓰기를 권유한다(Duckworth & Anderson, 1986). 척도명과 그것이 의미하는 진단적 현상과의 차이가 가장 현저한 것이 Mf척도라 할 수 있겠다.

척도5는 모든 임상척도 중에서 가장 잘못 이해되고 있는 척도라고 할 수 있겠는데, 그 첫째 이유는 남성특성-여성특성이라는 이름 때문이다. 이 척도명이 함축하고 있는 의미는 이 척도가 그 사람이 남성적인가 혹은 여성적인가를 나타내는 것처럼 되어 있는데, 실제로 현대사회에 있어서 이 양자간의 구별이 이전에 비하여 많이 모호해지고 있을 뿐만 아니라, 남성특성-여성특성의 의미(정의)도 빨리 변하고, 이 척도가 처음 제작될 당시의 그것과 많이 다를 수 있다는 데 문제가 있다.

척도5가 가지고 있는 두번째 문제는 이 척도가 실제 혹은 잠재적인 남성 동성애자들을 색출할 수 있다는 가정인데, 그 같은 가정은 근거가 없는 것으로 밝혀졌다. 일부 남성 동성애자들 중에서는 이 척도에서 상승을 보이는 경우도 있으나 오류긍정(false positive)과 오류부정(false negative)이 많으며, 이 척도는 남성 동성애자들을 확인하는 데 별로 효과가 없다.

세번째 문제로, 이 척도에는 실제로 남자와 여자용 두 개의 척도5가 존재하는 것이어서, 이들 각 척도는 저마다 별개의 해석을 가지고 있다.

척도5를 구성하는 60개 문항들은 내용상 매우 다양하다. 주요한 내용영역으로는 직업 및 취미에 대한 관심, 심미적 및 종교적 취향, 능동성-수동성, 그리고 대인감수성 등이다. 척도5는 다른 임상척도들과는 다소 다른 방법으로 제작되었다. Hathaway와 McKinley(Hathaway, 1965)는 처음에 많은 수의 남녀 동성연애자들을 대상으로 남성특성-여성특성 척도를 경험적으로 만들어 보려고 했으나, 동성애 집단들이 너무나 이질적이어서 하나의 단일 기준집단으로 사용할 수 없음을 곧 발견하게 되었다. 그들은 표집한 집단 중에서 서로 다른 동성애 과정 혹은 원인을 가지고 있는 세 개의 소집단을 가려내었으나, 각 소집단의 인원수를 많이 확보할 수 없어서 한 개의 소집단, 즉 남자 동성애자들로 기준집단을 제한했다. 그들 중 많은 수는 자신을 너무 억제하거나 너무 갈등을 느낀 나머지 자신의 동성애 성향을 겉으로 표현하지 못하는 사람들이었다(Dahlstrom *et al.*, 1972). 최종적으로 선택된 기준집단은 13명의 남자 동성애자들로서 신경증이나 정신병 혹은 반사회적 경향 같은 정신병리를 가지고 있지 않는 사람들이었다.

척도5를 위한 최초의 문항선발은 정상 남성과 기준집단과의 대조를 통해서 얻어졌고 (Dahlstrom *et al.*, 1972), 이렇게 해서 선발된 문항들을 다음에는 정상 남성과 정상 여성과의 식별능력을 확인함으로써 다시 점검하였다. 최종적으로, Terman과 Miles(1938)의 Attitude-Interest Analysis Test를 통하여 여성적 남자집단을 규정하고, 이들 여성적 남자들의 반응을 정상 남자들의 반응과 대조하였다. 이 세 가지 비교과정 모두에서 집단간의 차이를 나타내는 60개 문항들로 척도5를 구성하였다.

척도5의 문항들에 대해서는 다른 임상척도들에서처럼 광범위하게 연구되어 있지 않은데, 그 이유는 초기의 MMPI 사용자들이 이 척도를 일률적으로 채점하지 않았기 때문이기도 하다. 실제로 어떤 임상가들은 MMPI를 시행할 때 척도5와 0(Si)을 빼는 경우가 있는데 이는 초기의 MMPI 사용관습을 나타내는 것이다. Serkownek(1975)는 Graham, Schroeder, 그리고 Lilly(1971)가 시행한 요인분석을 기초로 척도5에서 여섯 개의 소척도를 작성하였는데, 즉 자기도취-과잉민감성, 定型化된 여성적 흥미, 정형화된 남성적 흥미의 부인, 이성불안-수동성, 내향성-비평성 및 사회적 기피 등이다(표 5-8). Harris와 Lingoes(1955)는 척도5에 대한 소척도를 제작하지 않았으며, Wiener와

표 5-8. 척도5(Masculinity-Femininity)에 대한 Serkownek 소척도 고득점자의 특징

소척도			고득점자의 특징
명 칭	약자	문항수	
자기도취-과잉민감성	Mf_1	18	타인의 반응에 민감하고, 항상 걱정하며, 쉬이 마음 상하고 기분 나빠짐.
정형화된 여성적 홍미	Mf_2	14	뚜렷이 여성적인 성격에 대한 홍미를 나타냄.
정형화된 남성적 홍미의 부인	Mf_3	8	뚜렷이 남성적인 성격에 대한 홍미를 부인함.
이성불안-수동성	Mf_4	4	동성애 충동을 인정하나 성적인 문제에 대하여 이야기하는 것을 불편해 함.
내향성-비평성	Mf_5	7	요란하고 활동적인 사교적 모임을 즐기지 않으며, 편하게 느끼지도 않음.
사회적 회피	Mf_6	9	주도적이며 빼어난 역할을 할 수 있는 여러 사회적 및 문화적 활동에 대한 기호를 부인함.

Harmon(Wiener, 1948)도 명백-모호 소척도를 제작하지 않았다. Dahlstrom 등(1972)은 대부분의 문항들이 심리학적으로 명백하기 때문에 동성애자들이 이 척도에서 색출되지 않고 그들의 성적 취향을 은폐할 수 있는 것이라고 언급했다(Bieliauskas, 1965). 척도5의 문항들에는 대략 같은 수의 "그렇다"와 "아니다"의 비정상반응들이 포함되어 있어서, "모두 그렇다"나 "모두 아니다"와 같은 반응태도가 이 척도에서는 원점수에 크게 영향을 주지 않는다.

척도5의 문항들에 대한 반응은 남자들에게서는 여성특성을, 여자들에게서는 남자특성을 나타낼 때 비정상적으로 채점된다. 따라서 어떤 환자가 그 문항들에 대하여 異性의 사람처럼 응답할 때 그는 높은 점수를 얻게 되는 것이다. 이 중에서 5개 문항은 비정상적인 성적 행동을 인정하는 문항이므로 꼭 같은 반응이 남녀 모두에서 비정상으로 해석된다. 나머지 55개 문항에 대해서는 비정상반응에 대한 채점이 남녀에 따라 반대가 된다. 예를 들어, 여성특성을 나타내는 남자에게서 어느 문항에 대한 반응이 "그렇다"가 비정상반응이라면 남성특성을 나타내는 여자에서는 "아니다"가 비정상반응이다. 이 점수들은 그 사람이 이성의 사람처럼 문항에 응답하는 것을 의미하므로 이와 같은 방법은 높은 점수에 대한 일률적인 해석의 기초가 된다. 그러나 척도5의 여러 가지 높이에 대한 남녀별 행동특성을 고찰하여 본 결과 양자간에 큰 차이가 발견되므로 남녀별로 별도

의 해석법을 강구하지 않으면 안 된다.

처음에 Hathaway와 McKinley(Hathaway, 1956)는 남성특성-여성특성이란 양극성 차원이어서 한쪽 끝에는 남성특성이 있고 다른쪽 끝에는 여성특성이 존재하는 것이라고 생각했다. 그러나 여러 학자들(Aaronson, 1959; Gonen & Lansky, 1968; Sines, 1977)의 연구결과 척도5는 양극성이 아니라 다차원적(multidimensional)인 것으로 밝혀지고 있으며, 앞에서 기술한 Graham 등(1971)의 척도5에 관한 요인분석적 소척도들도 역시 그것의 다차원적 성질을 나타내고 있다. Constrantinople(1973)은 남성특성-여성특성이 단일점수로 측정될 수 있는 양극성 차원인가 하는 것에 대하여 의문을 제기하는 훌륭한 비평논문을 쓴 바 있고, Baucom(1976)은 California Psychological Inventory(Gough, 1957)로부터 남성특성과 여성특성에 대한 독자적 측정법을 개발할 수 있음을 경험적으로 증명했다. MMPI에서도 남성특성과 여성특성에 대한 독자적 측정법을 개발할 수 있는 연구가 필요하며, 그와 같은 연구가 나올 때까지는 척도5에 근거한 남성특성 혹은 여성특성에 대한 추론은 극히 조심해서 행하여져야 할 것이다. 어떤 사람들은 남자에게 있어서 척도5의 높은 점수는 여자에게 있어서 낮은 점수와 같고, 두 경우 모두 여성적인 흥미와 태도를 나타내는 것이라고 해석하고 있으나, 남녀 고득점자의 행동특성에 대하여 정밀하게 분석한 결과 그와 같은 해석은 대단한 과잉 단순화(oversimplification)로 지적되었다.

Kunce와 Anderson(1976, 1984)은 척도5의 기본차원으로 역할유연성을 들고 있다. 남자에서 이 척도가 높은 사람들은 광범위한 취미를 즐기는 사람들이며, 그들은 재미있고 참을성이 많으며 복잡하고 통찰력이 높다. 이 척도에서 가볍게 상승한 사람들은 예민하고 호기심이 많으며 참을성이 많고, 또한 그들은 자신과 타인을 비교적 잘 이해하고 비행행동을 범할 가능성은 별로 없는 사람들이다(Hovey & Lewis, 1967).

척도5가 T-점수 60 이상으로 상승할수록 나타나는 두 가지 행동상의 특징이 있는데, 그 첫째는 미술, 음악, 문학과 같은 심미론적 흥미이며, 이것은 교육수준과 더불어 증가한다(대학졸업자의 규준이 60에서 70 사이임). 두번째 행동특징은 수동성으로서, 여기에서 수동성이라함은 공공연하고 직접적인 방법보다는 은밀하고 간접적인 방법으로 사물을 처리하기 좋아하는 성향을 의미한다.

남자 대학생들의 프로파일에서 가장 자주 나타나는 단독상승척도는 척도5이고 다음이 척도9이나, 대학생이 아닌 남자들에서는 이 척도가 가장 높지 않으며 60T 이상으로 상승하는 예가 드물어서, 그들의 전형적인 점수는 55 정도로 알려지고 있다. 정상 인구에서 이 척도의 평균치는 여자에서는 46점이고 남자에서는 58점이다(Colligan *et al.*,

1984).

상담소나 정신건강진료소를 찾아오는 사람들 중에서 여자로서 척도5의 가장 높은 점수는 50이며 이 점수 이상으로 상승하는 경우는 매우 드물다. 여자로서 이 척도에서 50점 이상으로 상승하는 소수집단에는 두 가지 종류가 있는데, 그 첫째는 여성적으로 보이는 것에 흥미가 없는 사람들이다. 그들은 남성적인 취미를 가지고 있을 수도 있고 가지고 있지 않을 수도 있으나, 다른 여자들처럼 행동하거나 그렇게 보이는 것에 대해서 흥미가 없는 것만은 확실하다. 그들은 대개 자신을 독특하다고 생각하거나, 아니면 적어도 일반적인 여자들과는 다르다고 생각하고 싶어한다.

이 같은 점수를 얻는 두번째 여자집단으로는 어떤 법적인 문제가 있거나 가족간의 문제를 가지고 있는 10대 소녀들이다. 그들은 자신이 여자로서 어떠한지에 대해서 불확실한 경우가 많고, 그리하여 여자들의 일반적인 T-점수 범위를 상회한다.

Volentine(1981)의 연구에 의하면 척도5는 Bem Sex Role Inventory에서 남성특성치보다 여성특성치와 더 상관이 많음이 밝혀졌다. 따라서, 척도5는 남성특성을 측정하는 도구라하기보다는 여성특성을 측정하는 도구라고 해석하는 것이 더 정확하다고 할 수 있겠다.

Caldwall(1985)에 의하면 척도5가 여성적 극단(남자에서는 높고 여자에서는 낮은 척도5의 점수)에서는 타인에 대한 염려를 나타내고 관계를 매우 중요시하는가 하면, 남성적 극단(남자에서는 낮고 여자에서는 높은 척도5의 점수)에서는 실용성, 생존, 자신에 대한 염려 등을 나타낸다고 했다. 여성적 극단의 사람들은 정서나 감정 및 심미적인 것을 중요시하고 내향적인 반면에, 남성적 극단의 사람들은 행위와 실용성을 중요시하는 사람들이라는 것이다. 따라서 높은 점수와 낮은 점수에 대한 해석은 남녀별로 나누어 논의하게 된다.

척도5가 높은 남자

남자로서 동성애를 하고 있거나 혹은 동성애적 관심(혹은 태도)을 가지고 있으면서 이와 같은 행동이나 관심을 공개적으로 인정하려는 마음이 있는 사람들은 척도5에서 높은 점수를 얻는다(Aaronson & Grumpelt, 1961; Dean & Richardson, 1964; Friberg, 1967; Manosevitz, 1971; Singer, 1970). 만일 그들이 이 같은 행동을 인정하지 않으려 할 경우에는 척도5의 문항내용들이 심리학적으로 명백하므로 이 척도가 전혀 높아지지 않게 된다. 척도5에서의 높은 점수만으로 동성애를 유추하는 데는 많은 조심이 필요하지만, 환자의 교육, 지능 및 사회경제적 계층 등을 고려하여 예측되는 것보다 훨씬 높은 점수를 보일 때는 동성애적 경향이나 행동을 고려하지 않으면 안 되며, 특히 척도4가 T-점수 70을 초과할 때에는 더욱 그러하다. 이 점수가 높은 사람들은 성적 자아정체에 갈등이 있으며, 자신의 남성적 역할에 대하여 불안정하고 의존적이며, 여성적인 행동을 보이거나 여성적 역할을 동일시하는 경향이 많다.

척도5에서 높은 점수를 보이는 남자들은 정형화된 남성적 흥미가 부족하고, 심미적이고 예술적인 흥미를 가지고 있으며, 대부분의 남자들보다 집안일을 돌보거나 육아 등에 참여하는 예가 더 많다.

그들은 지능이 높고 유능하며 인지적 추구를 높이 평가하는가 하면, 포부가 크고, 경쟁적이며, 머리가 영리하고 논리적 조직적이고, 우수한 판단력과 상식을 가지고 있다. 또한 그들은 호기심이 많으며 공상력이 풍부하고 창조적이며 지각이 예리하고, 사회적 예민성과 더불어 사교적이다. 타인에 대한 인내심이 많고 따뜻한 감정을 표현할 줄 알며, 대인관계에서는 매우 수동적이고 의존적이며 복종적이다. 평화를 사랑하고 타인과의 대결(혹은 신체적 폭행)을 피하기 위하여 많은 양보를 한다.

척도5의 점수는 지능, 교육 및 사회경제적 수준과 상관관계가 있어, 특히 T-점수 55

표 5-9. 척도5(남성특성-여성특성, Masculinity-Femininity: Mf)의 상승수준별 해석—남자

T-점수	해 석
40 이하	1. 전통적인 남성역할과 매우 강하게 동일시하는 남자. 남성특성에 대하여 강박적이며 경직되어 있음. 2. 공격적 충동을 적절히 해소하는 데 어려움이 있음.
41~59	1. 전통적인 남성적 흥미와 활동에 관심이 많음. 2. 공학이나 농학과 같은 비교적 남성취향적 분야에서 대학교육을 받은 사람들
60~69	1. 대학교육을 받은 남자들의 전형적인 범위임. 2. 예술, 음악, 문학과 같은 심미적인 취미를 가지고 있음. 3. 역할유연성의 척도임. 다양하고, 통찰력 있고, 참을성 있음. 4. 비교적 수동적이며, 은밀하고 간접적인 방법으로 문제를 해결함.
70 이상	1. 전통적인 남성역할과 동일시하지 않음. 2. 수동적이고, 내면지향적이며, 심미적인 취미를 가지고 있음. 3. 스스로 동성연애자임을 인정하려는 사람임. 그러나 이 점수만으로 동성연애자로 진단하는 일은 매우 조심할 필요가 있음. 4. 관계형성에 대하여 너무 관심이 많음.

부터 70의 범위에서는 머리가 좋을수록, 교육을 많이 받을수록, 사회적 계층이 높을수록 점수가 높아지는 경향이 있다. 대학생이나 대학교육을 받은 사람은 T-점수 60에서 70 사이를 얻는 경우가 보편적이며, T-점수 70이라면 교육수준이나 사회적 계층이 낮은 사람에게는 극단적으로 높은 점수나, 중류 혹은 그 이상의 사회적 계층에 속하는 교육받은 사람에게는 중등도의 상승밖에 되지 않는다. 이와 같은 현상들이 척도5에 대한 동성애 진단도구로서의 유용성을 감소시키는 한 요인이 되기도 한다(Burton, 1947; Frigberg, 1967). 그러나 교육수준만으로 T-점수 70 이상의 상승을 설명하기는 불충분하며(Dean & Richardson, 1964; Manosevitz, 1971), 남자에서의 높은 점수를 간단히 그들의 인본주의적 문화교육의 반영이라고만 처리할 수는 없는 일이다. 남자에서 척도5의 상승은 4, 6, 9와 같은 척도의 상승이 나타내는 외형적인 공격적 행동을 무력화시키는 효과가 있어, 그 같은 행동보다는 수동-공격적 행동을 보이게 한다.

척도5가 높은 여자

척도5에서 높은 점수를 보이는 여자들의 가장 현저한 특징은 전통적인 여성적 역할의 거부이다. 그들은 매우 공격적이고 불친절하며 경쟁적이고 지배적이다. 척도4가 상승되어 있으면 이와 같은 점들이 더욱 두드러지며, 그밖에도 이들은 자유분방하고 자신만만하며 자발적이다. 정신과 입원환자로서 이 척도가 높은 여자들은 정신병적인 사고장애를 나타내며(Boerger *et al.*, 1947), 기억력이 저하되고 동작이 느려지며, 환각을 호소하기도 하고 망상이나 의심성을 보이기도 한다.

정상인으로서 이 척도에서 높은 점수를 얻는 여자들은 모험심이 많은 것이 특징이나, 놀랍게도 그들이 남성적인 흥미를 가지고 있다거나 혹은 여성적인 흥미를 가지고 있지 않다고 보고하는 사람은 하나도 없었다. 대개 여자들에게서 이 척도가 가장 높은 경우는 드물므로 더이상 자세한 연구는 되어 있지 않다.

척도5가 낮은 남자

척도5에서 낮은 점수를 보이는 남자들은 그들이 하는 일이나 취미나 기타 활동에서 거의 강박적으로 남성적 특성을 과시하려는 사람으로서 남성적인 흥미를 항상 강조한다. 그들은 신체적 힘이나 정력을 지나치게 강조하며, 공격적이고 모험적이며, 거칠고 부주의하다. 때로는 그들의 태도나 행동에 대한 과장적인 경향이 자신의 남성적 특성에 대한 근본적인 의심을 은폐하려는 시도일 수도 있다.

이들은 깊이 생각하는 것보다는 행동하는 것을 좋아하고, 흥미범위가 좁으며, 문제해결에 있어서 독창성이나 유연성이 결여되어 있고, 감정을 다루는 데 서투르다.

척도5가 낮은 여자

이 척도가 낮은 여자들은 수동적이고 복종적이며 유순하고 점잔뺀다. 그들은 전통적인 여성역할과 강하게 동일시하며, 극단적으로 낮은 점수(T-점수 35 이하)를 보이는 여자들은 매우 위축되고 자기연민에 빠져 있으며, 흠잡기를 잘하고 자기비하적이다. 흔히 그들은 극단적인 여성역할의 허구를 보이기도 한다. 그들은 무력하게 보이고, 가까운 사람들로 하여금 그들을 돌보아 주도록 극히 의존적이다. 이와 같은 행동들은 흔히 타인을 조정하기 위한 목적일 경우가 있으나 때로는 실제로 무력하기 때문일 경우도 있다. 그러나 이와 같은 현상은 교육수준이 고졸 이하인 여성들에게서 흔히 볼 수 있으며 대학생 이상의 높은 교육을 받은 사람들의 경우에는 다소 다르다. 교육수준이 높은 여성들이 척도5가 낮은 경우에는 여성적 역할에 대하여 균형잡힌 견해를 갖고 있음을 의

표 5-10. 척도5(남성특성-여성특성, Masculinity-Femininity: Mf)의 상승수준별 해석—여자

T-점수	해 석
34 이하	1. 정형적인 여성역할과 과도하게 동일시하며, 때로는 그 허상에 가까운 여자 2. 수동적이고, 수줍어하며, 양보심 많고, 스스로 무력하다고 생각함. 3. 관계를 너무 염려한 나머지 대인관계에서 자기주장을 못함.
35~44	1. 전통적인 여성적 취미나 활동에 관심이 많은 전형적인 여자 2. 가정 밖에서의 활동에도 흥미가 많으나, 다소 수동적임.
45~59	1. 운동 및 기타 옥외활동을 좋아함. 2. 남성적인 취미를 가지고 있을 수도 있고 않을 수도 있으나, 여성적으로 보이는 것에는 크게 흥미가 없음.
60 이상	1. 이 범위에 속하는 여자는 흔치 않으므로, 채점이나 환산과정에서의 오류를 확인할 것 2. 전통적인 여성역할에 합당한 행동이나 외모에는 분명히 흥미가 없음. 그것을 강요하면 불안해지거나 공격적이 됨. 3. 동성애적 행동은 나타나지 않음. 4. 공격적인 충동을 적절히 해소하는 데 어려움이 있음.

미하며, 유능하고 자신감 있고 양심적이며 통찰력이 있는 사람이라고 자타가 생각한다.

척도5의 검사-재검사 신뢰도계수는 2주까지의 간격에서는 .72에서 .91까지의 범위에 있고, 1년까지의 간격에서는 .34에서 .63까지의 범위에 있으며, 남녀간에도 별로 차이가 나지 않는다(Dahlstrom *et al.*, 1975). 대학교육 및 그와 관련되는 직업적 흥미나 훈련의 결과로 인한 남자의 T-점수는 55에서 70의 범위에 속하는 것이 보통이다. 인문계의 교육을 받은 남자는 이 범위의 상단에 속하는 점수가 기대되며, 공학이나 기초과학의 교육을 받은 남자는 이 범위의 하단에 속하는 점수가 기대된다. 대학수준 이하의 교육을 받은 남자 역시 이 범위의 하단 혹은 그보다 낮은 점수를 예상할 수 있다. 따라서 인문계를 전공한 남자로서 T-점수가 낮거나 혹은 고등학교 졸업 정도의 남자로서 T-점수가 높은 경우는 흔히 있는 일이 아니므로, 임상가는 그 가능한 원인을 알아볼 필요가 있다. 사회계층이 남자의 직업적인 흥미에 영향을 주고 남자의 역할로서 적절한 행동이 어떤 것인가에 대한 생각에 영향을 주는 만큼, 사회계층은 교육과 마찬가지로 척도5의 T-점수에 영향을 끼친다.

정상인 집단에서 척도5에 대한 남자의 평균점수는 58점이었고 여자의 평균점수는 46점이었다(Colligan *et al.*, 1984).

척도6: 편집증(Paranoia, Pa)

척도6(편집증)을 구성하는 40개 문항들은 주로 다음과 같은 세 가지 특징을 나타낸다. 첫째로, 이 척도가 조금 높을 때(T-점수 60에서 70)는 대인관계에서의 민감성을 의미하는 것으로서, "지금 당신은 무슨 생각을 하고 있고 어떤 기분인가, 그리고 그것이 나에게 어떤 영향을 주고 있는가?"와 같은 것이다. 둘째로, 척도6이 T-점수 70 이상으로 높을 때는 이 같은 예민성에 의심성이 첨가되는 것으로서, 다른 사람들이 악의를 가지고 있다고 생각하고, 그러므로 그들이 무슨 짓을 할려고 하는지 혹은 할 수 있는지 잘 경계할 필요가 있다고 느끼는 상태이다. 척도6의 세번째 특징은 자기정당성으로서 "나는 당신을 위해서 이 모든 것을 했는데 당신은 나에게 어떻게 했는지 보라"와 같은 감정을 나타낸다. 때로는 이 같은 감정을 말로 표현하는 경우도 있지만 대개는 묵시적으로 강하게 암시할 뿐이다.

척도6의 각개 문항에 대한 연구는 많지 않다. Comrey(1958b)의 문항 요인분석에서는 네 개의 편집증 요인——실제적인 박해, 상상적인 박해, 망상 및 희망의 상실과 죄책감——과, 편집증과 특별한 관계가 있지 않은 몇 개의 다른 요인들——신경증적 기질, 냉소적 태도, 히스테리 및 경직성——이 나타나고 있다. Harris와 Lingoes(1955)는 척도6에서 피해의식, 예민성 및 순박성 등 세 개의 소척도를 얻었다(표 5-11). Comrey(1958b)의 편집증, 신경증적 기질 및 냉소적 태도 요인과 Harris와 Lingoes(1955)의 피해의식, 예민성 및 순박성의 세 척도간에는 각기 거의 완벽한 중첩을 보이고 있다. Wiggins(1966)의 정신병적 기질 척도는 척도6의 40개 문항 중 19개와 중복되며, Comrey의 네 개 편집증 요인들과는 여러 문항에서 중복되고 있다.

Kunce와 Anderson(1976, 1984)은 이 척도의 기본차원을 **호기심**이라 지칭한다. 정상적인 적응을 하고 있을 때 이 척도는 호기심이 많고 탐구적인 태도를 나타내며, 이 척도가 높은 사람들은 진취적이고 흥미범위도 넓으나, 스트레스를 당하면 이와 같은 장점들이 의심성, 과민성 및 왜곡된 지각 등으로 변모한다.

척도6이 T-점수 40 이하로 떨어지는 경우는 드물지만, 그럴 때에는 두 가지 해석이 가능하다. 첫째는 그 사람이 사실상 척도6이 높은 사람으로서 과민하고 의심성이 높은 경우이다. 척도6은 비교적 명백문항으로 구성되어 있기 때문에 그는 이 문항들에서 채점되는 방향을 피하고 보통 남들이 하리라고 생각되는 방향으로 응답했는데 그것이 지나쳐서 비정상적으로 낮게 나온 것이다. 두번째는 그 사람이 고지식하게 응답한 경우인데, 흔히 이와 같은 사람은 남에게 잘 속는 사람으로 남을 너무 쉽게 믿는다. 그는 남들이 실제로 어떤지를 지각할 만큼 충분히 예민하지 못한 상태인 것이다.

표 5-11. 척도6(Paranoia)에 대한 Harris와 Lingoes 소척도 고득점자의 특징

소척도 명칭	약자	문항수	고득점자의 특징
피해의식	Pa_1	17	외부영향에 대한 망상을 가지고 있어, 자신의 제반 문제나 욕구좌절 혹은 실패의 원인을 외부현실로 돌리며, 극단적인 경우에는 피해망상을 나타냄. 자신의 부정적 감정의 책임까지도 투사함.
예민성	Pa_2	8	자신을 특별하고 남들과는 다른 사람이라고 생각함. 긴장되어 있고, 예민하며, 감수성이 빠르고, 지나치게 주관적임.
순박성	Pa_3	9	도덕적 미덕을 강조하며, 타인의 동기에 대하여 지나치게 관대하고, 윤리적인 문제에 대하여 엄격함. 고지식하게 순박하고, 불신감이나 적대감을 부인함.

Wiener와 Harmon(Wiener, 1948)은 척도6에서 명백문항(23)이 모호문항(17)보다 더 많다고 했다. 이 척도에만 고유한 문항은 7개에 불과하고, 1개에서 4개 문항이 대부분의 다른 임상척도들과 중첩되며 특히 척도F(9문항), 4(8문항) 및 8(13문항)과는 많은 문항들이 중첩되고 있다. 척도6의 문항에 대한 비정상반응으로는 "그렇다"(24)가 "아니다"(16)보다 조금 더 많다. 앞에서 기술한 "모두 그렇다" 프로파일이 나타내듯이, 척도6과 그 다음에 오는 척도들로 갈수록 비정상반응으로 "그렇다" 반응의 비율이 점점 더 커진다. 따라서 정신병 4척도(척도 6, 7, 8, 9)의 극단적인 상승이 나타날 때에는 "모두 그렇다" 반응태도를 생각해 볼 수 있다. Hovanitz 등(1983)에 의하면 Wiener의 명백문항들은 피해의식과 상관이 높고 모호문항들은 순박성과 상관이 높았다.

Caldwell(1985)은 이 척도가 높은 사람들은 공격에 대한 공포가 있다고 보았다. 이 척도가 아주 높을 때에는 신체적 공격에 대한 공포가 있으며, 조금만 높을 때에는 도덕적인 공격이나 판단에 대한 공포가 있다고 했는데, 흔히 이 같은 공포는 과거에 그 사람의 통합력이 침해당한 경험으로 인하여 조건형성된 것이다. Trimboli와 Kilgore(1983)는 이 척도 역시 성격척도로서, 이 척도가 높은 사람들은 투사와 외향화(externalization)를 주된 방어기제로 사용한다고 했다.

척도6이 높은 사람

척도6이 높은 환자들은 일반적으로 의심이 많고 적대적이며, 경계심이 많고, 지나치게 민감하고, 논쟁을 좋아하며, 남을 탓하기 잘하는 사람들이다. 그들은 주변에서 떠도는 말이나 일어나는 일들이 특별히 자기를 겨냥한 것이라고 생각하며, 자기의 생각에 대한 비평을 자신에 대한 공격으로 해석하는 경향이 있고, 자기는 항상 충분한 대우를 받고 있지 못하다고 생각한다. 그들의 분노는 특정 인물에게 집중되는 경우가 많으며, 극히 사소한 거부행위라도 그들은 꼭 기억하고 있다. 척도6의 점수가 높을수록 그들은 적대감을 공공연하게 표출하고 언쟁을 벌이며, 그것은 남들이 그들에게 잘못한 결과라고 합리화한다. 그들의 자기중심적 자기정당화는 행동 전반에서 특징적으로 나타나고 있으며, 실제로 정신병적 사고장애를 보이지 않는 경우라 하더라도 편집성 성격구조는 분명히 있어 보인다. 그들의 견해나 태도는 매우 도덕적이며 경직되어 있다. Dahlstrom 등(1972)은 척도6이 정신과 환자들의 경우에 망상적 사고의 정도나 강도의 변화에 매우 예민하다고 언급하였으나, 여기에 대한 연구결과들은 기껏해야 한정된 지지밖에 보이지 않는다. Vestre와 Watson(1972)은 척도6의 점수와 편집성 증상간에 직선적이거나 혹은 곡선적인 관계도 확인할 수 없었으며, 실제로 Endicott 등(1969)은 척도6의 점수와 의심성에 대한 임상적 평정간에 반비례적 관계를 발견하기도 했다. 또한 일반적으로 척도6의 경우에는 이 척도의 문항 성질이 비교적 명백하기 때문에 오류긍정 사례(false positives, 즉 T-점수 70 이상을 보이면서도 편집증이 아닌 사람)가 별로 없는 것으로 알려지고 있으나(Carson, 1969), Vestre와 Watson(1972)은 척도6에서 T-점수 75 이상을 받은 22명의 환자들 중에서 9명은 편집증적 증상을 가지고 있지 않는 것으로 평정됨을 발견했다. 그러므로 이 척도에서 높은 점수를 보이는 사람들은 정신병적 사고장애나 혹은 편집성 성격구조를 나타낼 가능성이 많다고 하겠으나, 이 점에 대해서는 전에 생각했던 것보다 예외가 더 많으며, 여러 연구들에서 척도6은 편집증 환자와 다른 진단집단을 신뢰성 있게 감별하지 못하는 것으로 밝혀지고 있다(Harris, Wittner, Koppell & Hilf, 1970; Scagnelli, 1975; Tarter & Perley, 1975). 높은 점수를 보이는 사람들은 경직성과 의심성 때문에 대인관계의 접촉이 어려우며, 자신의 정서적 문제에 대하여 이야기하려 하지 않고 합리화만 하려고 하므로, 치료자와의 관계형성(rapport)도 매우 어렵다.

표 5-12. 척도6(편집증, Paranoia: Pa)의 상승수준별 해석

T-점수	해 석
44 이하	1. 흥미범위가 좁고, 고집세고 회피적이며 경계심이 많고 불만이 많음. 2. 문제해결 방식이 경직되어 있고 의심이 많으며 망상을 갖고 있을 수 있음. T점수가 낮을수록 편집증적 증상이나 진단을 보임.
45~59	1. 과민하고 의심성이 많으나, 명백문항을 피할 줄 아는 환자. 2. 정신증적 증상을 보이지는 않으나 편집형적 양상을 가지고 있으며, 타인의 생각에 예민하고 동기를 의식하며 분노가 많음.
60~69	1. 대인관계에서 민감하며, 타인의 의견에 과도하게 반응하며 경계심과 의심이 많고 잘못된 일은 타인의 탓으로 돌림. 편집증적 성향을 띤 행동이나 특성을 다양하게 나타냄. 2. 비판에 과도하게 민감하고, 타인의 행동을 자신과 연관시킴. 3. 여성들은 슬프고 불안하며 현실도피적인 경향이 있고 감정변화가 많음.
70 이상	1. 의심 많고, 적대적이며, 과도하게 민감한 환자. 점수가 높을수록 그것을 말로 표현하고 논쟁을 벌임. 2. 사고장애가 있을 수 있고, 피해망상이나 과대망상을 보이며 정신분열증이나 편집형 장애로 진단될 수 있음. 3. 투사와 외향화를 주된 방어기제로 사용함.

정상인이면서 이 척도에서 높은 점수를 얻는 사람들은 대인관계에서 예민하고, 정서적이며, 합리적이고, 생각이 분명한 것으로 알려지고 있다.

척도6에서 정상범위(T-점수 45에서 59)에 속하는 점수를 보이는 환자들은 크게 두 가지로 분류될 수 있는데, 그 하나는 여하한 편집증적 증상도 이제는 아주 깊게 몸에 베어 있고, 척도6의 문항들에서 자신의 노출을 충분히 회피할 수 있을 정도의 현실검증력(reality testing)을 가지고 있는 환자들이다. 후자들은 척도6의 모호문항들(Wiener, 1948)에서 상승을 보일 것으로 기대할 수도 있으나, 아직 이 문제를 다룬 연구는 나와 있지 않다. 여기에서 우리는 어느 척도에서 정상 범위에 속하는 점수가 반드시 정상임을 의미하지 않을 수도 있다는 사실을 알 수 있다. 극단적으로 편집성인 환자는 낮은 점수를 보이는 경우가 때로 있다고도 하나(Carson, 1969; Good & Brantner, 1961), 현재까지의 연구결과에 의하면 낮은 범위보다 상회하는 경우가 더 많은 것으로 알려지고 있다(Endicott 등, 1969; Vestre & Watson, 1972).

척도6이 낮은 사람

정신과 환자로서 이 척도에서 낮은 점수를 보이는 사람들은 대체로 고집세고, 회피적이며, 지나치게 조심스런 사람들이다. 그들은 자기중심적이고 자기에게 직접적으로 관계있는 일이 아니면 관심을 갖지 않는다. 그들은 비교적 통찰력이 부족하고, 사회적 흥미나 재주가 결여되어 있으며, 문제해결에 유연성이 없다. 정신과 입원환자일 경우에는 정신증적 증상이나 진단을 나타내는 경우가 많고, T점수가 35 이하로 내려갈수록 편집증적 증상이 심하다. 겉으로는 공격적이거나 적대적이지 않더라도 그들의 수줍음과 현실회피성 및 비밀스러운 태도 밑에는 망상과 의심성이 내포되어 있으며 매우 방어적이고 경계심이 많다.

정상인으로서 이 척도가 낮은 사람들은 일반적으로 좋게 평가되고 있어서, 사회적으로 유능하고, 남을 쉽게 믿으며, 균형적이고, 관습적이다. 그들은 현명하고 사회적 흥미도 갖고 있으며, 생활상의 문제를 적절히 직면하려 한다. 때로는 지나치게 남을 믿고 타인의 동기에 무감각한 나머지 쉽게 속아 넘어 가기도 한다. Anderson(1956)에 의하면 이 점수가 낮은 대학생들은 학습동기의 부족으로 인하여 학교성적이 나쁘고 부모와의 관계도 원만치 못한 사람이 많았다. 그는 억압되거나 부인된 적개심이 학업성적의 향상을 방해하였을 것이라고 추측했다.

정상인에서 남자의 평균점수는 55이며 여자의 평균점수는 56이다(Colligan *et al.*,

1984). 척도6의 점수들은 다른 임상척도의 점수들보다 시간이 경과함에 따르는 안정성이 덜하다. 두 주일까지의 간격에 대한 검사-재검사 신뢰도계수는 .49에서 .89의 범위에 위치하며, 일 년까지의 간격에는 .32에서 .65에 달한다(Dahlstrom *et al.*, 1975). 남녀 성별에 따른 척도6의 차이는 알려지고 있지 않다.

척도7: 강박증(Psychasthenia, Pt)

척도7이 측정하는 것은 주로 오랜 동안 지속되어 온 만성적 불안이다. 때로는 스트레스 상황(상태불안)에 의하여 이 척도가 상승할 때도 있지만 원칙적으로 이 척도는 걱정을 많이 하는 성격형(특성불안)에서 나타나는 스트레스 상황을 측정하는 것이다.

MMPI 제작 당시의 Psychasthenia라는 진단명은 요즈음의 강박증(Obsessive-compulsive disorder)에 가장 가까우며, 부적응적임을 알고 있음에도 불구하고 특정행동이나 사고를 하지 않을 수 없는 상태가 특징이다. 척도7은 강박적인 행동 이외에도 비정상적인 공포, 자기비판, 자신감의 저하, 주의집중 곤란, 과도한 예민성, 우유부단

표 5-13. 척도7(강박증, Psychasthenia: Pt)의 상승수준별 해석

T-점수	해 석
40 이하	1. 불안이나 공포를 느끼지 않으며 안정되어 있고, 자신에 만족하고 있는 사람 2. 성공지향적이고 유능하며 걱정이 없음. 3. 과거에 척도7이 높았던 사람으로서 과잉 보상한 상태
41~59	비정상적인 불안이나 걱정 없이 자기 업무나 책임을 잘 수행하는 사람
60~69	1. 자신의 책임을 정확하게 수행하며, 그렇지 못할 때에는 걱정이 많아짐. 2. 다소 강박적인 성격의 소유자이며 쉬이 걱정하고 불안해지거나 우울해질 수 있음. 3. 지적 이론을 방어기제로 사용하는 사람
70 이상	1. 자타가 인정하는 심한 불안상태를 보이며, 걱정이 많고, 긴장되고, 우유부단함. 초조하고 주의집중이 안 됨. 2. 극단적으로 높을 때에는(T > 80) 강박적인 사고와 초조가 너무 심하여 불안을 통제할 수 없음. 3. 매우 심한 죄책감과 더불어 우울증이 있을 수 있음. 4. 심리치료를 시행하기 전에 약물요법이 필요함.

(indecision) 및 죄책감 등을 측정한다. 문항내용들은 특정한 강박적 사고나 예식을 나타내는 것이 아니라 다양한 강박적 증상의 성격적 근거를 측정하는 것이다(Dahlstrom *et al.*, 1972).

척도7의 문항에 대한 연구는 얼마 되지 않는다. Comrey(1958d)는 일곱 개의 주요 요인들을 확인했는데, 즉 신경증적 기질, 불안, 현실회피(withdrawal), 주의집중 곤란, 초조(agitation), 정신병적 경향 및 신체적 불건강 등이다. Harris와 Lingoes(1955)는 척도7의 문항들로부터 어떤 소분류를 얻기가 불가능했으며, 따라서 여하한 소척도도 만들 수 없었다. Kunce와 Anderson(1976, 1984)은 이 척도의 기본차원을 **조직화**(organization)라 보고 정상인에서 이 척도가 경미하게 상승할 때는 조직하는 능력과 시간을 엄수하고 질서정연하게 행하는 능력을 나타낸다고 했다. 척도7이 높은 사람들이 스트레스를 당하면 그들은 지나치게 걱정을 많이 하고 우유부단하며 극히 사소한 일에 집착하는 등의 부적응적 행동을 보일 수 있다. Caldwell(1985)에 의하면 이 척도가 높을 경우에는 예기치 못했던 일, 혹은 예측할 수 없는 일에 대한 공포를 나타내며, 이 사람들은 새로운 것을 좋아하지 않는다.

척도7은 다른 임상척도들과 많은 중복을 보이고 있으며 9개 문항만이 그것에 고유하다. 척도8과는 17개 문항을, 척도2와는 13개를, 그밖의 다른 임상척도들과는 2개에서 8개 문항을 함께 하고 있다. 척도7에서 F척도와 중복되는 문항은 오직 1개뿐이며 다른 타당도척도와는 하나도 없다.

척도7이 높은 사람

척도7은 심리적 고통이나 불안을 나타내는 훌륭한 지수이다. 이 척도가 높은 사람들은 불안하고, 긴장되고, 우유부단하고, 주의집중이 안 되며, 매우 사소한 일에 대해서도 걱정이 많고, 겁이 많으며, 공포심을 갖는다. 그들은 또한 매우 내성적이고, 강박적, 마술적인 생각을 많이 하여, 예식적 행동을 잘하고, 명상을 좋아한다. 그들의 이와 같은 생각들은 불안정감이나 열등감에 집중되고, 자기 자신에 대한 의심과 이와 관련되는 우울한 양상을 나타내 보인다. 특정한 공포증이나 강박적인 행동을 보이는 경우도 있으나 특징적인 것이라고 할 정도는 아니다. 실제로 극히 강박적인 환자들에게서 척도7이 전혀 상승하지 않는 경우도 많이 있는데, 그 주된 이유는 그들의 강박성이 효과적이어서 불안정감이나 자신의 가치에 대한 걱정 같은 것을 떨쳐 버릴 수 있게 하기 때문이다.

척도7은 성격적인 불안을 나타내는 척도로서, 그 불안의 양상은 척도7과 함께 상승하는 다른 척도가 어떤 것인가에 따라 달라질 수 있다. 척도2가 함께 상승할 경우에는 우울감과 우유부단한 행동이 걱정이나 불안과 함께 나타나며, 척도8이 함께 상승할 경우에는 혼란과 사고장애가 불안과 함께 나타난다. 후자의 경우에 척도7이 척도8보다 높으면, 특히 10점 이상으로 높을 경우에는, 그 사람은 아직도 그의 문제와 싸우고 있고 그것 때문에 매우 불안해 하고 있는 상태이므로 척도8이 더 높을 때보다 예후가 좋을 수 있다. 그러나 척도8이 더 높으면 그 사람은 정신적인 혼란으로 인하여 문제해결에 집중할 수 없으며, 그리하여 척도7이 더 높을 때 만큼 치료가 효과적이지 못하다.

근본적으로 이 척도가 높은 사람들은 그들의 특징적 방어기제인 이론적 집착(intellectualization), 합리화 및 취소의식(undoing) 등이 불안이나 긴장을 통제할 수 없는 상태가 된 사람들이다. 그들은 자신감의 부족하고 자기비판적이며 자의식이 강하고 자기비하적이다. 또한 그들은 매우 경직되고 도덕적이며 자기 자신 및 타인에게 높은 행동기준을 요구한다. 완벽적이고 양심적이며, 자기가 설정한 기준에 미달하면 죄의식을 느끼고, 목표에 미달하는 것 때문에 우울해지기도 한다.

일반적으로 이 척도가 높은 사람들은 단정하고 꼼꼼하며 신뢰성은 있으나 문제해결에 적절한 솜씨나 창의력이 부족하다. 형식적이며 수줍어하고, 대인관계가 서툴고 타인의 반응에 민감하며, 센티멘털하고 친절하다. 그들은 또한 신체적 기능에 대하여 극단적인 관심을 보이는 바, 그들의 주된 장애는 순환기 계통이 보편적으로 많으나 소화기나 비뇨기 계통도 적지않다. 이와 같은 신체적 장애는 일반적으로 그들의 높은 불안수준뿐만 아니라 신체적 기능에 대한 불안의 영향을 나타내는 것이다. 그러므로 어떤 형태의 심리적인 치료를 시작하기 전에 이 같은 불안에 대한 대증요법이 먼저 필요할 때가 많다. 그밖에 피로감, 기진맥진한 상태, 불면증 및 악몽 등도 흔히 호소하는 증상이다.

정상인으로서 이 척도가 높은 사람들은 대체로 좋게 표현되고 있는데, 일부, 특히 여자들의 경우에 있어서 어느 정도 신경증적 양상을 보이는 경우도 있다. 이 척도가 높은 남자들은 센티멘털하고, 책임감 있고, 양심적이고, 구변이 좋으며, 형식적 비감정적이고, 이상주의적이다. 그러나 이 척도가 높은 여자들은 걱정을 잘하며, 감정적이고, 긴장되어 있으며, 일반적으로 자신에 대한 불만이 많은 것으로 알려지고 있다.

척도7이 낮은 사람

대체로 매우 유능하고 잘 적응하고 있으며, 심한 공포나 불안을 가지고 있지 않고 자신만만하다. 척도7이 낮은 사람들은 일반적으로 안정되고 안정감을 느끼는 사람들이며,

꾸준하고 성공지향적이다. 그들은 온화하고 명랑하며 우호적이고, 다양한 취미를 갖고 있으며 현실적이고 효율적이다. 적응력이 풍부하고 성공이나 지위 및 인정받는 것을 중요시한다. 한편, 척도7의 점수가 낮은 사람들 중에는 과거에 T-점수 70 이상을 받았던 사람들이 있어서, 이들은 그때의 불안한 상태가 너무 괴로웠던 나머지 이제부터는 전혀 걱정을 안하기로 작정한 결과 너무 낮게 과잉보상한 경우도 있다.

척도7에 대한 검사-재검사 신뢰도계수는 2주일 간격까지에서는 다른 임상척도들보다 높아 .74에서 .93범위의 상관을 보인다. 그러나 1년까지의 간격에서는 검사-재검사 상관이 훨씬 떨어져서 .37에서 .58의 범위에 속하고 있다(Dahlstrom *et al.*, 1975). 연령 증가에 따른 척도7의 평균점수의 변화는 별로 없으며, 여자들의 점수가 남자들의 점수보다 높은 경향이 있다.

척도8: 정신분열증(Schizophrenia, Sc)

척도8에는 78개 문항이 있는데, 이것은 다른 임상척도보다 25~125%나 더 많은 문항수이다. 이 문항들이 다루는 내용영역들은 다양한 사고, 감정, 행동 등의 장애인데, 특히 외부현실에 대한 해석의 오류, 망상, 환각 등이 있을 수 있다. 감정반응의 위축 및 양면성(ambivalence)이 보편적으로 나타나며 현실회피적, 공격적 그리고 기태적(bizarre) 행동 등을 보인다. 그밖에 사회적 소외, 가족간의 갈등, 주의집중 및 충동억제의 곤란, 깊은 흥미의 결여, 자기가치 및 자아정체에 대한 심한 의문 및 성생활 장애 등이다(Greene, 1980). 척도8은 원래 미네소타 규준집단의 문항응답을 정신분열증이라고 진단된 두 개 집단의 50명의 환자들의 반응과 대조시킴으로써 경험적으로 제작한 것이다(Hathaway, 1956). 기준집단은 정신분열증의 여러 하부유형(subtype)으로 구성되어 있었으며 여자(60%)가 남자(40%)보다 조금 더 많았다.

Harris와 Lingoes(1955)는 이 척도의 문항들을 세 개 소척도로 분류하고, 처음의 두 소척도는 두 개 및 세 개의 보다 작은 소척도로 다시 세분했다(표 5-14). 즉, 대상상실 소척도는 사회적 소외와 정서적 소외 소척도로, 자아통합 결여 혹은 정신적 자율성 소척도는 인지적 자아통합의 결여, 동기적 자아통합의 결여 및 억제부전 자아통합의 결여 등의 소척도로 나뉘어진다. Kunce와 Anderson(1976, 1984)은 상상력을 척도8의 기본차원이라고 했다. 제반영역에서 잘 생활하고 있으면서 이 척도가 경미하게 높은 사람들은 자발적, 전위적, 창조적이며, 상상력이 우수하다. 보통사람 같으면 놀라고 당황해 할 만

표 5-14. 척도8(Schizophrenia, Sc)에 대한 Harris와 Lingoes 소척도 고득점자의 특징

소척도 명 칭	약 자	문항수	고득점자의 특징
사회적 소외	Sc_{1A}	16	타인과의 공감능력이 결여되어 있고, 의미 있는 관계 형성을 기피함.
정서적 소외	Sc_{1B}	10	자기가 무엇을 느끼는지도 잘 모르며, 자기 자신이 낯설고 이질적인 존재 같음. 정서적으로 냉담하고, 무감동적이며, 왜곡되어 있음.
자아통합 결여, 인지적	Sc_{2A}	8	본능적 사고과정의 지배를 받으며, 비현실적, 비논리적인 생각을 가지고 있음.
자아통합 결여, 동기적	Sc_{2B}	12	"심리적 위약"을 느끼며, 의욕상실, 무력감, 과도한 억제 및 퇴행을 보임.
자아통합 결여, 억제부전	Sc_{2c}	11	충동억제가 불가능하다고 느낌. 이질적인 정서적 경험과 더불어, 충동이나 감정의 노예가 되어 감정의 해리를 보임.
기태적 감각경험	Sc_3	19	자기 자신 및 자신의 신체상에 대한 지각의 변화를 느끼며, 이인증(depersonalization)과 소원감(estrangement)을 가지고 있음.

한 전의식적인 사고나 감정도 이 사람들은 새롭고 쓸모있는 형태로 변모시킨다. 척도8의 특징적인 현상들을 긍정적인 방향으로 가능케 하려면 높은 자아기능력(ego strength)이 필요하며, 그렇지 못할 경우에는 스트레스에 당면하면 이 같은 긍정적인 특성들도 비현실적이며 기태적인 행동으로 되어 버린다.

Wiener와 Harmon(Wiener, 1948)은 대부분의 문항들이 내용상 명백하기 대문에 이 척도에서 모호-명백 척도는 제작할 수 없었다. 전체문항의 거의 4분의 3(59/78)에서 "그렇다"가 비정상반응이다.

척도8은 여러 가지 요인에 의하여 그 점수가 높아질 수 있기 때문에 이 척도만을 단독으로 해석하기에는 가장 어려운 단일척도라 할 수 있다. K-교정 프로파일을 얻기 위해서는 K척도 문항 중에서 비정상 방향으로 응답한 문항수 전부를 척도8의 원점수에 더하게 되어 있으므로, 환자가 K척도에서 평균점수를 얻었을 때 척도8의 문항 중에서 약 20개만 비정상으로 응답하여도 T-점수는 충분히 70 이상으로 올라간다.

척도8이 높은 사람

척도8이 높은 사람들은 냉담하고 무감동적이며 소원하고 사고와 의사소통에 곤란이 있고, 정신병적 사고장애를 가지고 있을 수 있다. 그들은 인간이라면 갖추어야 할 근본적인 무엇이 자기에게는 결여되어 있는 것 같고, 자신은 현재 살고 있는 가정이나 사회의 일부가 아닌 것처럼 느낀다. 그들은 실제적인 대인관계보다 백일몽이나 환상을 더 즐기며, 고립감, 열등감 및 심한 자기불만감에 빠져 있다. 사회적 접촉을 회피하며 혼자 있기를 좋아하고 비밀스럽고 가까와지기 힘들다. 속으로는 화가 나고 적개심이나 공격심이 부글거려도 그것을 어떻게 표현할 줄 모른다. 스트레스에 대한 전형적인 반응은 공상이나 환상에로의 도피이며, 일부 사람들은 현실과 환상을 구별하지 못하는 경우도 있다. 성적인 집착이나 성적 역할의 혼돈을 보이는 경우도 적지않고, 자아정체감의 혼

표 5-15. 척도8(정신분열증, Schizophrenia: Sc)의 상승수준별 해석

T-점수	해 석
40 이하	1. 관습적, 현실적이며, 이론적이거나 철학적인 문제에는 흥미가 없는 환자 2. 상상력이 부족하고, 비창조적이며, 세상을 자기와 다르게 지각하는 사람을 이해할 수 없음.
41~59	1. 정신병적 과정에 적응된 만성 정신분열증 환자 2. 정상인
60~69	1. 보통사람들과는 생각하는 바가 좀 다른 사람들, 창조적, 전위적, 혹은 분열성과 유사한 과정의 환자 2. 환상이나 공상을 통하여 현실을 회피하려 함. 3. 내적 갈등이 많은 대학생, 학업성적이 불량한 청소년 4. 함께 상승한 다른 임상척도를 검토할 것
70~89	1. 환경으로부터의 소외감과 유리감을 느끼는 환자, 대개는 정신분열증이나, 때로는 환경적 혹은 심리적 스트레스에 기인할 수도 있음. 2. 점수가 높아질수록 비논리적이며, 주의집중과 판단력의 장애 및 사고장애를 보임. 3. 때로는 항정신약물을 필요로 함.
90 이상	1. 급성적이며 심한 환경적 스트레스에 처해 있는 불안이 심한 환자 2. 자아정체 위기를 맞고 있는 사람 3. 대개 정신분열증은 아님.

란을 겪으며, 타인들이 보기에 그들은 비순응적이고, 유별나며, 관습에 얽매이지 않고, 괴팍스럽게 느껴진다. 어떤 신체적인 장애를 호소하는 경우도 있는데 이것들은 대개 모호하고 오랫동안 지속된다.

척도8이 T-점수 80에 가깝거나 보다 높을수록, 특히 이 T-점수 속에 K-교정치가 적을 때, 논리나 사고의 奇習이 더욱 뚜렷해지거나 실제적인 분열성(schizoid) 사고과정이 드러나 보일 수 있다. 이 척도가 높을수록 사물에 대한 지각의 왜곡이 심하고 지남력이 부정확하며, 판단력의 장애가 있을 수 있으며, 공유하는 언어적 상징이 소실되고 지리멸렬한 사고가 나타나며 망상 혹은 환각까지도 있을 수 있다. 때로는 이와 더불어 우울증적 현상이나 심신운동 지체(psychomotor retardation)도 있을 수 있는데, 이 모든 행동들이 정신분열증적 과정이나, 분열적 적응(schizoid adjustment), 혹은 심한 장기적인 스트레스의 결과일 수 있다. 극단적으로 높은 점수(T-점수 90 이상)를 보이는 사람들은 대개 심한 환경적인 스트레스로 인한 급성 자아통합상실증(acute decompensation)을 나타내는 경우로서 전형적인 정신분열증 환자는 아닐 때가 많다. 그들은 급성 정신병적 반응을 나타내며 자아정체 위기("나는 누구인가, 나는 무엇이 될 것인가?")에 처해 있거나 혹은 심한 불안상태에 있는 사람들이다. 그러므로 이 사람들에게 심리치료를 할 때에는 그들의 혼란이 끝날 때까지 모호한 비지시적인 방법보다는 온화하고 지지적이며 다소 지시적인 방법이 가장 바람직하다. 이같이 심한 정신적인 혼란까지는 아니더라도 도움을 구하는 외침(cry for help)으로 비정상적인 문항에 주로 응답하는 사람도 있다. 척도8이 척도0(사회적 내향성)과 함께 상승할 경우에는 다른 사람들로부터의 유리로 인하여 척도8이 나타내는 혼란과 관련된 문제들이 더욱 악화될 수 있다. 이 두 척도는 동시에 상승하는 경우가 많은데, 그 사람이 느끼는 혼란이 다른 사람들로부터의 회피를 조장하고, 이것은 타인과의 접촉 부족으로 인하여 혼란을 더욱 증대시키며, 그것은 또 더욱 고립을 가져오게 된다.

정상인으로 척도8에서 높은 점수를 얻는 사람들은 척도의 상승에 따라 다양한 행동양식의 변화를 나타내보인다. K-교정치가 적으면서 T-점수가 70 이상으로 높은 정상인들은 앞에서 기술한 정신과 환자집단의 경우와 같다. 그보다는 덜 높은 정상인들(T-점수 60에서 70 사이)은 자기불만감이 많고, 화를 잘내며, 다양한 흥미를 가지고 있고, 미성숙한 사람들이다. 남들이 보기에 이들은 비정상적이거나 현실회피적이라고 보이지는 않으며, 오히려 창조적이고 개성이 있으며 상상력이 풍부한 사람으로 보인다. 그들은 이론적이고 추상적인 철학적 문제를 좋아한다.

척도8이 낮은 사람

이 척도에서 낮은 점수를 얻는 사람들은 순응적이고 복종적이며 권위에 대하여 지나치게 수용적인 태도를 보인다. 그들은 실용적인 현실주의자로서 어떤 사변적이거나 이론적 혹은 철학적인 문제에 대해서는 별로 흥미가 없다. 그들은 여러 가능성에 대하여 상상하는 일이 어려우며, 그들처럼 인생을 지각하지 못하는 사람들을 이해하기도 어렵다. 어떤 문제를 이론적이거나 철학적인 방식으로 생각하는 사람을 이해할 수 없으며, 비창조적이고 경직되어 있고 짜여진 생활을 좋아한다.

척도8에 대한 검사-재검사 신뢰도계수는 2주일까지의 사이에서는 .74에서 .95까지의 범위에 속하며, 1년까지의 사이에는 .37에서 .64의 범위에 속한다(Dahlstrom *et al.*, 1975). 척도8에서는 남녀간에 약간의 차이가 있어, 여자가 남자보다 약간 더 높은 경향이 있다. 환자의 점수는 연령과 만성도에 따라 감소하는 경향이 있어서, 나이 많은 환자들은 정상범위의 점수를 보이는 경우가 흔히 있다(Davis, 1972; Wauck, 1950). 결혼 여부와 척도8의 점수 사이에는 상관이 없는 것으로 알려지고 있다(Lacks, Rothenberg & Unger, 1970).

척도9: 경조증(Hypomania, Ma)

척도9의 46개 문항들은 정신적 에너지를 측정하는 척도여서, 이 척도가 높으면 높을수록 그 사람은 정력적이고 그 정력으로 무엇인가를 하지 않고는 못 견디는 사람이다. 인지영역에서는 사고의 다양성, 비약 및 과장성(grandiosity)을 보이고, 행동영역에서는 과잉활동적이고 안절부절하며, 정서영역에서는 불안정성, 흥분성, 민감성 및 기분의 고양을 나타낸다.

T-점수 70까지는 정신적으로나 신체적으로도 활동적이고 정력적이며 활기 넘치는 상태를 의미하며, 만일 이 같은 욕구가 만족되지 않으면 다소 긴장도가 높아지고 생활일반에서 가벼운 불만감을 느낀다. 이 척도가 70 이상으로 높아지면 정신적 에너지의 증대가 문제를 야기할 정도여서 과도하게 활동적이고 활발하며, 행동에 대한 억제가 부족하고, 화를 잘 내며, 너무 많은 일에 관여하나 완성하는 일은 별로 없다. 이 사람들에게 그들의 정력을 모두 써 버릴 기회는 현실적으로 부족하게 마련이므로 환상이 그들 생활

의 일부가 되어 있다.

Harris와 Lingoes(1955)는 척도9에서 4개의 소척도를 얻었는데, 즉 비도덕성, 심신운동 항진, 냉정함 및 자아팽창 등이다(표 5-16). Kunce와 Anderson(1976, 1984)은 척도9의 기본차원을 열의라고 했다. 정상적으로 적응하면서 이 척도가 경미하게 높을 경우 그 사람은 열성적이며 말이 많고 다재다능하다. 자기만 적극적인 것이 아니라 다른 사람까지 적극적이게 만들기도 하며, 확장적이고 다정하다. 그러나 스트레스 상황에서는 피상적이며 신뢰성이 결여되고 일의 끝을 맺지 못한다.

척도9도 이것만을 따로 해석하기에는 곤란하며, 특히 이 척도는 함께 상승한 다른 임상척도들이 나타내는 행동이나 문제를 활성화하는 역할을 한다. 가령 척도9와 함께 척도4가 상승하였다면 척도4의 투쟁성이 강조되어 투쟁에 대하여 머리 속에서만 은밀히 생각하는 것이 아니라 누구와 실제로 싸우는 외적 행동으로 나타나는 것을 의미한다.

Caldwell(1985)은 이 척도가 욕망에 대한 미래의 좌절공포를 나타낸다고 보았으며, 이 척도가 높은 사람들은 자기의 장래가 자신의 활동수준에 따라 결정된다고 생각하므로 잠시도 긴장을 풀지 못한다고 했다. 정상인의 연구에서 척도9에 대한 남자의 평균점수는 55이다(Colligan *et al.*, 1984). 남자가 여자보다 이 척도에서 의미 있게 높은데, 그 주된 원인은 과격행동에 대한 성역할적 시인 때문이라고 본다(Hibbs *et al.*, 1979). 교육수준은 척도9와 정적 상관이 있다.

표 5-16. 척도9(Hypomania, Ma)에 대한 Harris와 Lingoes 소척도 고득점자의 특징

소척도			고득점자의 특징
명 칭	약 자	문항수	
비도덕성	Ma_1	6	자기의 동기나 목적 및 타인의 그것에 대해서도 무자비함. 순진하게 솔직하며, 죄의식을 부인함.
심신운동 항진	Ma_2	11	과잉활동적이고 불안정함. '내적 생활'로부터의 도피와 불안을 나타내며, 행동에 대한 강박적 욕구를 보임.
냉정함	Ma_3	8	사회적 상황에서 자신만만하며, 민감성을 부인하고, 타인의 의견으로부터의 독립을 주장함.
자아팽창	Ma_4	9	비현실적인 과대망상의 정도로 자신을 중요하게 느끼고 있음.

표 5-17. 척도9(경조증, Hypomania: Ma)의 상승수준별 해석

T-점수	해석
40 이하	1. 활력 및 활동수준이 낮은 환자. 그 원인은 우울증일 수도 있고, 혹은 피로나 일시적인 병(감기 등)에 기인할 수도 있음. 2. 극단적으로 낮을 경우(T < 35)에는 척도2의 상승에 관계없이 우울증을 의미함. 3. 나이 많은 정상인(40~50T)
41~59	1. 정상적인 활동수준을 보이는 환자 2. 정상적인 대학생 및 청소년(55~59T)
60~69	1. 활동적이고, 외향적이며, 정력적인 환자. 활동성에 대한 외적 제약을 받으면 안절부절하고 겉으로 불만감을 표현함. 2. 대학생, 특히 대학원생에서는 자기계획을 수행할 수 있는 정력을 나타내는 것으로서 바람직한 현상임.
70 이상	1. 과잉활동, 정서적 불안정성, 사고비약을 보이는 환자 2. 대체적으로 기분이 앙양되어 있으나, 폭발적인 분노표현이 있음. 3. 충동적이며, 만족의 지연이 곤란함. 자기도취적, 과대망상적이며, 점수가 높을수록 조광적임. 4. 계획은 많으나 완성하는 일은 적으며, 환상적임. 바쁘게 움직이지 못하면 우울해짐.

척도9가 높은 사람

이 척도가 높은 사람들의 3가지 특징은 과잉활동성, 정서적 흥분성 및 사고의 비약이다. 이 환자들은 충동적이고, 경쟁적이며 말이 많고, 자기도취적이며, 사회적 관계에서 피상적이다. 그들은 행동통제에 문제가 있고, 대체로 기분이 좋으나 때로 화를 잘 내는 성질을 가지고 있다. 특히 이 척도가 극단적으로 높으면(T > 90), 실제로 조울병의 躁期증세를 보여 사고의 비약, 기분의 불안정, 과대망상, 충동성 및 과잉활동성 등을 나타낸다. 중등도 정도로 높은 사람들은 완전히 정신병적 상태를 보이지는 않더라도 활동과다와 비현실적 자기평가의 경향을 보여, 정력적이고 말이 많고 생각보다는 행동을 좋아한다. 그들은 다양한 흥미를 가지고 있고 한꺼번에 여러 가지 일들을 추진하나, 자기 에너지를 효과적으로 사용하지 못하고 계획한 일들을 끝맺지 못한다. 그들은 쉽게 권태를 느끼고 안절부절해지며 욕구좌절에 대한 내성이 약하다. 충동 표현을 억제하는 것이 매

우 힘들며, 주기적인 흥분이나 적대감 및 공격성의 폭발이 나타나기도 한다. 비현실적이며 근거 없는 낙관성이 특징적이어서 불가능이란 없는 것처럼 생각하고 과대망상적 기대를 갖는다. 그들은 또한 자기자신의 가치나 중요성을 과대평가하고 자신의 한계를 볼 줄 모른다.

이와 같은 외형상의 자신감과 안정에도 불구하고 이 척도가 높은 사람들은 자기가 인생에서 얻고 있는 것에 대하여 불만감을 가지고 있고, 불안하고 신경질적이며 긴장되고 안절부절하고, 걱정이 많다고 말하기도 한다. 때로는 주기적인 우울기간을 나타내는 경우도 있다.

이 척도가 높은 정상인들은 대체로 좋게 기술되고 있어서, 우호적이고 사교적이며 정력적이고 말이 많고 열성적이다. 근본적으로 그들은 명랑하고 외향적인 기질을 가지고 있다. T-점수가 75 이상으로 올라가면 활동과다, 충동성 및 신경질적인 경향이 나타나고, 때로는 갈등을 행동으로 폭발시키는 행위까지도 있을 수 있다. 이 사람들은 일반적으로 첫인상을 좋게 주지만, 그들의 대인관계는 보통 피상적인 경우가 많고, 그들을 더 잘 알게 될수록 사람들은 그들의 조작성, 사기성 혹은 비현실성 등을 느끼게 된다.

이 척도가 높은 사람들이 잘 쓰는 방어기제는 부인과 감정발산(acting-out)이며, 특히 척도4가 함께 상승되어 있으면 감정발산이 더욱 현저하다.

척도9가 낮은 사람

척도9가 낮은 사람들도 대체로 좋게 기술되고 있는 바, 그들은 신뢰성 있고 성숙되어 있으며 양심적이고 믿음직스럽다. 문제해결 방식이 실제적이고 합리적이나, 자신감이 부족하고, 남들이 보기에 겸손하고 진지하며 조용하다. 감정억제가 심한 경향이 있고 사회적 활동에 별로 참여하지 않으려는 경우가 많다. 극단적으로 낮은 점수($T < 40$)를 보이는 사람들은 무감동적이고 기운이 없으며 의욕이 없고 비활동적이며, 때로는 만성적인 피로감과 공허감을 호소한다. 이와 같은 사람들은 척도2에서 낮은 점수를 보이더라도 우울한 것이 보통이며, 다른 임상척도들이 정상범위에 속하고 있어도 우울증의 가능성을 심각하게 고려해야 한다. Greene(1991)은 실제로 척도9의 낮은 점수가 척도2의 높은 점수보다 심각한 우울증을 나타낼 가능성이 더 많다고 보고 있으며, 특히 환자가 점차로 활기를 회복하고 있을 경우에 오히려 자살의 위험성이 더 크다고 경고한다.

척도9에 대한 검사-재검사 신뢰도계수는 2주일까지의 사이에서는 .63에서 .96의 범위에 속하며, 1년까지의 사이에서는 .43에서 .64의 범위에 속한다(Dahlstrom *et al.*, 1975).

척도9에서 남녀간의 차이는 나타나지 않으나 연령의 증가와는 의미 있는 변화를 보인다. 청소년이나 대학생들의 점수는 대개 T-점수 55에서 65의 범위에 속하나 나이 많은 집단에서는 40에서 50의 범위에 속하고 있다. 그러므로 척도9의 점수를 해석할 때는 연령과 관련된 이와 같은 차이를 충분히 고려하지 않으면 안 된다.

척도0: 내향성(Social introversion, Si)

이 척도는 그 사람이 혼자 있는 것을 좋아하는가(척도0이 높을 때), 아니면 다른 사람들과 함께 있는 것을 좋아하는가(척도0이 낮을 때)를 측정하는 척도이다. 척도0을 해석할 때 겪게 되는 한가지 어려운 점은 척도이름에 대한 가치판단을 회피하는 일이다. 흔히 우리 문화에서는 외향성은 좋고 내향성은 나쁘다고 생각하는 경향이 있어서 환자들에게 MMPI 결과를 해석해 줄 때에는 이 척도명을 사용하지 않는 것이 좋을 듯하다. 내향성이든 외향성이든 상황에 따라서 좋은 점과 좋지 않은 점이 있는 것이며, 어느 쪽이 좋다고 일반적으로 말할 수는 없는 일이다.

척도0의 70개 문항들은 사회적 장면에서의 불편함, 고립, 일반적 부적응 및 자기비하 등을 주요 내용으로 하고 있다. 이 척도가 T-점수 60에서 70 사이에 들어 있는 사람들은 혼자 있거나 선택된 소수의 친구들하고만 있는 것을 좋아한다. 그렇다고 하여 이 사람들은 다른 사람들과 관계형성을 할 수 없다는 뜻이 결코 아니라, 다만 그렇게 하기를 좋아하지 않는다는 것을 의미할 뿐이다. 대학에서 이 같은 취미를 가지고 있는 사람들의 한 가지 유리한 점은 숙제나 공부를 하기 위하여 다른 사람들로부터 떨어질 수 있다는 것이다. 반면에 이 같은 사람들의 한가지 불리한 점은 사회적 재주가 부족하다는 것으로, 이들은 여러 사람과 함께 있으면 불편하고 유행하는 음악이나 은어 같은 것을 잘 알지 못한다. 나이를 먹으면 척도0이 이 범위로 상승하기도 한다.

척도0이 T-점수 70 이상으로 높은 사람들은 다른 사람들로부터 회피하는 경향이 있는데, 그것은 선천적으로 내향적인 성격을 타고 나서가 아니라 과거에 크게 대인관계에서 상처받은 경험이 있거나 혹은 다른 임상척도의 상승들이 나타내는 문제들이 그 사람을 압도하여 사람들을 회피하게 만들기 때문이다. 이 같은 상황에서는 그 사람이 자기에게 도움을 줄 수 있는 사람들까지도 회피하기 때문에 척도0은 다른 임상척도의 상승들이 나타내는 문제를 악화시키는 효과가 있다.

척도0은 정신과적 증상에 근거하여 제작된 것이 아니라 미네소타 T-S-E 검사(Evans

& McConnell, 1941)라는 심리검사를 사용한 기준집단에 기초하여 제작된 것이다. 미네소타 T-S-E 검사는 사고(T), 사회적 활동(S), 정서적 반응(E) 등의 3가지 영역에 걸쳐 내향성-외향성을 측정하는 검사이다. Drake(1946)는 그의 내향성-외향성 연구를 미네소타 T-S-E 검사가 측정하는 사회적 영역에만 한정시켜, 위스콘신 대학의 학생지도 프로그램에 나오는 학생집단을 대조군으로 하여 척도0의 문항을 선발했다. 그들은 미네소타 T-S-E 검사의 사회적 내향성-외향성 소척도에서 65퍼센타일 이상의 점수를 얻은 50명의 여학생과 35퍼센타일 이하의 점수를 얻은 여학생들의 반응 중에서 어느 한쪽 혹은 두 집단 모두에서 매우 높거나 매우 낮은 응답횟수를 보이는 문항들을 제거한 후, 이 두 집단을 감별하는 70개 문항을 선발했다. 다음에 Drake(1946)는 이 척도를 남학생들에게 실시하여 남녀의 규준을 각각 작성했는데 이 두 집단의 전체 원점수 분포가 너무나 비슷하므로 그것들을 한 개로 병합하여 현재의 규준을 만들었다.

Graham 등(1971)은 척도0의 문항들에서 여섯 개의 요인을 확인했는데, 즉 열등감과 불편함, 結緣, 흥분, 민감성, 대인신뢰 및 신체적 관심 등이다. Serkownek(1975)는 Graham 등의 요인분석 결과를 사용하여 척도0에 대한 6개 소척도를 만들었다(표 5-18).

표 5-18. 척도0(Social Introversion, Si)에 대한 Serkownek 소척도 고득점자의 특징

소척도			고득점자의 특징
명 칭	약 자	문항수	
열등감-불편함	Si_1	27	대인관계 기술의 부족으로 인하여 불행하고 불편하게 느낌.
대인관계 불편	Si_2	14	다른 사람과 함께 있는 것을 좋아하지 않으며 자기 주장에 문제가 있음.
신중함-경직성	Si_3	16	적극적으로 사회적 집단에 참여하려는 흥미가 결여되어 있음.
과민성	Si_4	10	타인의 반응에 예민하고, 수줍어 하며, 쉽게 당황해지고, 일반적으로 불안함. 스트레스 상황과 직면하기를 회피하는 경향이 있음.
불신	Si_5	12	다른 사람을 정직하지 못하고 불성실하며 이기적이라고 생각함.
신체적 관심	Si_6	10	신체적 장애가 있고 외모에 대한 관심이 많음.

Kunce와 Anderson(1976, 1984)은 이 척도의 기본차원을 자율성이라 했다. 정상적으로 기능하면서 이 척도가 경미하게 높은 사람들은 독립적이며 機智가 있으나, 스트레스에 당면하면 대인관계를 회피한다.

척도0이 높은 사람

이 척도가 높은 사람들은 정신과 환자나 정상인이나 마찬가지로 사회적으로 내향적이고 수줍어하며 현실회피적이다. 그들은 혼자 있거나 몇몇 가까운 친구들하고만 있을 때 편하게 느끼고 여러 가지 사회적 활동에 참여하는 것을 싫어한다. 특히 異性들 앞에서는 더 불편해 한다. 극단적으로 높으면(T > 75) 다른 사람과의 관계형성이 부적절하고 냉담하며 자기비하적이고 타인과의 교류에서 불안해 한다. 자신감이 부족하고 타인들이 그를 어떻게 생각하는가에 매우 민감하며 자기억제가 너무 심하여 감정표현을 잘 하지 못하고 권위적 대상에 대하여 지나치게 수용적이다.

죄책감이 많고 때로 우울해질 때가 있으며, 걱정이 많고 화를 잘 내고 불안해 한다. 문제해결에서 조심성이 너무 많고 독창성이 결여되어 있으며 쉽게 포기한다. 사소한 결정도 내리기 힘들어 하고 생각이나 태도가 경직되어 있으며 어떤 개인적인 성취에서 기

표 5-19. 척도0(내향성, Social introversion: Si)의 상승수준별 해석

T-점수	해 석
40 이하	1. 외향적이며, 사람들과 함께 있는 것을 좋아하고, 그것이 편한 환자 2. 극단적으로 낮을 경우(T < 35) 대인관계가 피상적이고 참된 깊이가 없음. 3. 청소년 및 대학생들은 이 범위의 상단에 위치하는 것이 정상적임. 4. 혼자 있는 것이 어려움.
41~59	외향적 행동이나 태도와 내향적 성향간에 균형을 이루고 있는 환자
60~69	1. 혼자 있거나 소수의 가까운 친구들하고만 있는 것을 더 좋아하는 환자 2. 대인관계 형성의 능력은 있으나, 일반적으로 안하는 것을 더 좋아함. 3. 자율성, 독립성 및 자기실현이 가능한 정상인
70 이상	1. 내향적이고, 수줍어하며, 사회적 상황에서 불안정해지는 환자. 과민하며, 때로는 의심성이 있음. 2. 도움을 줄 수 있는 친근한 사람들을 회피하고, 사회적 접촉을 기피함으로써, 그들의 문제를 더욱 악화시킬 수 있음. 3. 감정발산의 가능성은 적은 반면에, 명상이 많음.

뻄을 얻으려 한다.

척도0의 상승은 대인관계에서의 분열성 회피증을 나타낼 수도 있고, 신경증적 회피증일 수도 있으며, 개인적 고민과 관계되는 자기비하일 수도 있고, 혹은 단순히 내향적인 성격 탓일 수도 있으므로, 척도0의 점수는 정신병리와는 무관한 경우가 많다. 다시 말하여 척도0의 정확한 해석을 위해서는 환자의 현재 상황과 다른 임상척도들의 상승을 함께 고려하지 않으면 안 된다. 척도0과 함께 상승한 다른 척도들은 이 척도가 높은 사람들의 사회적 적응상 문제의 형태와 심각성을 나타낸다. 이 척도가 높으면 척도4나 9가 높은 사람들이 전형적으로 보이는 감정발산을 억제하는 경향이 있으며, 척도2나 7이 높은 사람들의 심사숙고 행동을 증가시키며 특히 척도8이 높은 사람들의 명상행동을 증가시킬 수 있다.

척도0이 낮은 사람

척도0이 낮은 사람들은 근본적으로 외향적이고 사교적이다. 그들은 사람을 좋아하고 다양한 사람들과 잘 어울리며 여러 사회적 활동에 참여한다. 사람들 앞에 나서기를 좋아하고 과시적이며, 적극적이고 정력적이며, 권력이나 지위에 관심이 많고, 경쟁적인 상황을 찾아 나선다.

한편, 이 척도가 낮은 사람들은 충동억제에 문제가 있어서 만족을 지연할 줄 모르며 정서적인 통제가 부족하다. 그들은 결과를 생각하지 않고 행동하는 경향이 있으며 다소 미숙하고 방종하기도 하다. 극단적으로 낮은 점수(T > 35)를 보이는 사람들은 사교기술이 발달되어 있고 사회적 접촉이 많기는 하지만, 변덕스럽고 타인과의 관계가 피상적이며 진실한 친근성이 결여되어 있다. 다른 사람을 조종하고 기회주의적인 경향이 있으며, 이와 같은 특징들은 척도 3과 4가 동시에 높으면 특히 현저하다. Carson(1985)은 척도0이 매우 낮은 사람들은 다른 사람에게 매력적으로 보이는 데 대해서 과도한 의존성을 가지고 있는 사람들이라고 했다. 척도0이 낮은 사람의 장점은 어려움이 있을 때에도 다른 사람들과 함께 있는 것을 좋아함으로써 도움을 받을 수 있다는 점이며, 특히 척도8이 높을 때에도 그로 인한 혼란을 덜 수 있다. 불리한 점은 혼자 있는 것이 어렵다는 것으로, 공부하기 위하여 혼자 있기가 힘들며, 대인접촉이 덜한 직업에서는 곤란이 많다.

척도0에 대한 검사-재검사 신뢰도계수는 대체적으로 다른 임상척도들에서보다 높다. 2주일까지 간격에서의 상관은 .80에서 .96까지 이르며, 1년까지의 간격에서는 .54에서

.76 사이이다(Dahlstrom *et al*., 1975). 척도0의 점수는 연령과 함께 증가한다. 청소년이나 대학생들은 40에서 50 사이의 T-점수를 보이며, 나이 든 사람들은 50에서 60 사이의 T-점수를 보인다. 척도0은 또한 결혼관계에서도 중요한 역할을 하고 있다고 보여지는 바, 척도0에서 T-점수로 20점 이상의 차이를 보이는 부부는 그들의 사회적 관계에서 부부간의 갈등이 있는 경우가 많은 것으로 보고되고 있다(Good & Brantner, 1974). 한쪽은 혼자 있거나 소수의 친구들하고만 있는 것을 좋아하는 반면에 다른 한쪽은 보다 큰 사회적 기능을 더 좋아한다. 이 같은 사교적 취향의 차이가 처음에는 서로 매력적으로 보였을 수도 있으나 이것은 부부갈등의 한 원인이 될 수 있다. 척도0의 T-점수가 매우 높거나 매우 낮아지는 경우는 드물다는 사실을 명심할 필요가 있다. T-점수가 70 이상으로 상승하는 횟수는 100명에 두 사람 내지 세 사람밖에 되지 않는, 즉 통계적으로 얻어질 수 있는 점수의 빈도를 T-점수가 잘 나타내는 몇 개 안 되는 척도 중의 하나가 바로 이 척도이다.

6
임상적 해석

이 장에서는 상승한 임상척도와 행동특성간의 관계(임상적 해석)에 관하여 고찰하고자 한다. 이와 같은 임상적인 해석은 때로 어느 한 척도만의 단독상승에 대하여 논의하는 경우도 있으나, 대개는 상승척도쌍, 즉 T척도 70을 초과하여 가장 높게 올라가는 두 개 척도를 중심으로 논의되고 있다. 상승척도쌍이란 가장 높은 두 척도 중에서 더 높은 척도가 앞에 오게 기호(숫자)로 적는 것을 의미한다. 예를 들어 어느 환자의 프로파일에서 가장 높은 점수를 보인 것이 척도2와 7이고 둘 다 T-점수 70을 초과하면서 척도7이 척도2보다 더 높다고 한다면 그 환자의 상승척도쌍은 7-2가 된다. 상승척도쌍 안에서 척도의 순서는 어느 척도가 더 높은가에 따라 상승척도쌍의 행동특성이 달라진다는 것을 증명하는 경험적인 증거가 있지 않는 한 문제시하지 않는다. 예를 들어, 1-2/2-1 상승척도쌍은 서로 구별하지 않는다. 어떤 상승척도쌍에서 척도순서에 따라 행동특성이 달라질 때에는 별도의 임상적 해석을 시도해야 한다. 상승척도쌍이나 단독상승척도에 관한 자료의 분량이 그것이 실제로 나타나는 빈도에 대한 대략적인 지표가 될 수도 있으며, 어떤 상승척도쌍들(1-3/3-1, 2-7/7-2, 6-8/8-6 등)은 매우 빈번히 나타나는가 하면, 또 어떤 상승척도쌍들(3-0/0-3, 1-6/6-1, 1-5/5-1 등)은 매우 드물게 나타나는데, 여기에는 문화적인 차이도 다분히 개입되어 있다(김중술, 1983).

상승척도 세 쌍(가장 높은 임상척도 세 개)의 경우는 세번째 척도를 첨가함으로써 상승척도쌍의 해석에 중요한 임상적 의미를 가져올 수 있을 때 시도되는데, Gynther와 그의 동료들(Gynther, Altman & Sletlen, 1973) 및 Lewandowski와 Graham(1972)은 가장 높은 두 개의 임상척도(상승척도쌍)만을 사용하여도 충분히 신뢰할 만한 행동특성들을 가려낼 수 있음을 증명함으로써 상승척도 세 쌍의 필요성을 부인한 바 있다.

때로는 세 개 혹은 그 이상의 척도가 다른 임상척도들보다 월등하게 높으면서 그 중 하나는 아주 높으나 다른 두 개는 비슷하게 높아 상승척도쌍을 결정하기 애매할 때가 있다. 예를 들어, 척도4가 73T로 현저하게 높고 척도8과 척도9가 각각 69T와 68T로 높으며 다른 임상척도들은 모두 60T 이하인 프로파일에서, 상승척도쌍을 4-8로 할 것인가 아니면 4-9로 할 것인가 혹은 4-8-9로 할 것인가 하는 문제가 있을 수 있다. 이런 경우에는 환자의 증상이나 문제의 성질로 보아 가장 적절한 상승척도쌍을 선택하는 것이 현명한 방법이다.

이때 척도쌍 중 두번째로 높은 척도가 척도5나 척도0일 경우에는 세번째로 높은 임상척도를 택하여 상승척도쌍으로 하고 척도5나 척도0을 제외시키는 경우도 있다(Greene, 1991). 가령 척도2가 75T로 높고 척도5가 68T이고 척도7이 66T라면 그때의 척도쌍은 2-7이 되는 것이다. 중요한 것은 이런 방법으로 척도쌍을 결정하였을 때 어느 것이 환자의 증상이나 문제를 가장 잘 기술할 수 있는가 하는 것이며 이것은 앞으로 더 연구해 보아야 할 과제이다.

대표적인 해석집(Cookbook)

MMPI 프로파일을 몇 가지 규칙에 의거하여 분류하고 각 분류에 대하여 통계적 방법에 기초하여 경험적인 행동특성들을 확인한 해석법을 해석집(cookbook)이라고 부른다(Meehl, 1956). 이와 같은 연구방법을 흔히 통계분석적(actuarial) 방법이라 하며, MMPI 해석연구에서 대표적으로 사용되고 있다. 대부분의 해석집들은 상승척도쌍을 중심으로 짧으면 몇 줄, 길면 몇 페이지에 달하는 해석을 제시하고 있는데, 흔히 그 해석의 길이는 주어진 상승척도쌍에 관하여 알려진 정보의 양에 비례한다. 모든 가능한 상승척도쌍에 대하여 해석을 제공하고 있는 해석집은 없으며, 대부분의 해석집들은 가장 자주 나타나는 상승척도쌍에 한해서만 해석을 제공하고 있다. 따라서 해석집의 저자에 따라 어느 상승척도쌍에 대한 해석이 포함될 수도 있고 안 될 수도 있으며 그 해석의 길이도 달라질 수 있다. 특히 각 해석집이 근거한 규칙 및 표집(환자군)의 성질을 잘 알고 있어야만 그것을 사용하는 임상가는 주어진 환자에 어느 해석집의 해석을 어느 정도 참고로 할 것인가에 관해서 알 수 있게 된다. 이 책에서 참고한 대표적인 해석집을 다음에 소개하고자 하는데, 때로 각 상승척도쌍별 해석의 끝에 그 쌍에 대하여 자세히 설명한 해석집을 밝힘으로써 더 자세한 것을 알고자 하는 독자들에게 참고가 되도록 하고 있다.

Gilberstadt와 Duker(1965; Gilberstadt, 1970)의 해석집은 한국뿐만 아니라 다른 나라들에서도 널리 알려진 대표적인 통계분석적 해석집의 하나이다. Gilberstadt가 제작한 해석체계의 근거가 된 환자집단은 재향군인병원(Veterans Administration hospital)의 남자 입원환자들이었다. 그는 다음과 같은 다섯 가지 기준에 따라 예비분석에 사용할 환자를 선발하였다. 첫째, MMPI는 입원 전후 21일 이내에 시행한 것일 것; 둘째, 나이는 20세에서 60세 사이일 것; 셋째, 두뇌손상이 주요 진단이 아닐 것; 넷째, $L \leq 60$, $F \leq 85$, $K \leq 70$일 것; 다섯째, Shipley Institute of Living Scale $IQ \geq 105$일 것 등이다. Gilberstadt는 임상가들에게 이와 같은 기준에 맞지 않는 프로파일에는 그의 해석집을 사용하지 말라고 권유했다. 그는 19개의 프로파일형을 분류해 내었는데 각 프로파일형에 대하여 다음과 같은 자료를 제시했다.

(1) 가장 가능한 진단

(2) 이 프로파일을 보이는 환자들에서 나타나는 증상, 특성 및 임상적 호소

(3) 환자의 가장 두드러진 특징(요약)

(4) 환자에 대한 제반 임상적 및 사실적 정보

그는 또한 각 프로파일형을 분류하는 데 사용하는 통계분석적 규칙도 제시하였는데, 예를 들어 1-2-3형으로 분류하는 규칙은,

척도 1, 2 및 $3 \geq 70$
다른 임상척도들은 70 이상으로 높지 않을 것
$L \leq 65$, $F \leq 85$ 및 $K \leq 70$

등이다. Clopton(1975)은 Gilberstadt와 Duker(1965) 체계의 전산화 모형을 제작한 바 있다.

Marks와 Seeman(1963; Marks, Seeman, & Haller, 1974)은 대학의료원에 내원한 정신과 입원환자를 근거로 하여 그들의 해석체계를 제작했는데 환자 집단의 3분의 2는 여자였다. 이 환자들은 글을 읽고 쓸 줄 알며, 18세 이상이며, 성격적인 적응문제로 인하여 스스로(자원하여) 치료를 받으러 온 사람들이었다. Marks 등은 처음 표집에서 9개의 예비상승척도쌍을 가려내고, 다음에 새로운 표집에서 이 9개 쌍을 다시 수정하여 개선하고 11개 상승척도쌍을 더 첨가했다. 그들은 어떤 상승척도쌍을 그들의 체계에 포함시키려 할 때에는 그 상승척도쌍을 나타내는 환자의 수가 적어도 20명이 되어야만 포함시켰

다[Gilberstadt와 Duker(1965)는 6명의 환자를 근거로 한 경우도 있었다]. Marks와 Seem은 주로 여자환자를 대상으로 각 상승척도쌍에 대한 행동특성을 제시했는데, 일부 상승척도쌍에서 남녀간의 차이를 검증해 본 결과 의미 있는 차이를 발견할 수 없었다고 했다.

Marks와 Seeman(1963)은 상승척도쌍을 규정할 때 처음에는 복잡한 형태규칙을 적용했으나, 그 같은 형태규칙보다는 상승척도쌍 자체가 더 유용함을 증명한 Gynther 등(1973)의 연구결과가 나온 이후에 그 규칙을 대폭 수정했다(Marks *et al.*, 1974). 예를 들어 2-7 상승척도쌍을 규정할 때 처음에는 다음과 같은 기준을 적용했다(Marks & Seeman, 1963).

척도2와 7 ≥ 70
척도2-척도8 ≥ 15점
척도7 > 척도1과 3
척도7 – 척도4 ≥ 10점
척도7 – 척도6 ≥ 10점
척도7 – 척도8 ≥ 10점
척도9 ≤ 60
척도L, F 및 K ≤ 70

그러나 수정된 분류방법(Marks *et al.*, 1974)에서는 2-7 상승척도쌍이라 하면 단순히 척도 2와 7이 두 개의 가장 높은 임상척도일 뿐이다. 이렇게 하여 그들이 현재 사용하고 있는 16개 상승척도쌍 중에서 12개는 단순히 상승척도쌍으로만 규정되어 있고, 나머지 4개는 처음의 체계와 같은 보다 복잡한 형태규칙에 따라 규정되어 있다. 그들은 또한 청소년용으로 29개의 상승척도쌍을 제시하고 있기도 하다. Marks와 Seeman은 그들의 개정체계에 따라 분류할 수 있는 프로파일의 백분율에 대해서 보고하지 않았지만, 처음의 체계로는 거의 75%에 달하는 프로파일을 분류할 수 있다고 보고한 바 있다. 이것으로 미루어 보아 그들의 개정체계를 적용할 때에는 더 많은 프로파일을 분류할 수 있을 것으로 기대된다.

이 두 가지 해석법이 상세하고 비교적 광범위하기는 하지만 임상 장면에서 주어진 프로파일을 이들의 체계에 따라 해석할 수 있는 비율은 15내지 35%에 불과하다는 보고가 있다(Fowler & Coyle, 1968; Meikle & Gerritse, 1970; Shultz, Gibeau, & Berry, 1968). 또한 어떤 프로파일은 한 가지 이상의 상승척도쌍으로 분류될 수도 있으며, 상승척도쌍에 대한 형태규칙을 일부 완화한다 하더라도 어느 한 체계에 따라 해석할 수 있는 프로파일의 수는 크게 증가하지 않는다(Pauker, 1966).

방법론적으로 가장 완벽하게 수행된 연구는 Marks 등(1974)의 것이라 할 수 있고, 임상적으로 풍부한 내용을 담은 것으로는 Gilberstadt와 Duker(1965)의 저서를 꼽을 수 있다. 한편 간략하나마 독창성과 과학성으로 뛰어난 연구로는 Gynther 등(1973)의 업적을 빼놓을 수 없다. Gynther 등은 공공정신건강시설에 입원한 3,400명의 환자집단에서 적어도 30회 이상 나타나는 14개의 상승척도쌍에 대하여 그 행동특성을 반복적으로 확인했다. 그들은 백인 환자의 MMPI 중에서 55내지 60%는 이들 프로파일형의 어느 하나에 속한다고 보고하였다. 이밖에도 그들은 특히 상승척도 세 쌍의 행동특성이 상승척도쌍의 그것과 의미 있게 다르다는 증거를 발견할 수 없으며, T-점수 70을 초과하는 상승척도쌍의 절대높이가 그와 관련된 행동특성에 아무런 영향을 주지 않는다는 사실도 발견했다. 또한 주어진 상승척도쌍을 보이는 환자집단내에서 남녀간에 일부 행동특성의 차이가 있으며, 유사한 상승척도쌍이라도 흑인과 백인 사이에 해석상의 차이가 있을 수 있음을 밝혀냈다. Gynther 체계에서 한 프로파일을 분류하는 데 요구되는 유일한 규칙은 F척도의 원점수가 26보다 적어야 한다는 것이며, F척도의 원점수가 26을 초과하는 프로파일에 대해서는 별도의 해석법을 제시하고 있다. Gynther 자신도 인정하다시피 이 체계에서 제시한 해석적 서술들은 다른 해석법들에 비하여 매우 간략한데, 그러나 모든 귀절들은 경험적으로 반복 검증된 것들이다. 예를 들어 1-3/3-1 상승척도쌍에 대한 서술의 일부는 다음과 같다.

> 이와 같은 종류의 환자는 신체적 관심을 너무 많이 나타내고, 흔히 복합적인 신체증상을 보임으로써 건강염려증의 정도에 달하기도 한다. 그러나 때로는 실제로 신체적인 문제가 환자의 이와 같은 관심의 원인이 되는 경우가 있음을 명심할 필요가 있다 (Gynther *et al.*, 1973, p.273).

특정 상승척도쌍에 대해서 Gynther 체계에서 반복 확인된 행동특성의 수는 매우 제한되어 있다는 사실을 잘 명심하여 앞으로 프로파일을 해석할 때 타당도가 확인되지 않는 자료도 얼마나 많이 포함되어 있는지를 깨닫는 데 참고가 되기 바란다.

Lachar(1974)는 앞에서 설명한 세 가지 체계와는 매우 다른 방법으로 자동화된 해석체계를 개발하였다. 이 체계는 대부분 젊은 남자군인 집단을 표집으로 하여 개발되었는데, 여기에서의 각 해석단락(패러그래프)은 환자를 잘 알고 있는 임상가로 하여금 그 정확성을 평정하게 함으로써 타당도를 추정했다. Lachar(1974) 체계의 해석에서는 특정 서술을 선택하는 데 어떤 규칙이 사용되었으며 임상가들이 그 해석단락을 정확하다고 판정한 빈도는 얼마나 되는지를 쉽게 알아볼 수 있다. 예를 들어, 환자의 프로파일에서 척도9만이 T-점수 69보다 높을 때 다음과 같은 해석단락이 적용되고 있다.

> 이와 같은 사람들은 흔히 말이 많고, 주의가 산만하며, 안절부절한 것으로 보인다. 욕구좌절에 대한 인내력이 낮고 즉각적인 만족을 유예할 수 있는 능력이 부족하며, 흔히 화를 잘 내고 사고나 행동의 부적응적 과잉활동을 나타낸다[1/19](Lachar, 1974, p.119).

[ ] 속의 숫자는 이 해석단락이 1,472명의 환자 중에서 19번 사용되었는데 부정확하다고 판정된 것은 한 번 뿐이었음을 나타내는 것이다.

Lachar 체계의 한 가지 독특한 장점은 모든 프로파일에 대하여 어떤 서술이나 단락을 제시하고 있다는 점이며, 28개 상승척도쌍에 대하여 행동특성을 기술하고 있다. 거기에서는 또한 각 척도 및 상승척도에 주어진 보편적 해석에 대하여 적어도 초보적인 타당성 확인을 제공하려 시도하고 있다. 그러나 Lachar가 임상가들에게 각 단락의 정확성을 판정하라고 한 지시가 환자를 기술하는 데 정확하기는 하나 감별력이 없는 과도하게 일반화된(기본 비율이 높은) 서술의 방향으로 그의 해석체계를 왜곡시켰을 가능성이 있다(Greene, 1980). 이 방면의 연구와 그것의 성격측정과의 관계에 관심이 있는 독자는 Meehl(1956)이나 Greene(1977, 1978)의 저서를 참조하기 바란다.

King과 Kelley(1977a, 1977b; Kelley & King, 1978, 1979a, 1979b, 1979c)는 대학생 외래환자 집단에서 나타나는 특정 상승척도쌍에 대한 행동특성을 보고하였다. 이 학생들은 대부분 백인이며, 미혼이고, 스스로 진료소를 찾아온 사람들이다. King과 Kelley는 상승척도쌍마다 최소한 다섯 명의 학생을 기준으로 했으며, 남녀 각각이 다섯 명을 초과할 때에는 한 상승척도쌍내에서 남녀간의 차이에 대해서도 분석했다.

이상에서 보다시피 MMPI 해석집이라 하여 처음에 생각했던 것처럼 만사형통의 묘방은 아니다. 집단의 동질성을 향상시키고 신뢰성 있는 경험적 행동특성을 발견할 수 있는 가능성을 증대시킴으로써 상승척도쌍의 세분화를 가져올 수는 있으나, 반면에 상승척도쌍으로 분류할 수 있는 프로파일의 수는 실질적으로 줄어들게 된다. 더 많은 프로파일을 분류할 수 있도록 상승척도쌍을 규정하는 규칙을 완화한다면 동일 상승척도쌍내에서 프로파일간의 이질성 때문에 신뢰성 있는 행동특성을 발견할 수 있는 가능성이 또한 줄어든다. 뿐만 아니라 어느 상승척도쌍의 행동특성을 확인하는 과정에서 주요한 인구통계학적 변인들을 통제하면서 충분한 수의 프로파일을 발견한다는 것도 어려운 일이다. 여기에서 한 가지 강조해 두어야 할 것은 한 인구집단이나 임상장면에서 발견된 특정 상승척도쌍의 행동특성이 다른 인구집단이나 임상장면에서는 발견되지 않을 수도 있다는 사실이다. 한 가지 해석체계를 다른 임상장면이나 표집에 적용하려면 그 타당성을 인정하는 경험적인 연구가 반드시 필요하다. 그때까지는 임상가가 MMPI의 척도간 관계에 대해서 잘 알고 있음으로써 ① 이미 나온 해석집을 이해하고 타당도를 검증할 수 있고, ② 그 해석집의 서술을 새로운 특정 환자에 맞도록 수정하거나, 개작할 수 있고, ③ 어느 해석체계에도 맞지 않는 프로파일을 의미 있게 해석할 수 있다(Greene, 1980). 다시 말하여, 특정 임상장면이나 환자에 적합한 경험적으로 제작된 해석집이 있다면 임상가는 그것을 써야 하고, 그렇지 못할 경우에는 가능한 모든 정보를 활용하여 임상가가 스스로 최선의 해석을 시도해야 한다는 것이다. 해석집이나 컴퓨터가 임상가를 대신할 수는 없다.

이 장이나 혹은 다른 해석체계에서 논의되고 있는 상승척도쌍에 관한 행동특성들은 모두가 蓋然的인 서술로서 어떤 특정 환자에게 적용될 수도 있고 되지 않을 수도 있음을 명심할 필요가 있다. 각 서술들은 그 같은 상승척도 쌍을 현저하게 보이는 전형적인 환자에게 적용될 수 있는 것들이다. 만일 척도쌍의 높이가 적어도 65T 이상으로 충분히 상승되어 있지 않을 경우에는 그 척도쌍에서 논의하고 있는 행동특성(증상)을 그대로 적용하기보다 성격적 혹은 생활습관의 특징으로 간주하고 해석하는 것이 바람직하다(Graham, 1990). 어떤 해석체계의 기계적 적용은 주어진 환자의 개인적인 특징을 충분히 서술하지 못할 수 있으며, 그것을 파악하는 데는 임상가의 예리한 임상적 통찰력과 판단력을 필요로 한다.

한국에서는 김중술(1983)이 Gilberstadt와 Duker(1965)의 자료목록을 기초로 106명의 정신과 입원환자를 대상으로 가장 빈번히 나타나는 MMPI 상승척도쌍과 그 행동특성에 관하여 연구한 바 있다. 그 결과에서 보면 각기 다섯 명 이상의 환자를 기초로 하는 여섯 가지 상승척도쌍(1-3/3-1, 1-8/8-1, 2-7/7-2, 6-8/8-6, 6-9/9-6, 7-8/8-7)이 전체 표집의 51%를 점유하고 있다. 각 상승척도쌍의 서술내용은 외국의 것들과 대체로 유사하나, 일부(예를 들어 1-8/8-1) 상승척도쌍에서는 매우 다르다. 이것으로 보아 어떤 해석체계를 다른 표집 혹은 임상적 상황에 신뢰성 있는 경험적 연구 없이 적용하는 것의 위험성을 실감할 수 있으며, 앞으로 한국에서 이 방면에 대한 철저한 연구가 절대적으로 필요하다. 그때까지는 외국의 해석체계를 참고로 하더라도 어디까지나 가설검증의 태도로 매우 조심스럽게 받아들이지 않으면 안 될 것이다.

정상 프로파일

MMPI 프로파일에서 T-척도 70 이상으로 상승하는 임상척도가 하나도 없는 경우가 있다. 김중술(1970)은 그 같은 프로파일이 정신과 입원환자 집단에서 아홉 사람 중 한 사람에게서 나타난다고 보고하였다. 미국의 경우 정신과 임상에서 가장 흔한 프로파일이라고 Greene(1991)은 언급하고 있다.

이 환자들은 현재 별로 마음의 고통이 없고 행복하며 만족스럽게 살고 있다고 주장하는 것으로 대인관계에서도 아무런 문제가 없는 것처럼 보인다. 그러나 여기에서 중요한 것은 검사를 받게 된 이유이다. 정신과에 입원하여 있거나 혹은 정신과 외래에 내원한 사람이 자기에게는 아무런 심리적, 신체적 혹은 대인관계상의 문제가 없다함은 이치상 맞지 않는다. 바로 여기에 중요한 진단적 단서가 내재하여 있을 수 있는 것이다.

대개의 경우 정신과에 내원한 사람으로 정상적인 MMPI 프로파일을 보이는 사람들은 그들의 문제가 매우 만성적인 것으로 생활의 일부처럼 되어 있어 이젠 그 같은 상태에 적응된 사람들이다. 가장 흔한 진단은 만성적 정신병(psychosis)이며 다음으로 많은 경우는 만성적 성격장애이고 아주 드물게 신경증 환자에서 나타난다. 이들의 공통적인 특징은 치료에 대한 동기가 결여되어 있다는 것이며, 특히 심리치료에 대해 그러하다. 실제로 그들이 심리적 고통이나 대인관계에서 문제를 느끼지 못하는 것인지 아니면 느끼면서도 감추고 있는 것인지 궁금하며, 그것을 확인하는 방법은 Rorschach 검사와 같은 투사법적 기법을 사용하는 것이다. 정상 프로파일을 보이는 환자들의 또 한가지 공통적인 현상은 편집증적 경향이므로 환자와 임상가간의 신뢰가 형성되면 환자는 자기의 문제를 드러내 보이게 된다. 그 같은 신뢰가 형성된 후에 MMPI를 다시 시행하면 환자의 참된 모습을 나타낼 때도 있다. 이 과정에서는 완전히 심리치료적인 접근을 시도해야 한다.

단독상승 1

척도1(건강염려증)만 높은 환자들은 오랜 동안 모호한 신체적 증상과 병을 호소한다. 설사 어떤 객관적인 신체적 원인이 있다 하더라도 그들의 과장된 증상호소는 그 성질상 건강염려증적 요소가 강하다. 그들은 심리적 분석을 싫어하며, 그들의 신체적 증상이 심리적 요인과 어떤 관계가 있는지 이해하지 못한다. 그들은 때로 타인을 조종하거나 지배할 목적으로 신체적 호소를 이용하는 경우도 있으며, 이와 같은 양상은 매우 고치기 힘든 고정된 만성적 적응양식일 수 있다.

척도1이 70T 이상으로 상승할 때 가능한 진단은 DSM-IV의 분류에 의하면 Somatization disorder, Pain disorder associated with psychological factors and a general medical conditions, Hypochondriasis, Body dysmorphic disorder 등이다. 때로는 정신증 초기일 경우가 있으므로 정신과에 찾아온 외래 혹은 입원환자일 경우에는 반드시 투사법적 검사를 시행하여 확인할 필요가 있다. 그밖에 우울장애나 불안장애일 가능성도 있으며 특히 노인환자일 경우에는 우울장애일 가능성이 더 높다.

거의 모든 MMPI 서적에서 척도1이 높은 환자는 심리치료가 불가능하거나 예후(혹은 치료결과)가 나쁘다고 기술하고 있다. 그러나 그것은 인지·행동치료법이 시행되기 이전에 역동적 심리치료에 대한 소견일 뿐이다. 이러한 견해가 나오게 된 한 가지 이유는 척도1이 높은 환자들이 자신의 증상에 대하여 심리적인 원인을 부인하고 신체적인 원인에만 귀인시키려 하는 태도가 있기 때문이다. 그러나 최근에는 일반대중들도 심리적인 원인에 의하여 신체적인 장애가 올 수도 있다는 것을 매스콤을 통하여 많이 알고 있으며, 환자의 생각이 증상의 고통의 정도를 좌우하거나 적어도 많은 영향을 주고 있다는 사실에 대하여 대부분 납득하게 된다. 환자의 일상생활이 고통스럽고 재미없으며 혹은 우울한 것은 신체적 증상의 결과만이 아니라 때로는 환자의 생각(비논리적 혹은 비합리적 생각)의 소산임을 설명하여 주고 신체적 증상으로 인하여 반드시 환자의 생활이 불행해지지 않을 수도 있음을 납득시키는 것이 중요하다. 저자의 경험에 의하면 이 방법은 확실히 효과적이며 긍정적인 치료효과가 있었다. 척도1이 높은 환자들에게는 반드시 치료 초기에 증상의 고통에 대하여 치료자가 충분한 공감을 보여 줌으로써 이해하고 있다는 태도를 보여 주는 것이 필수적이다.

이 같은 종류의 환자에 대한 치료에 관심이 있는 독자는 Salkovskis, P.(1989)나 Bertagnolli 등(1994)을 참고하기 바란다.

1-2/2-1

1-2/2-1 상승척도를 보이는 환자들의 가장 특징적인 현상은 신체적 불편과 통증 및 신체적 기능에 대한 건강염려증적 집착이다. 실제로 신체적 증상이 있다 하더라도 그 정도를 과장하며, 때로는 전혀 임상적으로 기질적인 원인이 발견되지 않음에도 불구하고 신체적으로 병이 있다고 호소한다. 사소한 신체적 장애에도 과도하게 반응하며, 항

상 건강상태나 신체기능에 대하여 매우 관심이 많다. 그들이 주로 호소하는 증상은 두통이나 심장과 관련된 것들도 있으나 특히 소화기계통에 집중되어 복통, 위궤양 및 식욕부진, 오심, 구토 등이 많다. 그밖에 불면증, 피로감, 허약증, 현기증 및 동통 등을 호소한다. 어떤 스트레스나 책임감에 봉착하면 신체적인 증상을 나타내며, 그들의 증상이 정서적 갈등과 관련되었거나 심리적인 문제를 회피하기 위한 수단으로 사용되고 있다는 데 대해서는 시인하려 하지 않는다. 그들의 증상은 대부분 모호하고 비특정적이며 의학적으로 명확히 진단내리기가 어렵다. 다른 한편으로 이 사람들은 불안하고 긴장감이 높고 예민하며, 여러 가지 일에 대하여 걱정이 많고 신경질적이다. 임상적으로 우울증이 뚜렷하지는 않으나 불행감 혹은 우울감을 호소하며 기분나쁜 생각에 골몰하고 무슨 일을 앞장서서 할 줄 모른다. 자의식이 강하여 남들이 자기에 대하여 어떻게 생각하는가에 매우 예민하고 대인관계에서 수동-의존적이고, 자기에게 충분한 관심이나 지원을 보내지 않는다고 생각되는 사람에게 대해서는 적의를 품는다.

1-2/2-1형을 보이는 환자들의 진단은 대부분 신경증으로서 신체화장애(somatization disorder) 혹은 정신생리적 장애(psychophysiological disordr)가 대표적이다. 이 양자는 모두 심리적 혹은 환경적 요인으로 인하여 이미 있었던 신체적 장애를 악화시키거나 혹은 새로이 신체적 장애를 유발시키는 것을 의미하며, 전자는 수년간이라는 긴 세월 동안 십여 종 이상의 다양한 증상을 호소하는 것에 진단기준을 두나, 후자는 비교적 제한된 범위의 증상을 일시적인 환경적 영향과 관련해서 나타내는 장애를 강조한다. 이것들은 객관적으로 증명할 수 있는 기질적 병리를 보이거나 이미 알려진 병태생리적 과정을 나타낸다는 점에서 히스테리성 전환장애와 다르다.

다음으로 주요한 진단은 우울증 혹은 불안증이다. 때로는 일부 환자에서 정신분열증으로 진단된 때도 있으나, 이때는 대개 척도8이 함께 상승한다. 이들의 우울증은 신체적 고통에 수반하여 나타날 때가 많은데, 신체적 고통이 그들의 내부에 잠재하고 있던 우울증적 소인(vulnerability)과 작용하여 우울증을 유발하는 것으로 보는 견해가 있다. 신체적 고통이 있는 사람 모두가 우울증을 유발하는 것은 아니므로 중요한 것은 그들의 어떤 마음가짐(혹은 생각, schema)이 자신을 불행하고 가치 없는 존재라고 보게 하였는가 하는 점에 치료자가 착안할 필요가 있다.

신체화장애 환자들은 계속해서 의사를 찾으나 그들의 신체적 상태는 별로 호전되지 않는다. 그들은 자신의 문제가 심리적인 성질의 것이 아니라고 생각하기 때문에 심리적인 상담을 원하지도 않으며, 만일 어떤 의사가 그들의 문제가 심리적인 요인에 의한 것일는지도 모른다고 암시하면 대개는 곧 다른 의사에게 찾아간다. 그들의 수동-의존적

생활태도가 그들로 하여금 자신의 행동에 대한 책임을 수락하기 어렵게 만들므로 전통적인 심리치료를 통한 장기적인 변화를 이들에게서 기대하기는 어려우며, 철저한 인지-행동치료적 심리치료가 현재로서는 가장 효과적인 치료법으로 알려지고 있다. Gynther 등(1973)은 이와 같은 환자들 중에 알콜중독자가 많다고 보고하였으나, 다른 학자들은 아무도 이 상승척도쌍이 알콜중독자들에게 특징적임을 발견하지 못했다(Clopton, 1978).

1-3/3-1

1-3/3-1 상승척도쌍을 보이는 정신과 환자들은 흔히 신체형장애(somatoform disorder) 진단을 받는 경우가 많은데, 그 중에서도 특히 전환장애(conversion disorder)일 가능성이 많으며 척도2가 척도1이나 3보다 많이 낮을수록 더욱 그러하다. 불안장애나 우울증일 가능성도 있으나 비교적 적으며 정신증일 가능성은 더욱 적다. 이 환자들은 그들의 심리적인 문제를 신체적인 증상으로 전환시킴으로써 문제를 자신의 밖으로 국한시키려 한다. 척도3의 상승은 척도1이 높은 환자에게서 특징적으로 나타나는, 눈에 뜨이게 비관적이며 엄살스럽고 불평이 많은 태도를 약화시켜 주며, 척도3이 척도1보다 높을 때에는 환자는 부인(denial)을 통하여 낙관적인 태도를 나타내기까지 한다. 환자가 신체적 기능이 원활치 못한 것에 대하여 관심이 많음에도 불구하고 우울감이나 불안감은 외현상 잘 나타나지 않는다. 이 환자들은 자신의 행동에 대한 통찰력이 결여되어 있어 신체적인 증상에 심리적인 요인이 관여할 수도 있다는 해석을 매우 싫어한다. 그들의 증상이 기태적(bizarre)인 것처럼 보일 때에도 대개 정신병은 아니다.

3-1의 상승척도쌍을 보이는 환자들은 스트레스를 당하면 신체적인 증상을 나타내는 것이 특징적이다. 스트레스가 약해지면 신체적 증상이 없어지나 다시 스트레스를 당하면 증상이 재발하며, 그들의 증상은 분명히 2차적인 이득과 관련되어 있는 경우가 많다. 신체적 증상이 나타날 때는 위치나 성질상 비교적 한정되어 있고 특정하며, 흔히 사지나 머리의 통증을 수반한다. 사지의 감각이 없거나 저리다든가, 흉통, 요통 등이 나타나며, 식욕부진, 구토, 메스꺼림 혹은 비만증과 더불어 어지럽고 피곤하며 기운이 없고 깊은 잠을 못자는 경우가 흔히 있다. 불안감이나 신경질이 다소 나타나는 것이 보통이며, 이것들은 신체적인 집착에 의해서도 없어지지 않는다. 정서적 반응을 나타낸다면 대개는 단기간이며, 울거나 불안정한 감정변화 등이 대표적이다. L이나 K척도 역시 상승하면 환자는 극단적으로 방어적이고 자신을 극히 정상적인 사람으로 나타내려 한다.

이들은 부인, 투사, 합리화와 같은 방어기제를 과도하게 사용하며, 그들이 겪는 고통에 대하여 다른 사람들을 비난하고, 그들의 문제가 심리적인 것 같다는 생각에 대하여 매우 위협감을 느낀다.

성격적으로 이 부류에 속하는 사람들은 미성숙하고 자기중심적이며 이기적일 뿐만 아니라, 불안정감이 많고, 애정이나 주의 및 동정에 대한 욕구가 강하며, 매우 의존적이다. 자신의 의존성에 대하여 갈등을 느끼며, 겉으로는 사교적인 것처럼 행동하나 피상적이고 그들의 주의욕구에 대하여 만족시켜 주지 않는 사람에게 적대감과 분노를 느낀다. 그들은 대인관계를 자신의 욕구만족을 위한 수단으로 이용하며 다른 사람과 진솔한 정서적 교류를 하기 힘들다. 특히 이성(異性)과 사귀는 재주가 부족하며 성적욕구의 면에서 부족한 느낌을 준다. 대개의 경우 그들은 자신을 과도하게 억제하며, 부정적인 감정을 간접적이고 수동적인 방법으로 표현하고, 설사 화를 내더라도 격렬하게 나타내지 않으며 자신은 논리적이고 점잖은 사람임을 강조한다.

우리 나라 정신과 환자들에서는 특히 가족 중에서 신체적 질환을 앓는 어머니가 많다(김중술, 1983). 진단적으로는 전환장애가 가장 많으나(36%), 한 가지 특이한 현상은 편집장애(paranoid disorder)로 진단을 받은 환자들이 전부 이 상승척도쌍을 보이고 있다는 점이다. 때로는 이 상승척도를 보이는 환자들 중에서 초기 정신분열증의 감별진단을 요하는 경우가 있다.

1-3/3-1 상승척도쌍을 보이는 사람들은 그들의 증상 저변에 깔려 있는 심리적인 요인을 인정하지 않으려 하기 때문에 전통적 심리치료에 대한 동기는 약하다. 그들은 심리치료자가 그들의 문제에 대한 분명한 해답과 해결 방안을 제시해 주기를 기대하며, 이와 같은 요구에 치료자가 응하여 주지 않을 때는 심리치료를 조기 중단하고 만다.

그러나 그들은 피암시성이 높기 때문에 치료자가 암시하는 행동들은 잘 따라하는 경향이 있다. 환자가 용납할 수 있는 범위내에서 그의 증상을 좌우하는데 사고(思考)의 영향이 얼마나 큰지를 입증하는 실례를 보여 줌으로써 환자의 신뢰를 얻도록 해야 하며, 그가 원하는 동정심과 타인에게서 못 받은 이해를 치료자가 줄 수 있음을 보여 주는 것이 환자를 치료에 끌어들이는 한 가지 방법이다. 척도3의 단독상승 단락에서 기술하는 치료적 조언을 참고하기 바란다. 역시 궁극적 치료목표는 환자의 현재 증상이 아니라 성격적 특성에 두어야 하며 그러기 위하여 인지-행동적 치료이론이 현재로서는 추천할 만한 치료방법이라 할 수 있겠다.

1-4/4-1

1-4/4-1형의 상승척도쌍을 보이는 환자는 비교적 드물고 여자보다는 남자에서 더 나타난다. 그들의 주된 특징은 반사회성이라기보다는 오히려 건강염려증적이어서, 척도4의 상승은 척도1이 나타내는 비관적이고 칭얼거리며 잔소리 많은 성질을 강조한다고 보여진다. 불안하고 우유부단하며, 외향적인 것 같으나 이성과의 관계에서 미숙하고, 가정이나 부모에 대하여 반항적이나 직접 표현하지는 못한다. 술을 과도하게 좋아하는 것이 문제가 되며, 이로 인하여 알콜중독이나 실직 혹은 가정문제를 일으킨 경력을 가지고 있다. 이들이 나타내는 건강염려증적 적응은 근복적으로 만성적인 성질을 가지고 있으며, 심리적인 문제에 대하여 부인하므로 전통적인 심리치료에 대하여 매우 저항이 강하고 잘 고쳐지지 않는다.

1-5/5-1

1-5-/5-1 상승척도 역시 흔하지 않은 것이나, 나타난다면 주로 남자에게서 볼 수 있다. Lachar(1974)는 척도5가 이들 남자들의 수동성과, 사소한 일에 신경쓰며 불평 많은 태도를 나타낸다고 말한다. 그들은 불분명한 신체적 증상을 호소하므로서 책임을 회피하려 하며, 생활에서의 불만을 신체증상을 통하여 호소하려 한다. 스트레스를 받으면 이들 증상이 더욱 심해지고 자주 일어나 그로 인하여 우울해지거나 불안하지도 않으며 피로감을 호소하지도 않는다.

1-6/6-1

1-6/6-1 상승척도를 보이는 환자들은 신체화장애(somatization disorder)와 유사한 증상을 보이며 척도6이 의미하는 적개심을 나타낸다. 그러나 그들은 이 적개심을 깨닫지 못하고 다른 사람들이 그들을 대하는 방법의 탓으로 돌린다. 그들의 성격구조 역시 치료나 변화에 대하여 매우 저항적이다. 모든 문제는 다른 사람들 때문에 생긴다고 주장하므로 대인관계의 갈등이 많으며, 그들의 신체증상은 망상적 성질을 내포하고 있기 쉽다. 겉으로 보기에는 정신증이 아닌 것 같으나, 특히 척도8이 조금이라도 상승하는 경향이 있으면, 망상의 요소를 내포한 편집증적 장애(혹은 망상장애, delusional disorder)

의 가능성이 있고 정신분열증을 감별할 필요가 있다. 치료적 접근에 대해서는 척도6의 단독상승 단락을 참고하기 바란다. 청소년의 경우에는 정서적 과잉통제가 주된 현상이며, 가정파탄의 경우가 많다. 그들은 방어적, 자기중심적이고 방종하며 신체적 증상은 호소하지 않는다(Marks *et al.*, 1974).

1-7/7-1

1-7/7-1 상승척도쌍을 보이는 환자들은 오랫동안 지속된 긴장이나 불안과 관련되는 신체적 증상을 나타낸다. 신체화경향(somatizaton)을 보이며 우울하고, 감정억제가 심하며, 열등감이나 죄책감을 잘 느끼고 강박적 사고를 수반한다. 대인관계에서 회피하려는 경향이 있고 수줍음이 많으며 스스로 사교술이 부족하지나 않나 걱정이 많다.

1-8/8-1

1-8/8-1 상승척도쌍을 보이는 환자들은 기태적(bizarre) 성질의 신체증상을 호소하는 예가 많으며, 때로는 신체적 망상을 나타내기도 한다. 이들의 신체증상은 실제로 정신병적 현상의 발현을 억제하려는 방어를 의미할 수도 있다. 그들은 사교술이 서툴고 부적절감을 느끼며, 특히 척도0이 함께 상승하였을 경우에 더욱 그러하다. 타인에 대한 신뢰심이 부족하고 사람을 멀리하며 일반적으로 소외감을 느낀다.

진단적으로는 신경증(불안장애)이나 성격장애(분열성 혹은 경계선 성격장애)로 진단되는 경우도 있으나 정신분열증적 진단이 우세하며, 혼란된 사고, 주의집중 곤란, 기억력 장애 및 감정의 둔화(flat affect) 등을 보인다. 스스로 불행감과 우울감을 느끼며, 적대감과 공격심을 속으로 강하게 느끼나 겉으로는 심하게 억제하고 있는 경우가 많다(Graham, 1990).

1-9/9-1

1-9/9-1 상승척도쌍을 보이는 환자들은 여러 가지 신체증상과 더불어 심한 마음의 고통과 동요를 겪고 있으며 긴장되고 안절부절하다. 소화기장애, 두통, 피로감 등을 호소하는 경우가 많고, 이들은 신체적 증상에 대한 심리적 설명을 받아들이려 하지 않는다. 외견상으로는 말 잘하고 외향적이며 공격적이나, 근본적으로는 수동-의존적인 사람이면

서 이와 같은 성격 측면을 부인하려 한다. 포부수준이 높으나 확고한 목표가 없고 자신의 무능에 좌절감을 느낀다.

진단상으로는 안절부절한 상태를 수반한 신체형 장애(somatoform disorder)일 가능성이 많으며 다음으로는 불안장애를 생각해 볼 필요가 있다. 자신이 불안하다는 사실을 받아들이면 어떤 엄청난 결과가 오리라고 생각하는지 물어 봄으로써 불안장애에 대한 인지치료적 접근을 시도하는 것이 좋다.

단독상승 2

척도2(우울증)만 단독으로 높은 환자들은 본인 스스로는 우울감을 부인하더라도 우울한 상태에 있는 사람이라 할 수 있다. 만일 척도9가 T-점수 45 이하로 낮으면 심각한 우울증의 가능성이 더욱 높아진다. MMPI 검사 한 가지만으로 자살을 예측할 수는 없다고 하지만(제8장), 이와 같은 환자들에서는 자살계획이나 자살생각에 대해서 예외 없이 알아볼 필요가 있다. 이 환자들에서 나타나는 일반적인 특징들은 부적절감, 자신감의 결여, 자신에 대한 평가절하, 미래에 대한 비관 및 강한 죄책감 등이다. 이들은 심리치료에 적합한 환자로서 비교적 짧은 기간에 상당한 호전을 보일 수 있다.

우울증(major depression) 진단을 위한 면담기준을 소개하면 다음과 같다(Leber, Beckham & Danker-Brown, 1985).

(1) 식욕부진 및 체중감소(혹은 식욕항진 및 비만)
(2) 수면장애(불면증 및 수면항진)
(3) 정신운동 장애(안절부절, 언어 및 동작의 지체 등)
(4) 일상활동에 대한 흥미 혹은 쾌감의 상실(성생활 포함)
(5) 기력상실 혹은 피로감
(6) 무가치감, 자기질책, 혹은 과도하거나 부적절한 죄책감
(7) 주의집중 곤란 및 사고지체
(8) 자신의 죽음에 대한 반복적 사고, 자살상념, 죽음에 대한 소원, 혹은 자살기도
(9) 무망감(feeling of hopelessness)

척도2가 높을 때의 진단은 당연히 우울증(depression)으로서 넓게는 Mood(Affective) Disorder에 속한다. 그것들은 크게 Depressive disorders와 Bipolar disorders로 나눌 수 있는데 그밖에 depressive state를 나타낼 수도 있다. 그러나 MMPI의 척도2만으로 우울증을 진단하는 것은 오류를 범할 가능성이 있으며, 반드시 우울증을 확인하기 위한 임

상적 면담을 시행하여야 한다. 때로는 일부 불안장애 환자나 신체화장애 환자에서도 척도2가 상승할 때가 있다.

우울증의 치료방법은 근래에 매우 발달하였다. 특히 Interpersonal Psychotherapy(Klerman *et al.*, 1984)와 Cognitive-Behavioral Therapy(Beck *et al.*, 1979)가 가장 효과적인 것으로 확인되고 있으며(Elkin *et al.*, 1989), 이 치료법들은 때로 약물요법보다 더 우수할 때도 있다. 우울증 환자에게 특징적인 비합리적 사고로는 selective abstraction(긍정적인 측면들도 얼마든지 있는데 오직 부정적인 것에만 관심을 갖는 것), arbitrary inference(부정적으로 해석할 만한 자료가 없는 데도 부정적으로 해석하는 것), magnification(사소한 부정적인 일을 실제보다 훨씬 더 확대하여 지각 하는 것) 및 all-or-none thinking(사물을 흑백논리로만 해석하는 것) 등이 있으며, 환자와 관계형성을 수립한 후 환자의 사고내용에서 이와 같은 비합리적인 혹은 잘못된 논리(추론)를 치료자와 환자가 함께 발견하고 그것의 비논리성 혹은 비현실성을 토론을 통하여 확인하는 과정이 인지적 치료법의 핵심이다. 대개 치료 횟수는 15회 내외이며 때로는 더 짧아질 수도 혹은 더 길어질 수도 있다.

척도2가 높은 환자들은 대개 순응성이 높은 사람들이어서 치료에 대한 동기가 풍부하고 탈락률도 낮으며 예후도 비교적 좋은 편이다. 그러나 당장의 위기가 지나가면 치료를 조기에 중단하는 경우가 있고 때로는 치료자에게 너무 의존적이어서 치료 종결이 어려울 때가 있다.

2-3/3-2

2-3/3-2 상승척도쌍의 환자들은 현저한 우울현상과 더불어 활동수준의 저하, 무력감(helplessness) 및 무감각 등을 보인다. 일상생활에 대한 흥미나 참여가 결여되어 있고, 어떤 일을 시작하기 힘들며, 긴장되고 걱정이 많다. 그들의 현저한 우울증은 히스테리적 기제나 방어의 비효율성의 결과라 할 수 있을 것이다. 그들은 자신에 대한 통제가 너무 심하고 자신의 감정을 적절히 표현하기 힘든 것이 특징이며, 미성숙하고 부적절하며 의존적이다. 타인으로부터 보호본능을 유발시키는 경향이 있고, 자신의 업적에 대하여 충분한 인정을 못받고 있는 것처럼 느끼며, 사소한 비판에 대해서도 쉽게 마음의 상처를 받는다.

그들은 자신의 만성적인 문제에 대하여 익숙해져 있고, 오랫동안 효율성이 떨어진 상태에서 기능을 유지하고 있다. 주로 소화기계통을 중심으로 하는 다양한 신체적 증상을 호소하며, 그것들은 히스테리적 성질을 띠고 있는 경우가 많다. 여성 환자들은 성적 기능의 장애를 나타내며, 이는 성적 감정의 억제를 의미하거나 혹은 배우자에 대한 불만의 표시를 의미할 수 있다. 정신과 환자 중에서는 우울증 진단이 가장 많으며, 상당수가 정신생리적 장애를 동반한다. 전통적 심리치료에 대한 반응은 매우 좋지 못하다. 그들은 자기성찰이 부족하며, 자신의 행동에 대한 통찰이 결여되어 있고, 그들의 문제에 대한 심리학적 설명을 싫어한다. 그들은 어떤 변화를 원하기보다는 오히려 많은 불행을 참고 견디는 쪽을 택한다.

2-4/4-2

환자들은 여러 가지 이유에서 2-4/4-2 상승척도쌍을 나타낼 수 있다. 환자와의 면담을 통해서든가 혹은 환자가 MMPI를 받는 이유를 알아봄으로써 확인하여야 할 가장 중요한 요인의 하나는 척도2의 상승이 내부적(정신적) 원인에 의해서인가, 아니면 외부적(환경적) 원인에 의해서인가 하는 것이다. 후자의 예는 어떤 불법적 행위를 하다가 잡혔거나 혹은 정신감정의 목적으로 검사받게 된 반사회적 성격소유자의 경우이다. 이와 같은 사람들에서 보이는 우울증은 그들의 행동에 가해진 속박 때문이며, 어떻게 해서든 현재의 곤경을 면하게만 된다면 그들의 우울증이나 혹은 속박으로 인한 괴로움 같은 것은 금방 사라지게 된다. 이들에게 이러한 환경적인 우울증이 있는 것이, 유사한 상황에 처해 있으면서 척도4의 단독상승을 보이거나 4-9/9-4 상승척도쌍을 보이는 사람들보다 양호한 예후의 조짐이 될 수 있다. 그들은 말로는 자신의 행동에 대하여 그럴듯한 통찰을 나타내며, 그들의 진지성에 대하여 긍정적인 인상을 주고, 앞으로는 행동의 변화를 가져올 것이라고 굳게 다짐한다. 그러나 이들에서도 뚜렷한 행동변화를 가져오는 장기적인 예후는 매우 불량하다. 그들의 '진지한' 의도에도 불구하고 범법행위는 또다시 반복되며, 다시 잡히면 앞으로는 더 잘하겠다는 똑같은 다짐을 되풀이할 뿐이다.

2-4/4-2 상승척도쌍을 보이는 또 하나의 환자집단은 반사회적 범법행위를 나타내지 않으면서 만성적으로 우울하고 불행한 사람들이다. 이 환자들은 적개심과 울분으로 가득 차 있는데, 주된 이유는 결혼생활의 갈등이나, 가정적인 문제, 혹은 그들로 하여금 꼼짝달싹 못하게 하고 아무런 희망도 느낄 수 없게 하는 환경조건 때문인 경우가 많다. 그들은 미성숙하고, 의존적이며, 자기중심적이고, 그들이 처한 곤경에 대하여 곧잘 자기연민에 빠지거나 타인을 원망하는 행위를 반복한다. 특히 두 척도 모두가 매우 높을 때 자살상념이나 자살기도가 있기도 하는데, 흔히 자살기도는 다른 사람으로 하여금 죄

책감을 느끼게 하기 위한 것이다(Graham, 1977). 이 같은 행동들은 만성적인 성질을 띠고 있으며 환자 한 사람만의 심리치료로는 해결되기 어렵고 가족내의 다른 사람 혹은 배우자도 치료적인 작업에 함께 관여하는 것이 필요하다.

2-4/4-2 상승척도쌍을 보이는 환자들 중 세번째 집단은 알콜중독자들이다(Clopton, 1978). Hodo와 Fowler(1976)의 보고에 의하면 1,009명의 백인 남자 알콜중독자 중에서 21%는 이 상승척도쌍을 보였으며, 이 형태가 이 사람들 중에서 가장 많은 빈도를 차지하는 상승척도쌍이었다. Gynther 등(1973)도 그들의 정신과 환자집단에서 알콜중독이 이 상승척도쌍의 반복된 행동특성임을 확인했다. 이 환자들은 알콜중독자들에게서 특징적인 우울증적 양상, 가족간의 갈등 및 직업상의 문제들을 나타내 보였다.

위에서 기술한 세 가지 중 어느 것에 특정 환자가 해당하는지를 알려면 척도2와 4에 대한 Harris와 Lingoes(1955) 소척도를 분석하든가, 알콜중독척도와 같은 특수 척도를 사용하든가, 환자가 MMPI를 받게 된 이유를 알아보든가, 그밖에 다른 임상척도들을 검토함으로써 유용한 정보를 얻을 수 있을 것이다.

2-4/4-2 형태를 보이는 청소년환자들이 가져오는 주된 문제는 주의집중 곤란이며(Marks *et al.*, 1974), 그들은 권위적 대상에 대하여 분개하고 논쟁적이며 타인과의 깊은 관계형성을 두려워한다. 그들은 가출하거나 약물을 사용하거나 혹은 자살기도를 함으로써 자신의 문제에서 도망하려고 한다.

Kelley와 King(1979a)은 대학상담실에 찾아오는 내담자 중에서 2-4/4-2 형태를 보이는 사람들은 우울하고 충동적이며 신체적인 문제를 가지고 있었던 경력이 있다고 했다. 여성들은 성격장애를 가지고 있거나 환경적으로 곤경에 처하여 있는 경우가 많으며, 남자들은 충동성, 약물남용, 범죄기록과 같은 성격적인 문제를 가지고 있고, 그러면서도 죄책감에 사로잡혀 있고 우울하며 불면증에 시달린다. 그들은 치료과정이 가져오는 압력을 견딜 수 없어 중도탈락하는 경우가 많으므로 치료하기 어려운 내담자라 할 수 있으며 직면시키거나 분석적인 방법보다는 지지적이며 비요구적인 치료에 더 좋은 반응을 보인다(Anderson & Bauer, 1985).

범죄자들 중에서는 특히 아동을 대상으로 하는 성범죄가 특징적이며, 초범보다는 재범자에서 이 상승척도쌍이 많이 나타난다(Erickson *et al.*, 1987).

2-6/6-2

2-6/6-2 상승척도쌍을 보이는 환자들은 화나고 우울한 상태에 있는 사람들로서, 그들

의 분노는 타인뿐만 아니라 자기 자신에게 향하여 있는 경우도 많다. 자신의 분노를 표현할 줄 모르는 대부분의 우울증 환자와는 달리, 이 상승척도쌍을 보이는 환자들은 흔히 다른 사람에 대하여 노골적으로 화를 내고 적대적이다. 결과적으로 이들의 대인관계는 원만하지 못하며 가까운 사람들로부터도 소외당한다. 이 프로파일 형태는 잘 고쳐지지 않는 만성적인 적응양상을 의미하며, 만일 척도6이 척도2보다 더 높으면 편집형 장애 혹은 정신분열증의 가능성이 있다.

대학의 상담실에 찾아오는 2-6/6-2형을 보이는 내담자들은 대부분 남자친구와 최근에 헤어진 학생들이다(Kelley & King, 1979a). 그들은 여러 가지 신체적 증상을 호소하며, 의존적이고 기분이 저조하며, 눈물을 잘 흘리고 체중감소를 보인다. 자살생각을 많이 하며 때로는 자살을 기도한 적도 있고, 과음하고, 알콜중독의 친척을 가지고 있는 빈도가 높다. 그들은 우울한 양상을 보임에도 불구하고 잠재적 정신분열증으로 진단받는다.

2-7/7-2

2-7/7-2 상승척도쌍을 보이는 환자들은 불안하고 긴강되어 있으며 예민하고 우울하다. 그들은 걱정이 너무 많고 실제적 및 상상적 위협에 약하여, 문제가 생기기도 전에 그것을 예상하고, 사소한 스트레스에도 과민반응을 나타낸다. 이 환자들은 신체적인 증상을 호소하는 경우가 많아 피로감, 불면증, 식욕부진을 비롯하여 특히 심장혈관계통의 증상을 호소하며, 이는 그들의 만성적 긴장상태를 반영한다. 우울증은 이 형태 환자들의 중요한 한 가지 특징으로서, 특별히 슬프다거나 불행하다는 느낌을 말로 표현하지는 않더라도 체중감소, 동작 및 말의 느림 그리고 사고과정의 지체와 같은 우울증의 임상적 증상을 나타낸다. 그들은 세상사 일반에 대하여 지극히 비관적이고 자신의 문제해결 능력에 대하여 더욱 그러하며, 어떤 문제에 대하여 장시간 심사숙고하는 습성이 있다.

이 사람들은 성취동기가 강하고 자신이 성취한 일에 대하여 인정받기를 매우 원한다. 자기 자신에 대하여 높은 기대를 가지고 있으며 객관적으로는 훌륭하게 성취했음에도 불구하고 자기가 설정한 목표에 미달했거나 자신에게서 어떤 결함이 발견되었을 경우에는 강박적으로 그것에 집착하고 죄책감을 느낀다. 그들은 우유부단하고 부적절감, 불안정감, 열등감 등을 느끼는 경우가 많다. 또한 自罰的인 경향이 있어 어떤 문제가 있으면 자신이 부족한 탓으로 돌리려 하며, 생각이나 문제해결 방식이 경직되어 있고, 일상활동에서 꼼꼼하고 완벽성을 원한다. 과도하게 종교적이고 도덕적이며, 자살에 대한 생각이나 계획에 대하여 주의 깊게 관찰할 필요가 있다.

그들의 대인관계는 수동-의존적이며 적절한 자기주장이 부족하다. 다른 사람들과 깊은 정서적 관계형성을 할 수 있는 능력을 갖추고 있기는 하나, 스트레스를 당하면 과도하게 의존적으로 매달리는 경향이 있고, 공격적이거나 싸우는 것을 좋아하지 않으며, 다른 사람들로부터 보호행동을 유발한다. 자신의 행동을 세밀히 검토하기를 좋아하고, 고치고자 하는 동기뿐만 아니라 천성적인 자기성찰의 소질을 가지고 있어서 심리치료에 좋은 조건을 구비하고 있는 환자들이다.

정신과 환자로서 2-7/7-2 상승척도쌍을 보이는 환자들은 대개 신경증진단(우울, 불안, 강박성)을 받는 경우가 많으나, 때로는 조울증과 같은 심한 우울증의 진단을 받는 경우도 있다. 이 상승척도쌍을 보이는 사람들에서 반사회적 성격의 진단은 매우 드물다. 이 환자들은 불안상태의 정신역동과 강박증에서 볼 수 있는 성격특성을 합친 것 같은 양상을 보이나, 강박증의 儀式的 행동은 잘 나타나지 않는다(Gilberstadt & Duker, 1965).

2-7/7-2 상승척도쌍은 매우 빈도가 높은 프로파일형이므로 해석을 더 정확히 하기 위하여 T-점수 70을 상회하는 세번째로 높은 임상척도를 검토하는 것이 좋다. 대표적인 것으로 척도 3, 4, 8이 있는데, 한 가지 중요한 것은 이것들은 3쌍 중 세번째로 높은 것이어야 한다는 것이다. 그렇지 않을 경우에는 임상가는 다른 상승척도쌍을 사용해야 하는 것으로, 가령 2-3-7 상승척도 세 쌍의 경우라면 2-3/3-2 상승척도쌍으로 생각해야 한다.

2-7-3/7-2-3 상승척도 3쌍을 보이는 환자들은 온순하고 수동적인 사람들로서 매우 의존적인 대인관계에서 가장 편하게 느낀다. 그들은 다른 사람들로 하여금 그들을 돌보아 주고 험난한 세파로부터 보호해 주도록 고취하는 데 비상한 재주를 가지고 있으며, 심지어는 치료자까지도 그들을 구해 주기 위해서 애쓰도록 설득하게 된다. 다시 말하여, 이 환자들은 임상가가 어느 환자를 도와주거나 구제하여 주고 싶어하는 경향을 얼마나 가지고 있는지를 정확히 알아맞춘다. 진단분류로는 불안증의 부류에 속하는 신경증적 장애가 많으며 우울증이 기저에 잠재하고 있어 때로는 우울증이 주된 진단이 될 경우도 있다. 이같이 만성적 행동양식을 가지고 있는 환자에 대한 치료는 경험이 많은 임상가에게도 어려운 문제를 제기하는 바, 임상가는 한편으로 적절한 공감과 심리적 지원을 제공하면서 다른 한편으로는 환자의 행동에 대한 심리학적 해석 및 실제 문제와의 직면을 시도함으로써 치료적 행동변화를 유도해야 한다.

2-7-4/7-2-4 상승척도 3쌍을 보이는 환자들의 주된 특징은 만성적이고 뿌리 깊은 우울증이며, 이와 더불어 광범한 부적절감과 죄책감이라 할 수 있다. 이들은 자기경시적

인 태도를 가지고 있고 자신의 약점이나 부적절성을 부각시킴으로써 다른 사람들로 하여금 우월감을 느끼게 만든다. Gilberstadt와 Duker(1965)는 이들 환자 중 96%에서 알콜중독의 문제가 있으며, 지나치게 실패에 대한 두려움과 열등감을 느끼며, 매우 의존적이고 미성숙하다고 하였다. 임상적으로는 우울증이 가장 많고 자살에 대한 생각을 가지고 있는 경우도 많으며, 성격적인 장애(수동-공격적)가 저변에 공존하고 있다. 경제적인 곤란과 더불어 부부간의 문제가 있으며, 이혼율도 높다. 그들의 문제의 만성적이며 뿌리깊은 성질 때문에 치료적인 행동변화에 대한 예후는 좋지 못하다. 우울증의 경감을 목표로 하는 단기치료가 고작이며, 장기적인 심리치료에는 환자가 대체로 비협조적이다.

2-7-8/7-2-8 상승척도 3쌍을 보이는 환자들의 주된 특징은 만성적이며 다양한 신경증적 증상이다. 주된 증상으로는 우울현상, 신경과민성 및 강박적 사고를 들 수 있고, 그밖에 명상적인 內省, 과도한 의심과 걱정 및 우유부단성을 보인다. 주의집중과 사고의 곤란을 호소하고 사고장애의 가능성이 있으며, 자살에 대한 생각을 말하거나 자살기도를 범하는 경우가 많다.

한 가지 주요한 현상으로는 사교적 기술이 부족하고 사랑할 줄 모르며 뿌리 깊은 양면감정(ambivalence)을 가지고 있어 친밀한 대인관계 형성이 어렵다는 것이다. 이성관계 형성이 어렵고 성적인 문제가 있으며 독신으로 지내는 경우가 많다. 애정에 대한 욕구는 많으나 그것을 만족시킬 만한 관계를 만들 줄 모른다. 그들의 불안은 매우 광범한 영역으로 확산되어 있고, 사소한 문제에도 위급반응을 나타내며, 긴장되어 있다. 매우 수줍어하고 자신의 감정을 적절히 표현하지 못하며 강한 부적절감을 느낀다. 사회적으로 내향적이고 회피적이어서 이 같은 특성이 그들의 강박적이고 명상적인 행동을 더욱 악화시킨다. 겁이 많고 남을 잘 믿지 않으며 타인의 비판이나 의견에 지나치게 예민하다. 임상적으로는 분열적 성격(schizoid personality)이나 정신분열증(만성적이며 미분화형의)의 진단에 속하는 경우가 많고, 그밖에 불안증이나 강박증의 진단을 받는다. 심리치료는 환자의 당면한 문제를 해결하는 것부터 시작해야 하며, 자기분석과 같은 내성적인 치료는 피해야 한다.

2-8/8-2

2-8과 8-2 상승척도쌍의 행동특성간에는 상당한 차이가 발견되므로 각각 별도로 설명하기로 한다.

2-8 상승척도쌍을 보이는 환자들의 주된 문제는 심한 우울증이며, 이와 더불어 불안

감 및 안절부절한 상태를 나타내고, 자제력의 상실에 대한 공포를 보인다. 이와 같은 상태는 혼동, 잘 잊어버리는 현상 및 주의집중과 주의력의 곤란을 초래하게 된다. 이들은 강박적인 명상에 빠지는 경우가 자주 있고, 어떤 종류의 사고장애를 보일 수 있으며, 불면증이나 피로감 같은 신체적인 증상을 동반한다. 밀접한 대인관계나 활발한 사회적 활동에서 회피하고 고립하는 경향이 있어, 이것이 그들의 증상을 더욱 악화시키기도 한다. 자살에 대한 생각이 있는 경우가 많으므로 이에 대한 자세한 평가가 필요하며, 때로는 구체적인 자살계획을 갖고 있다. 이 같은 양상은 만성적인 경계선적 적응을 의미하며, 치료에 대한 예후도 좋지 못하다.

8-2 상승척도쌍을 보이는 환자들은 앞에서 기술한 바와 같은 행동들과 더불어 실제로 정신분열증적인 양상들을 더 나타내는 경향이 있다. 밀접한 대인관계의 회피가 가장 주된 특징이며, 다른 사람의 반응에 과민하고 타인의 동기에 대하여 매우 회의적이다. 과거에 마음의 상처를 입은 경력이 있고, 또다시 그 같은 상처를 입을까 두려워하며, 항상 사람들을 일정한 거리에 두고 밀접한 관계형성을 회피한다. 타인들과의 의미 있는 깊은 관계의 결여가 그들의 절망감이나 무가치감을 더욱 증가시키며 그들을 우울감에 빠지게 한다. 환청이나 환시 및 체계적인 망상이 있을 수 있고, 사고장애를 수반하며, 그들의 신체적 증상은 기태적(bizarre) 성질을 띠고, 때로는 신체적 망상으로 보인다. 근본적으로 의존적이고 비효율적이며, 자기주장을 잘하지 못하고 적절한 감정표현을 못하며 만성적인 적응상의 곤란으로 인하여 결국은 정신과에 입원하게 되는 경우가 많다.

2-8/8-2 형태를 보이는 청소년 정신과 환자들의 주된 문제는 부적절한 정서적 반응이다(Marks *et al.*, 1974). 그들은 예민하고 불안하고 겁이 많으며, 다른 사람들과의 깊은 정서적 관계형성을 두려워하고, 성적 갈등이나 정서적 의존성에 대한 갈등을 가지고 있다. 이와 같은 청소년들의 절반 가량은 자살기도의 경험이 있으며, 그들은 자주 무단결석을 한다.

Kelley와 King(1980)의 대학생 내담자 중에서 2-8/8-2 프로파일을 보이는 사람들은 사고의 분열과 대인관계 회피성을 보이며 정신분열증으로 진단되는 경우가 많았다. 여자들은 정서적 반응이 두드러져 분열정동성 정신분열증으로 진단되며, 특히 약물남용의 사례가 많고, 남자들은 무표정, 무감각하고 신체적 증상호소가 많으며, 틱과 같은 운동성 장애를 잘 나타낸다.

2-9/9-2

2-9/9-2 상승척도쌍을 보이는 환자들은 우울증과 경조증적 성향을 동시에 나타냄으로써 쉽게 예상할 수 없는 경우라 할 수 있겠다. 흔히는 이 상승척도쌍이 두뇌손상 환자들에게 특징적인 것으로 알려져 왔으나(Lachar, 1974), Golden 등(1979)이나 Schwartz(1969)는 반복검증에서 이 같은 사실을 확인할 수 없었다. 2-9/9-2 상승척도쌍을 보이는 환자들은 적어도 MMPI상에서는 그들의 우울증적 요소를 충분히 은폐할 수 없는 경조증적 양상을 드러낸 것이라 볼 수 있다. 그들의 우울증적 특징들이 활발한 행동양상으로 어느 정도 은폐되기는 하였으나, 이것은 그들의 심한 흥분성 우울상태의 증거라 할 수 있다. 이 환자들은 자기도취적으로 명상에 몰두하고 있으며, 정신병적 상태에 있다고 하겠다. 자신의 잠재적인 부적절감이나 무가치감을 부인하려 하며, 활동 증가와 피로감이 교차하여 나타나기도 한다. 정신과 환자들에게서 가장 흔한 진단은 조울증이며 약물요법이 필요하고, 심리적인 치료는 우울증을 표적으로 하는 인지・행동치료가 추천할 만하다.

2-0/0-2

2-0/0-2 상승척도쌍을 보이는 환자들은 내향적 기질과 더불어 경미하나 만성적이며 성격적인 우울증을 보이는 사람들이다. 그들은 부적절감과 수줍음 및 사회적 상황에서 고립되는 경향을 나타내며, 이와 같은 양상은 실제로 사회적 재주의 부적절성이나 결여를 의미한다. 그들은 일반적으로 수동적이고 겁이 많으며 감정억제가 심하고(Webb *et al.*, 1981), 공격성이나 비행성 같은 행동은 나타낼 줄 모른다. 그들의 우울증은 만성적으로 깊이 뿌리 박고 있는 것이어서 그것을 고치고자 하는 동기가 그들에게는 없다. 본질적으로 우울한 상태에 적응되어 있는 사람들이며, 그들을 심리치료에 끌어들이기란 매우 어려운 일이다. 자기주장 훈련이나 역할수행과 같은 방법으로 사회적 재주부족을 직접적으로 다루는 것이 그들로 하여금 의미 있는 대인관계를 형성할 수 있게 하는 데 도움이 될 것이다.

단독상승 3

척도3(히스테리)만 단독으로 높은 환자들은 유난히 다른 사람들과의 조화를 강조하고 낙천성을 드러내 보이며, 사회적 관습에 철저한 것이 특징인 사람들이다. 생활이 거의 파탄에 이르렀을 경우에도 그들은 모든 일이 잘되어 가고 있다고 주장하며, 여하한 형태의 분노감정도 표출시키려 하지 않는다. 이 사람들은 전형적으로 미성숙하고 자기중심적이며 여러 가지 히스테리적 특징들을 나타내 보이며, 스트레스 상황에 처하면 2차적 이득의 성질이 확연히 보이는 신체적 증상을 나타낸다. 그들은 심리적 요인이 그들의 현재 증상과 어떤 관련이 있을지도 모른다는 생각에 대해서 극단적인 저항을 보인다.

척도3이 단독상승하는 예는 비교적 적으며 대개는 척도1과 함께 상승하거나 척도7과 함께 상승한다. 가장 보편적인 진단은 Somatoform disorder와 Dissociative disorder이다. 전자에는 Conversion disorder, Psychogenic pain disorder 및 Somatization disorder 등이 포함되며 후자는 dissociation을 근간으로 하는 여러 가지 장애들이 포함된다.

척도3은 어떤 일시적 심리상태라기보다는 성격특성이라 할 수 있다. 히스테리 성격에 관해서는 Freud에서부터 많이 논의되어 왔고 정신분석 이론의 중요한 부분을 차지하고 있다. 최근에는 인지요법 이론(Beck *et al.*, 1990)에서 히스테리 성격장애에 관하여 좋은 치료방법을 제시하고 있다. 히스테리성격 소유자들은 겉으로는 나타내지 않지만 마음속으로는 "나 혼자서는 인생을 헤쳐 나가는 일에 자신이 없다"는 생각을 가지고 있다. 누군가 나를 도와주어야만 된다고 생각하며 항상 그 대상을 찾고 있고 의지하려 한다. 도움을 받기 위해서는 모든 타인으로부터 사랑받는 것이 필수적이므로 그들은 버림받는 것에 대해 매우 강한 공포를 갖고 있다. 치료에서 중요한 것은 이 같은 생각을 인지하고 도전하는 것이며 그런 생각의 타당성 여부를 검증하는 실험행동을 고안하고 그와 관련된 불안을 줄여 주며 문제해결 방법을 가르쳐 주고 적극적인 자기주장을 권장하는 일이다. 이들은 끊임없이 치료자의 인내력을 테스트하려 하며 자신의 매력의 힘을 확인하려 한다. 이런 테스트에 치료자가 넘어가지 않는 것이 매우 중요하며 이 과정에서 환자에게 자기문제해결 능력에 대한 자신감이 생기게 하는 것이 치료목표 중 주요한 부분이다.

이 종류의 환자들은 자기의 증상이 심리적인 것이 아니라 신체적인 것이므로 의학적인 치료를 받아야 된다고 주장하나 대개의 경우 의학적인 진찰결과는 심각하지 않다. 이때 어떻게 심리적인 원인에 의한 것임을 받아들이게 하는가 하는 것이 조기 탈락을 예방하는 관건이므로 때로는 임상가와의 긴밀한 협력이 필요할 경우가 있다.

3-4/4-3

3-4 상승척도쌍을 보이는 환자들은 4-3 상승척도쌍을 보이는 환자들과 다소 다른 행동양상을 나타내므로 이들을 나누어서 기술해야겠다. 척도3과 4와의 관계는 그 사람이 사회적으로 용납할 만하지 못한 충동, 특히 공격성과 적개심을 잘 통제하고 억제하는가 못하는가 여부를 나타내는 지표라 할 수 있다. 이 두 척도가 높은 사람들의 가장 주된 특징은 만성적이고도 강한 분노라고 알려지고 있는 바, 3-4 상승척도쌍을 보이는 환자들은 그들의 분노감정을 간접적으로 발산시키는 자기중심적인 사람들이다. 임상적으로 이들은 불안감 및 이와 관련되는 여러 가지 신체적인 증상(진단적으로는 신체형 장애, somatoform disorder)을 호소하는 경우가 많고, 특히 남자들 중에는 발기불능으로 인하여 비뇨기과를 방문하는 경우가 흔히 있다. 외견상 그들은 조용하고 순종적이며, 공격행위를 나타내는 사람들과 관계를 가짐으로써 자신의 적개심을 대리만족의 형태로 해소하기도 한다. 부부갈등 혹은 가족간의 문제를 호소하는 경우도 흔히 있으나 거기에서 자기가 행한 역할에 대한 이해는 매우 부족하다. 이들의 문제는 대개 만성적이며 변화를 가져오기 어렵다.

4-3 상승척도쌍을 보이는 환자들은 보통 때는 자신의 감정을 과잉억제하나 주기적으로 분노감과 적개심을 폭발적으로 나타내는 것이 특징이다. 그 같은 폭력행위로 인하여 교도소생활을 하게 된다는 주장도 있으나(Davis & Sines, 1971; Persons & Marks, 1971), 우리 나라에서는 확인할 수 없다. 이들은 대체로 말이 없고 비사교적이어서, 갑작스런 감정 폭발은 다른 사람들에게 큰 놀라움이 되기도 한다. 특히 스트레스 상황에서는 판단력이 흐려지며, 극히 사소한 외부적 자극에도 폭발적인 감정반응을 나타낸다. 척도8이 함께 상승하지 않는 한, 그들의 감정 폭발이 비논리적이거나 비합리적인 성격을 띠지는 않는다. 이들은 타인으로부터 인정이나 주의를 받고자 하는 욕구가 강하고, 거부적인 태도에 매우 민감하며, 비판에 대해서는 적대적인 반응을 나타낸다. 외양으로는 잘 순응하는 것 같이 보이나 내면적으로는 매우 반항적이며, 性的 적응장애 및 부부간의 불화가 있는 경우가 많다. Gilberstadt와 Duker(1965)는 이들에게서 자살기도율이 높고(40%), 과음하며, 남편이나 아버지와 같은 성인역할의 곤란을 강조하고 있다. 폭발적인 감정노출과 어느 기간 동안 적절한 행동을 보이는 주기적인 양상은 만성적이며 고질화된 성격장애를 의미하고 쉽게 교정하기 어려운 것이어서, 충동억제를 치료목표로 하는 인지·행동요법이 현재로서는 추천할 수 있는 유일한 방법이라 할 수 있다.

3-6/6-3

3-6/6-3 상승척도쌍을 보이는 환자들은 중등도의 긴장과 불안을 호소하며 두통이나 소화기장애를 포함하는 신체적 증상을 호소하나, 심한 정도는 아니다. 이 환자들의 보다 중요한 문제는 그들이 부인하고 합리화하려고 애쓰는 만성적인 분노와 적개심이다. 그들 자신은 이 같은 적개심이나 의심성을 부인하려 하나 다른 사람들에게는 그것이 너무 뚜렷이 보인다. 그들은 자신의 대인관계가 원만하다고 생각하며 다른 사람들이 왜 그들에게 그렇게 반응하는지를 도저히 이해하지 못한다. 설사 자신에게 심한 분노감정이 있음을 알게 되더라도 그것을 타인의 행동 때문인 것으로 정당화한다. 일반적으로 3-6/6-3형의 사람들은 자기중심적이고 반항적이며 비협조적이고 사귀기 힘든 사람들로서, 자신의 심리적 요인이 그들의 대인관계를 어렵게 하고 있다고 생각하지 않는다. 비교적 드물지만 편집성 혹은 정신병적 장애의 가능성이 있으며, 치료적 접근은 편집형 장애의 경우에 준하여 시행해야 한다. 척도6의 단독상승 단락을 참고하기 바란다.

3-7/7-3

3-7/7-3 상승척도쌍을 보이는 환자들은 긴장되고 불안한 사람들로서, 심리적 스트레스나 갈등으로 인하여 머리나 사지에 만성적인 신체적 증상을 잘 호소하는 사람들이다. 긴장과 불안을 나타내는 행동적인 증거가 겉으로 보임에도 불구하고, 그들은 심리적 문제의 존재를 부인하고 자신의 장애에 대하여 무관심한 태도를 보이려 애쓴다. 주로 외래환자나 개방병동에 입원한 환자로서 불안과 관련되는 증상을 호소하는 예가 많으며, 자신의 히스테리성 기제에 대한 통찰력의 결여로 인하여 심리적인 치료는 매우 더디고 힘들다. 불안장애의 가능성이 많으며, 우울증이나 강박증을 감별진단해야 하고, 인지·행동치료의 대상이다.

3-8/8-3

3-8/8-3 상승척도쌍을 보이는 환자들은 외양으로는 불안감이나 공포를 나타내고 다양한 신체증상(두통, 불면증, 피로감, 소화기장애 등)을 호소하나, 어딘가 이상하고 보통과는 다르게 보인다. 사고장애의 가능성과 더불어 상당한 주의집중 곤란을 보이며, 사

소한 일에도 결정내리기가 힘들고, 때로 사고내용이 비현실적이고 비논리적이다. 자신은 아무런 문제가 없다고 부인하려 애쓰지만 심각한 심리적인 장애가 있으며 말에 조리가 없고 긴장도가 높으며 때로 부적절하다. 성격적으로 히스테리적 양상이 있어 미성숙하고 자기중심적이며 의존적이고 상당한 적개심이 내재하고 있으나 대개는 자기 자신에게 향하여 있다. 때로 단기간 매우 성적 색채가 농후한 정신병적 상태를 보이기도 하나, 그것에 대해 자신은 기억하지 못한다(Trimboli & Kilgore, 1983). 정신병적 상태를 보일 때는 유아적이고 자기도취적인 성질과 더불어 퇴행적인 행동을 나타내며, 망상이나 환각 및 강박적인 사고를 나타내기도 한다. 저변에 깔려 있는 정신병적 과정의 가능성으로 인하여 통찰지향적 심리요법은 주의를 요하며, 히스테리적 방어기제를 뒷받침해 주는 지지적 요법이 당장의 위기를 완화하는 데 도움이 되는 때가 많다. 정신과 환자군에서는 정신분열증의 진단을 받는 경우가 많으나, 신체형 장애(somatoform disorder)로 진단받는 경우도 비슷하게 많다.

3-9/9-3

3-9/9-3 상승척도쌍을 보이는 환자들은 두통을 위시하여 심장혈관계통의 증상이나 흉통 등의 신체적 증상을 급성적으로 호소하는 예가 많다. 이들은 성격적으로 사교적이고 극적이며 외향적인 사람으로서 어떤 사교적 모임에서도 자신의 존재를 돋보이게 한다(척도0[Si]이 T-점수 30 근방이면 특히 그러함). 이들의 증상은 쉽게 호전되나 다시 재발하기 쉬우며, 흔히 의학적으로 비전형적이거나 불가능한 증상을 보이고 피상적 치료에도 잘 낫는다(Hovery & Lewis, 1967). 이 환자들은 충동적이고 화를 잘 내고 정서적으로 불안정하며, 그들의 행동에서 심리적 요인을 인정하지 않으려 하며, 일단 신체적 증상만 호전되면 치료는 잊어버린다. 임상적으로는 신체형 장애(somatoform disorder)의 진단을 받는 경우가 많고 히스테리형 성격소유자일 때가 있다.

단독상승 4

대부분의 상승척도쌍 및 단독상승에 대한 임상적 해석들이 그러하지만, 특히 단독상승 4의 해석에 있어서 외국의 행동특성 설명을 한국의 정신과 환자군에 어느 정도 적용할 수 있을 것인가 하는 데 대해서는 의문의 여지가 많다. 아직 한국의 자료가 충분히 확보되어 있지 않아 우선 여기에서는 주로 미국의 연구들을 기초로 척도4(반사회성)가 단독상승한 환자들의 행동특성을 소개하고자 한다.

이 환자들은 충동적인 행동, 거역성(rebelliousness) 및 권위적 대상과의 갈등을 보이며, 자기중심적이고, 심리적 통찰력이 결여되어 있다. 그들은 욕구좌절에 대한 인내성이 낮으며 분노감정에 대한 억제력이 약하고 자제력이 부족하여, 신체적 공격행위를 폭발시키는 경우가 자주 있다. 다른 사람들과 피상적인 관계를 재빨리 형성하나 타인에 대한 감정이 얕으므로 보다 친밀한 대인관계 형성에는 어려움이 많다. 대개는 척도0이 낮은 것이 특징적인데, 척도0이 T-점수 30에 까까와질수록 이와 같은 성질들이 더욱 심하게 된다. 약물중독의 문제와 더불어 알콜중독의 가능성 역시 높다.

대부분의 MMPI 저서에서 척도4가 높은 사람들의 진단은 성격장애이며, 특히 반사회적 성격장애(antisocial personality disorder)라고 기술하고 있다. 그러나 실제로 반드시 그러한 것은 아니다. 심리검사의 결과란 증명을 요하는 가설인 만큼, 반사회적 성격으로 진단할 만한 임상적 특징(경력)을 가지고 있을 때만이 그렇게 진단할 수 있다. 두번째로 가능한 진단은 적응장애(adjustment disorder)이며, 이때도 그렇게 진단할 수 있는 임상적 경력과 증상을 갖고 있어야 한다. 오히려 정신분열형 성격장애에서 척도4가 상승하는 경우가 한국에서는 더 많으며, 특히 청소년일 경우에는 정신병 초기에서 상승하는 때가 있다. 외래환자의 경우에는 불안과 관련되는 장애의 진단을 받는 경우도 많다.

척도4가 높은 환자들은 권위적 대상에 거부적인 태도를 가지고 있으므로 심리치료가 적합하지 않다는 견해가 최근까지 지배적이었다. 그러나 최근에는 인지 · 행동치료가 반사회적 성격장애에도 효과 있다는 연구들이 발표되고 있으므로(Freeman, 1988; Freeman & Leaf, 1989; Beck & Freeman, 1990) 무조건 비관적인 태도를 가질 필요는 없다. 특히 척도2가 함께(두번째로) 상승할 경우에는 환자가 가지의 문제를 내성할 능력과 죄의식을 느낄 수 있는 소지가 있으므로 더욱 심리치료에 대한 동기가 있을 수 있고 예후도 양호할 가능성이 있다. 중요한 것은 치료자의 성격과 동기라 할 수 있으며 척도4의 상승에 대한 선입견으로부터의 탈피이다.

척도4가 높은 사람들은 대개 치료자를 조종하려 하거나 이용하려는 동기가 있고, 때로는 은근히 혹은 노골적으로 공격적이며, 혹은 속임수를 쓰든가 엄살을 부리든가 매우 자기중심적으로 행동한다. 중요한 것은 치료자가 환자를 미워하거나 거부적인 태도를 갖지 않는 일인데, 치료자가 환자의 속성을 이해하고 마음의 준비를 하고 있으면 환자를 객관적으로 관찰하고 도움을 제공할 수 있다.

이 척도가 높은 사람들의 한 가지 공통적인 현상은 사회생활(특히 직장생활)에서의 적응곤란이다. 그들은 그 책임을 주위사람들 탓으로 돌리며 자신은 억울하고 희생자라고 주장한다. 그래서 화가 나 있으며 인간들이 미워진다고 한다. 그러나 치료자가 환자와 함께 주위 사람들이 환자를 못살게 군 과정을 자세히 살펴보게 되면 이 과정에서 환자의 몫을 발견할 수 있다. 이때 대개는 환자가 오늘날 이렇게 된 원인으로 가정에서 가족들로부터 적절한 대우를 받지 못하고 자랐다는 불만감에 이르게 되는데 그로 인한 환자의 편견(비합리적 사고)의 가능성을 조심스럽게 논의하는 것이 좋다. 환자는 역시 그 같은 편견이 형성되게 된 원인도 가족들이라고 주장하는데 아무튼 이 과정에서 환자의 분노와 억울한 감정을 치료자가 이해하고 편견이 존재한다는 사실을 환자가 받아들이게 된다면 치료적 관계형성의 기초는 시작된 것으로 볼 수 있다. 치료자는 이 시점에서 너무 욕심 내지 말고 환자와 관계형성을 시작했다는 것만으로도 만족스럽게 생각하고 이 관계를 키워 나가도록 노력할 필요가 있다. 이쯤해서 치료의 목표를 어디에 둘 것인가 잘 생각해 보아야 하며, 특히 환자의 충동통제 능력에 많은 비중을 두어야 한다.

4-5/5-4

실제로 이 상승척도쌍은 한국에서는 매우 드물게 나타나므로 아직 충분한 자료나 행동특성에 관한 지식이 축적되어 있지 않다. 외국에서의 보고에 의하면 4-5/5-4 상승척도쌍을 보이는 환자들은 거의가 남자들이며 여자는 드물다. 한 가지 예외로는 Sutker, Allain 그리고 Geyer(1978)의 연구결과로서, 살인으로 기소된 여자들 중에서 이 상승척도쌍이 가장 많이(23%) 나타났다. 이 상승척도쌍을 보이는 남자들은 대개 그들의 외모나 행동에서 수동적으로 비통속적이다. 그들은 사회적 풍습에 거역하려 하며, 어떤 규율이나 규칙에 도전하거나 저항하는 것에서 희열을 느낀다. Graham(1977)에 의하면 이 형태를 보이는 남자들이 비순응적이긴 하나 실제로 비행행동을 범하는 예는 드물며, 그들의 욕구좌절 인내력이 낮은 관계로 단기간 문제 행동을 일으키는 정도라고 했다. 지배나 의존 모두가 그들에게는 가장 중요한 문제로서, 그들은 강한 의존욕구를 가지고 있는 반면에 친근한 타인으로부터 지배당하는 것을 두려워하기도 한다. 동성애적 충동을 많이 느낄 수 있으며 이들 중 일부는 실제로 동성애 생활을 하고 있기도 하다. 이 실제적 동성애자들이 공개적으로 자신의 동성애 상태를 인정하고자 할 때에는 이와 같은 프로파일 양상을 드러내지만, 그렇지 않을 때에는 동성애적 충동이나 행동을 부인할 수 있고, 여하한 타당도 혹은 임상척도 양상으로도 그것을 탐지할 수 없다. 따라서 4-5/5-4 상승척도쌍을 보이는 사람 중에서 동성애 행동을 탐지하는 최선의 방법은 임상가가 그 같은 행위에 관하여 직접적으로 환자에게 질문하는 수밖에 없다. 그들의 성격특성이 만성적이고 뿌리 깊기 때문에 치료적 행동변화의 예후는 좋지 못하다.

4-5/5-4 상승척도쌍을 보이는 남자 대학생들은 주로 일과성의 대인관계 곤란을 겪고 있으며, 심각한 성격장애는 조금밖에 나타나지 않는 것으로 알려지고 있다(King & Kelley, 1977b). 이 학생들은 수동적이며 異性관계에서 다소 적응상의 문제를 갖고 있으나 특징적인 것은 아니다.

4-6/6-4

4-6/6-4 상승척도쌍을 보이는 환자들은 화 잘내고 원망하며 말다툼을 잘하는 사람들로서, 일반적으로 사귀기 힘든 사람들이다. 그들은 미성숙하고 자기도취적이며 자기중심적이고, 보통 때는 적개심을 어느 정도 통제하다가 가끔씩 요란하게 터뜨린다. 그들은 근본적으로 수동-의존적인 사람들로서 타인에게 지나치게 주의와 동정을 요구하나, 다른 사람이 그들에게 어떤 극히 사소한 요구라도 하게 되면 금방 화를 낸다. 그들은 분노의 원인을 항상 외부에 전가하며 타인의 동기를 의심하고 깊은 정서적 관계형성을 회피한다. 억압된 분노가 이들에게 특징적이며, 특히 권위적 대상에 대하여 그러하고 권위에 손상을 입히려 한다. 가끔 모호한 정서적 및 신체적 불편을 호소하고 우울하다거나 불안하다고 한다.

이들은 자신의 심각한 심리적 문제를 부인하고 자기행동을 합리화하며 타인을 비난한다. 다소 비현실적이며 자기평가에 있어서 과대망상적인 때가 있다. 오랜 동안 사회적 적응장애의 과거력을 가지고 있고 편집증적인 경우가 있으며 심리학적 치료에는 잘 반응하지 않는다.

4-6/6-4 상승척도쌍과 함께 척도8도 상승하였을 경우에는 상태가 더욱 심하다. 앞에서 기술한 여러 가지 특징과 더불어 이 환자들은 자신의 어떠한 심리적인 문제에 대해서도 더욱 회피적이고 방어적이며, 논리적 사고 및 판단력의 장애를 보인다. 척도6과 4는 서로 상승효과를 가지고 있어서 이 척도들이 높은 사람들은 충동억제력이 부족하고 폭발적이며(Trimboli & Kilgore, 1983). 분노로 부글부글 끓고, 비난에 대한 예민성과 의심성이 합쳐져 예측할 수 없는 비합리적인 폭력행사도 하게 된다. 때로는 노골적으로 반항적이고 적대적인가 하면, 그들이 생각하는 갈등의 해결방법이란 다른 사람들로 하여금 그들의 기대에 맞추어 행동변화를 가져오게 하는 것 뿐이다. 결혼생활이나 성생활은 이 환자들이 전형적으로 문제를 일으키는 영역이다.

정신과 환자집단에서 4-6/6-4형과 관련되는 진단은 성격장애(특히 수동-공격적)와 정신분열증(특히 망상형)으로 거의 균등하게 양분되고 있다. 척도4와 6의 상승도가 높을수록, 그리고 척도6이 척도4보다 더 높을수록 초기 정신병적 혹은 완전한 정신병적 장애일 가능성이 더 높아진다.

4-7/7-4

4-7/7-4 상승척도쌍은 이론적으로 볼 때 두 가지 서로 상반되는 척도가 동시에 상승한 경우로서, 척도4가 자신의 행동이 가져오는 사회적 결과에 대하여 무관심하거나 그것을 무시하는 태도를 나타내는 척도라 한다면, 척도7은 자신의 행동에 대한 지나친 관심과 분석을 측정하는 척도이다. 이 두 가지 척도가 동시에 상승하는 일이란 있을 수 없을 것 같은데, 그럼에도 불구하고 그런 경우가 실제로 가끔씩 있다. 이 환자들의 가장 현저한 특징은 이 두 극단 사이를 순회하는 주기적 행동의 반복이다. 한동안은 척도4의 특징이 우세하여 환자는 사회적 관습이나 다른 사람들의 욕구나 소원을 무시하고 충동적으로 행동하는가 하면, 다음에는 척도7의 특징이 우세하여 그 같은 행동을 저지른 것에 대하여 후회하고 죄책감을 느끼며 자기비하에 빠진다. 이 기간 동안 그들은 자신을 과도하게 억제하는 것같이 보이기도 하지만, 이 같은 억제도 충동적 행동의 재발을 예방하기에는 충분치 못하다. 임상가가 이 환자들을 만나게 되는 것은 그들이 죄책감에 빠지고 뉘우치는 시기이다. 이때는 마치 그들에게 상당한 치료적 진전이 있을 것처럼 생각되기 쉬운데, 그러나 대개의 경우 그들은 다시 충동적인 행동을 나타내고, 더 큰 죄책감에 또다시 빠지곤 한다. 이 사람들은 자기가치에 대하여 항상 확신을 갖게 해주는 것이 필요한 의존적이고 불안정한 사람들로서, 장기간의 치료적 관계를 통하지 않고서는 이 같은 주기적 행동을 성공적으로 차단하기란 매우 어렵다. 4-7/7-4 프로파일형을 보이는 대학생 내담자들은 미성숙하고 시무룩하며, 열등감, 명상, 위장계통의 장애 등을 보이는가 하면(Kelley & King, 1679a), 이 형태를 보이는 청소년들은(Marks *et al.*, 1974) 과격행동을 보이며, 도발적이고 분개하고 근본적으로 불안정하며, 친구는 많으나 가까운 친구는 별로 없다.

4-8/8-4

4-8/8-4 상승척도쌍을 보이는 사람들은 만성적으로 최소한의 적응능력을 보이는 분열성(schizoid) 성격소유자 아니면 실제로 정신분열증을 앓고 있는 환자들이다. 이 사람들

은 예측불허하고 충동적이며 외모나 행동에서 이상하게 보인다. 다른 사람들과 밀접한 정서적 관계를 형성하기 어려우며, 타인을 불신하고 사람들로부터 회피한다. 자신이 형성하고 있는 타인과의 관계에 대하여 불만스럽게 느끼고, 잘 표현하지 못하거나 잘 조절하지 못하는 분노나 원한 같은 감정들 때문에 다른 사람들로부터 더욱 고립하게 된다. 그들은 세상을 위험한 곳으로 보고 현실에서 회피하든가 아니면 화를 내며 공격하는 식으로 반응하며, 다른 사람들을 배타적이고 신뢰할 수 없는 인간이라고 생각한다. 정서적으로 부적절하고 기분의 변동이 심하며, 자살기도가 빈번하므로 주의를 요한다. 판단력 부족과 논리 및 사고의 결함 때문에 자주 사회적 혹은 법률적 문제를 일으키게 되며, 여러 번의 구류경력을 포함하는 범죄행위를 저지른 예가 많다. 그들의 범죄는 계획이나 실행의 면에서 미숙하고, 때로는 기태적이거나 난폭한 면모를 보이며, 흔히 다른 사람들은 그들을 괴짜나 이상한 사람으로 본다. 그들이 사고를 일으키게 되는 주요 원인은 4-9 상승척도를 보이는 사람들처럼 사고를 일으킴으로써 맛보게 되는 흥분을 갈망해서가 아니라, 언제 어떻게 싸워야 하는지에 대한 판단착오 때문이다. 어린 아동들을 상대로 하는 성범죄자들이나(McCreary, 1975), 강간범들(Armentrout & Hauer, 1978; Erickson 등, 1987), 강간범과 노출증 도착자들(Rader, 1977) 및 아기를 양자로 주기보다 자기가 기르려고 하는 미혼모들(Horn & Turner, 1976)에게서나 자주 나타나는 상승척도쌍 역시 이 형태이다. Caldwell(1972)은 창녀나 콜걸에 대한 조사에서 그들은 모두 4-8 형태의 프로파일을 보인다고 했다.

이렇게 정서적 유대를 거부하는 측면이 있음에도 불구하고 4-8/8-4 상승척도쌍을 보이는 사람들은 애정과 주의에 대한 강한 욕구를 가지고 있으며 뿌리 깊은 불안정감을 느낀다. 그들의 자아개념은 매우 부정적인 것이어서, 때로는 마치 배척과 실패를 위해서 제쳐놓은 사람들처럼 보일 때가 있다. 그들은 자신의 남성적 혹은 여성적 특성에 대하여 매우 관심이 많고 性에 대하여 강박적으로 생각하고 있으나, 실제로는 성행위를 적절히 수행하지 못할까봐 불안해 하고 있다. 그들의 반사회적 성행위는 자신의 성적 적절성을 증명해 보이려는 하나의 시도라고 할 수 있을 것이다.

이들에 대한 진단은 정신분열증 혹은 정신분열형 정서장애가 가장 많고 때로는 분열성 성격장애나 편집형 성격장애 혹은 반사회적 성격장애의 진단을 받기도 한다. 척도4와 8의 점수가 매우 높을수록 정신병 및 사고장애나 편집형적 의심증을 포함하는 기태적 증상의 가능성이 더욱 높아진다.

4-9/9-4

이 상승척도쌍에 관한 외국의 연구결과들은 반사회적 성격장애를 중심으로 거의 의견 일치를 보이고 있다. 그러나 한국의 경우에는 임상장면에서 빈도 자체도 낮을 뿐만 아니라 진단적 소견을 중심으로 하는 행동특성의 양상에 있어서 외국의 결과와 많은 차이를 보이고 있다. 아직 외국의 연구규모에 필적할 만한 한국에서의 연구가 없으므로 우선 외국의 결과를 중심으로 설명한 후에 일부 한국의 연구결과를 기술하도록 하겠다.

4-9/9-4 상승척도쌍을 보이는 환자들은 어떤 형태의 과격한 행동을 나타낼 수 있는 사람들로서 척도9의 상승은 척도4가 나타내는 반항적 및 충동적 행동을 활성화시키는 역할을 한다. 이 환자들은 과잉활동적이고, 충동적이며 무책임하고, 신뢰롭지 못하다. 그들의 대인관계는 얕고 피상적이며, 항상 말썽을 일으키는 경향이 있고, 대개는 자신 및 가족의 명성을 실추시킬 뿐이며, 반사회적 및 범죄행동도 드물지 않다. 그들은 사회적 기준이나 가치를 무시하는 경향이 강하며, 양심의 발달이 부족하고 윤리적 가치관이 불확실하다. 부부문제, 불법임신 및 아동학대(Paulson, Afifi, Thomason & Chaleff, 1974), 알콜 혹은 약물남용(Hodo & Fowler, 1976; Loper, Kammeier & Hoffmann, 1973; Craig, 1984a), 소년비행이나 반복적인 과잉노출증 범죄(McCreary, 1975) 및 강간(Erickson *et al.*, 1987) 등을 범하는 사람들에서 이 상승척도쌍이 잘 나타난다. 이 환자들은 정서적인 자극이나 흥분에 대한 과도한 욕구를 가지고 있어 그들의 과격행동은 흔히 이 같은 목적을 만족시키기 위한 것이다.

사회적인 장면에서 그들은 부드럽고 말을 잘하며 불안이나 걱정 혹은 죄의식 같은 것을 보이지 않으므로, 일시적으로는 남에게 좋은 인상을 준다. 그러나 그들의 자기중심성과 타인에 대한 불신으로 인하여 그들의 대인관계는 피상적이며, 그들은 깊은 정서적 유대를 형성하기 어렵고 항상 다른 사람들과 정서적 거리를 갖는다. 판단력의 오류와 더불어 결과를 생각하지 않고 행동하며 경험으로부터 배울 줄 모른다. 그들은 즉각적인 만족을 지연할 수 없으며 지속적인 노력을 요하는 여하한 일도 수행하기 어렵다. 자신의 행동에 대한 책임을 지지 않으려 하며, 단점이나 실패를 합리화하고, 다른 사람들에게 곤란의 원인을 돌린다. 욕구좌절에 대한 인내력이 낮고 기분의 변화가 심하며 강한 적개심이나 공격성을 내면에 간직하고 있다.

때로 합리화도 중요한 역할을 하지만 과격행동은 이 사람들이 쓰는 가장 주된 방어기제이다. 척도 6과 8이 역시 상승되어 있고, 특히 척도9가 이 척도들보다 더 높으면 매우 격렬하고 과격행동의 가능성이 더욱 커진다.

이와 같은 성격양상은 매우 안정적이어서 입원할 때나 퇴원할 때, 혹은 상태가 다소 호전되었을 때도 상승척도쌍의 형태에는 변화가 없는 유일한 형태라는 것이 특징적이다.

Marks 등(1974)의 보고에 의하면 이 환자들은 100%에서 부부불화가 있어, 3분의 1 이상은 이혼이나 별거를 했고, 3분의 2에서는 혼외관계가 있었다고 했다. 대부분(80%)의 환자들은 반사회적 성격과 같은 성격장애의 진단을 받으며 일부에서 조울병과 같은 정신병 진단을 받는 것으로 보고되고 있으나, 한국의 경우에는 오히려 신경증 진단을 받는 예가 더 많으며, 성격장애로 진단되는 경우는 절반도 되지 않는다.

4-9/9-4 형태를 보이는 청소년 정신과 환자들의 주된 문제는(Marks *et al.*, 1974) 반항적이며 도발적인 행동과 불복종, 그리고 무단결석이다. 부모와의 갈등이 항상 있으나 친구는 많고 친구들도 그를 좋아한다. 그들은 대부분 약물상용자들이다.

단독상승 5

척도5(남성특성-여성특성)의 상승과 관련되는 경험적 행동특성에 대한 연구는 매우 적은데, 그 주된 원인은 척도5가 초기의 임상척도에 들어 있지 않았기 때문이다. King과 Kelley(1977b)는 대학생집단을 대상으로 척도5를 포함하는 상승척도쌍에 관한 행동적 특성을 조사한 바 있는데, 척도5는 주로 인문계를 전공하는 정상적인 남자나, 자신의 동성애 행동을 숨기려 하지 않는 공개적인 동성애자들에서 자주 상승했다. 척도5의 심리측정적 성질로 보아 여자들이 이 척도에서 높은 점수를 얻기란 매우 어렵게 되어 있어서, T-점수 65 이상을 얻는 여자는 드물다. 대학의 정신건강센터에 찾아오는 학생 내담자 중에서(King & Kelly, 1977b) 단독상승 5 프로파일을 보이는 사람들은 대개 치료를 요청하지만 심각한 정신병리를 가지고 있지 않은 대체로 정상적인 학생들이었다.

5-7/7-5

5-7/7-5 상승척도쌍을 보이는 대학생들은 불안하기보다는 우울한 사람들이다. 그들은 흔히 대인관계, 특히 이성과의 관계에서 문제를 호소하는 경우가 많고, 학습의 곤란이 있으며, 걱정이 많고 불행하게 느끼며 우유부단하고 안심시켜 주기를 원한다(King & Kelley, 1977).

5-8/8-5

5-8/8-5 상승척도쌍을 보이는 환자들은 알콜남용, 정신질환, 신체적 학대 등의 가족력을 가지고 있으며, 아동기부터 시작된 정신과적 문제를 갖고 있는 경우가 많다. 어딘가 이상하고 유별나며 정서적으로 가까워지기 힘들며 친밀한 대인관계를 회피하고, 성(sex)과 관련된 갈등이 많은 것으로 보고되고 있다(Greene, 1991). 대개 사고장애는 없는 것으로 알려지고 있으나 확인할 필요가 있다.

단독상승 6

척도6(편집증)만 단독으로 상승하는 환자는 많지 않다. 척도6의 문항내용들이 비교적 명백하므로 단독상승 6 프로파일을 보이는 환자들에서는 편집증적 증상을 대개 볼 수 있다. 이 환자들은 의심이 많고, 불신감을 가지고 있으며, 자신의 문제에 대한 책임을 다른 사람에게 전가하려 하는 것이 특징적이다.

이 편집성 양상은 정신증 환자, 특히 정신분열증 환자에서는 기본적인 것이라 할 수도 있겠으나 모든 정신분열증 환자가 이 척도에서 상승점수를 나타내지는 않는다. 또한 척도6이 상승했다고 해서 무조건 편집형 장애가 있는 것도 아니다. 일부 히스테리 환자에서도 척도6이 상승하며 반사회적 성격장애의 경우에도 상승하고 때로는 대인공포증 환자에서 상승할 때도 있다. 가장 중요한 것은 임상적 면접을 통한 감별진단이며, 병명보다는 증상에 초점을 두고 확인하는 것이 필요하다. 아무튼 척도6이 T점수 65 이상으로 상승했을 경우에는 정신증 여부를 확인하는 것이 필요하며, 거기에는 Rorschach 검사가 많은 도움이 될 수 있다.

MMPI에 관한 거의 모든 저서에서 척도6이 높은 환자들은 심리치료에 적합하지 않다고 기술하고 있다. 이 사람들과는 치료적 관계형성을 하기가 어렵다는 것이 공통된 이유이다. 그러나 반드시 그런 것은 아니다. 근래에 임상적 효용성이 상승하고 있는 인지·행동치료(CBT)에서는 편집형 성격장애 환자에 대해서도 좋은 치료성과를 거둘 수 있음을 강조하고 있다(Beck & Freeman, 1990). 가장 좋은 방법은 환자가 그렇게 생각하는(믿는) 객관적(논리적, 현실적) 증거를 확인하는 작업으로서, 치료자가 환자와 함께 환자가 제시하는 증거의 신빙성(객관성)을 검토하는 일이다. 이 과정에서 치료자가 환자를 공격해서는 안 되나 부드럽고 확고한 태도는 필요하다. 이때 잘못하면 환자와 논쟁에 빠지기 쉬운데, 적어도 치료자가 환자의 생각에 도전하기 위하여 고의적으로 반박하지 않는 한 논쟁에 빠져서는 안 된다. 환자로 하여금 생각의 뒤에 있는 감정을 표현하게 하고, 머리가 아니라 가슴에 관하여 이야기하자고 하는 것이 효과 있다. 서러운 그러나 지금까지 억제하고 있었던 감정을 환자가 털어놓기 시작하면 일단 시작은 된 셈이다. 그 다음에는 CBT 방법을 따라 진행한다.

6-7/7-6

6-7/7-6 상승척도쌍을 보이는 환자들은 대개 불안하고 걱정이 많으며 의심이 많은 사람들이다. 그들은 완고하고 고집불통이며, 자신 및 타인의 행동에 대하여 깊게 생각하고, 적대적인 감정을 간접적으로 표현하며, 겉으로 편집증을 잘 나타내 보이지는 않는다. 그들의 문제는 대개 만성적이며 성격에 뿌리를 두고 있는 경우가 많다. 임상적으로는 불안증 혹은 우울증 부류의 신경증으로 진단되는 예가 많고, 때로는 초기 정신병 혹은 실제 정신분열증의 진단을 받기도 한다.

6-8/8-6

6-8/8-6 상승척도쌍을 보이는 환자들의 가장 두드러진 특징은 편집증적 경향과 사고장애이다. 그들의 사고는 자폐적 · 단절적 · 우회적이며, 사고 내용들은 奇態的(기태적)이다. 주의집중의 곤란 및 지속적 주의력의 곤란을 호소하며 기억력의 둔화와 판단력의 장애를 보인다. 체계화된 망상(과대 혹은 피해) 및 환각이 나타나며, 비현실감을 호소하고, 많은 시간을 백일몽과 환상 속에서 보낸다. 추상적 혹은 이론적인 문제나 종교 및 성적인 주제 등에 집착하여 깊이 생각하는 반면에 현실생활의 명백하고 구체적인 일들에 대해서는 관심이 없다. 심한 스트레스를 받으면 긴장하고 깊은 걱정에 빠지거나 우울증상을 보이며, 그들의 감정반응은 둔화되고 부적절하다. 친밀한 대인관계를 회피하며, 사회적으로 고립되고, 의심성과 불신감이 많고 적대적이며, 다른 사람과 항상 정서적 거리를 유지하려 한다. 그들이 유지하고 있는 대인관계가 있다면 원한과 의심과 적개심이 함께 하고 있으며, 그들의 행동은 예측불허하고 사회적으로 부적절하며, 무감동이 행동 전반에 깔려 있다. 깊은 열등감과 불안정감을 가지고 있으며, 때로는 지나치게 수줍어하고, 자신감과 자기존중심이 결여되어 있으며, 실패라고 생각되는 것에 대하여 죄책감을 느끼기도 한다. 일반적으로 사회적 재주가 심히 부족하고 혼자 있을 때 가장

편하며, 다른 사람들에게서 호감이나 친근감을 불러일으키지 못하고, 다른 사람들은 그들을 화 잘내고 변덕이 심하며 비우호적이고 부정적인 사람으로 본다. 대체로 그들의 생활양식의 특징을 분열성(schizoid)이라고 볼 수 있어서 행동적인 퇴행, 자폐적 사고과정, 부적절한 정서반응 그리고 기태적인 사고 등으로 요약할 수 있다. 실제로 정신병을 앓고 있지 않다 하더라도 만성적이며 심한 부적응을 보이는 사람들로서, 가장 많은 진단은 정신분열증(편집형)이며(57%; 김중술, 1983), 다음으로는 분열성 혹은 편집형 성격장애이다. 때로 신경증 부류의 진단을 받게 되는 경우가 있는데, 주로 히스테리성 장애로서(22%; 김중술; 1983) 한국에서는 1-3형 다음으로 많은 빈도를 차지한다.

6-9/9-6

6-9/9-6 상승척도쌍을 보이는 환자들은 기분이 앙양되어 있고 말이 많으며 공격적이고 적개심을 내포한 사람들이다. 그들은 화 잘내고 흥분하기 쉽고 충동적이며 정서적으로 불안정하다. 가장 중요한 특징의 하나는 그들의 감정을 적절히 조절하여 적응적으로 표현할 줄 모른다는 것으로서, 과잉통제와 정서적 폭발을 번갈아 나타낸다(Graham, 1977). 실제적 혹은 상상적 위협에 약하여 항상 긴장되고 불안하며 내면적으로는 의존적이고 애정에 대한 욕구가 강하다. 자기가 하는 일은 무엇이든 도덕적 정당성을 주장하며 고집부리고, 비평을 받아들일 줄 모르며, 투사(projection)를 너무 자주 사용한다(Caldwell, 1972). 사소한 스트레스에도 과도한 반응을 보이고, 심하면 환상세계 속으로 도피하는 것이 특징적이다. 그들은 또한 조울병 혹은 정신분열증적 양상을 띤 사고장애를 가지고 있어, 주의집중 및 사고의 곤란을 나타내고, 판단력의 장애가 있으며, 때로는 편집성 과대망상을 보인다. 자기만의 공상이나 백일몽에 많은 시간을 소모하며, 대인관계에서 타인을 불신하고 동기를 의심하며, 투사(projection)를 주된 방어기제로 사용한다. 그들은 여하한 종류의 정서적 관계형성도 두려워하여 미리 일정한 거리를 유지하려 한다.

이 상승척도쌍을 보이는 환자들은 대부분이 입원환자이며, 편집형 정신분열증의 진단이 절반 가량 차지하고 있다(김중술, 1983). 다음으로는 적응장애나 성격장애로 진단받는 경우도 있으나, 근본적으로는 정신병적 과정에 있으면서 정동장애의 색채가 큰 비중을 차지하고 있는 환자들이라 할 수 있다.

단독상승 7

척도7만 단독으로 높은 프로파일을 보이는 환자들은 대개 긴장되고 불안하며 경직된 사람들이다. 외형상으로는 공포증, 강박적 행동 및 집착(사고) 등을 가장 많이 나타내는데, 이들 증상으로 인하여 직장생활이나 일반적인 대인관계가 매우 어려워짐에도 불구하고 그들은 정신과 입원치료를 원하지 않는다. 이들의 성격구조는 매우 견고하여 어떤 치료적 변화를 가져오려면 장기간의 꾸준한 노력이 필요하다.

척도7이 높을 경우에 1차적인 진단은 불안장애이다. T점수가 상승할수록 공황장애나 공포장애의 가능성이 높아진다. 역시 어느 진단이 해당하는가 하는 것은 구조화되고 적극적인 임상면담에 의하여 결정된다. 두번째 가능한 진단은 우울증이며 때로는 불안을 수반한 우울증(anxious depression)일 경우가 많다. T점수가 비교적 덜 높은 경우에는 강박증일 가능성이 많으나 일부 강박증에서는 척도7이 두드러지게 높지 않을 때가 있다. 불안 · 우울 · 강박장애 중에서 어느 것이 가장 적절한 진단인가 하는 것은 임상적인 증상과 병력 및 다른 심리학적 검사결과를 종합하여 결정하게 된다.

환자의 불안이나 우울상태가 너무 심한 나머지 수면장애나 집중력 곤란으로 인하여 심리치료가 불가능할 정도가 아니라면 심리치료가 우선적으로 추천되는 치료방법이다. 우선적으로 시행할 만한 것은 인지 · 행동치료이며, 한편으로는 인지적 재구성 요법을 시행하고 다른 한편으로는 자기주장 훈련이나 체계적 둔감법(systematic desensitization)을 필요에 따라 시행한다. 직접적이며 행동지향적인 치료방법이 그들의 비적응적 행동을 수정하는 데 도움이 될 수 있다. 대개 척도7이 높은 환자들은 순응성이 높으므로 심리치료 약속을 잘 이행하는 편이나 다른 한편으로는 의심성이 많고 대인관계에서 상대방에 대한 신뢰감이 피상적이어서, 혹은 자기 자신에 대한 비판적인 태도나 완벽성 추구 경향으로 인하여 의외로 심리치료에 대한 성과가 좋지 않을 때가 있다. 때로는 자신의 문제에 대한 이해는 어느 정도 되어 있으나 행동변화는 어려운 경우가 있어 치료자에게 좌절감을 맛보게 한다. 어떤 경우에는 치료자에 대한 의존심이 너무 커서 혹은 자기 자신에 대한 책임을 너무 두려워한 나머지 치료 종결이 어려운 때도 있다. 아무튼 척도7이 높은 환자들의 심리치료가 처음에 생각했던 것보다는 어려운 경우가 많으므로 너무 낙관적인 태도를 갖지 않는 것이 좋으며, 이와 같은 부정적인 측면을 충분히 고려하고 적극적인 태도로 치료에 임할 경우에는 치료성과는 충분히 좋다. 특히 그들의 이론적 집착이나 피상적인 통찰을 통한 말장난(intellectualization)에 치료자가 말려들지 않아야 한다.

7-8/8-7

7-8/8-7 상승척도쌍을 보이는 사람들의 한 가지 공통점은 마음이 편치 못하고 항상 복잡하다는 사실이며 그들은 자신의 문제점을 솔직히 시인할 줄도 알고 있으나 적절한 해결방안을 강구하는 데는 매우 무능력하다. 이 사람들은 만성적으로 걱정이 많고 긴장되고 예민하며 안절부절하고 우울하다. 심한 주의집중 곤란을 호소하며, 판단력의 장애와 더불어 사고장애를 보이기도 하고, 내성적이며, 과잉사고형이라 할 수 있다.

대부분 만성적인 불안정감, 부적절감 및 열등감을 가지고 있고 매우 우유부단하다. 타인과의 친밀한 대인관계 형성이 어려우며 현실회피적이고 고립되어 있는 경우가 많다. 다른 사람들과 함께 있을 때 안정되거나 편하지 못하며, 가급적 대인관계를 회피하려 하고 관계형성의 경우에는 수동-의존적이 된다. 성숙된 이성관계를 형성하기가 특히 어렵고 전통적인 성적 역할에 대해서 부적절하게 느끼며, 오히려 성과 관련되는 공상을 즐긴다.

진단적으로는 신경증, 정신병, 성격장애 모두가 이 상승척도쌍을 보이는 사람들에게서 발견되는데, 이것은 그만큼 이 상승척도쌍이 어떤 특정한 진단집단과 의미 있는 상관이 없음을 나타내는 현상이기도 하다. 신경증 부류에서 가장 흔한 것으로는 우울증과 불안증이며 외국의 경우와는 달리 그리고 예상 밖으로 한국에서는 강박증이 적다(김중술, 1983). 성격장애로는 분열성(schizoid) 및 경계선 성격장애가 많고, 정신분열형 성격(schizotypal personality)장애에 속하는 환자가 특히 외래환자에서 많다. 정신병 부류에서 조울병은 극히 드물며 정신분열증이 가장 많고, 그 경우에도 다양한 증상을 나타내는 만성보다는 초기에 속하는 환자가 많다. 이때 척도7과 8의 상대적 높이가 중요한데, 척도7이 척도8보다 더 높을 때에는 환자가 아직도 심한 사고나 행동장애의 정착에 저항하는 상태로서 그것들을 불편하게 느끼는 신경증적 과정이라 할 수 있고, 예후도 비교적 좋다. 반면에 척도8이 척도7 보다 더 높을 때에는 환자가 비교적 심한 병적 증상에 적응된 상태로서 주로 정신병이나 정신분열형 성격장애의 경우로 볼 수 있고, 그만큼 치료가 더 어려운 상태라 할 수 있다. Kelley와 King(1980)의 대학생 내담자 중에서 7-8/8-7 프로파일을 보이는 남자들은 망상, 무감각한 정서반응 및 여러 사람의 정신분열증 혹은 알콜중독의 가족력을 가지고 있었다. 여자들은 잠재성 정신분열증으로 진단되었으나 남자들처럼 심하게 정신병적인 양상을 보이지 않았으며, 무감각한 정서반응과 사고장애 외에 약물남용이 있었다. 7-8/8-7 프로파일을 보이는 사람들은 그들의 심리적 갈등의 성질이 만성적이고 뿌리 깊으며 대인관계 형성이 어렵기 때문에 심리치료가 생각보다 힘이 들며 심한 불안상태를 먼저 완화시키기 위해서 약물요법을 선행해야 할 때가 흔히 있다.

7-9/9-7

7-9/9-7 상승척도쌍을 보이는 환자들은 만성적으로 불안하고 걱정이 많고 긴장되어 있으며, 그들의 높은 에너지 수준은 오히려 강박적 명상을 더 악화시키는 역할을 한다. 그들은 서로 관계도 없는 말을 쉴 새 없이 해대며, 무엇을 말하려 하는지 이해할 수 없다. 때로는 충동적인 과격행동이나 과대망상적 생각을 하는 시기와 죄책감과 자기비난에 빠지는 시기가 번갈아 나타나는 경우가 있는데, 躁症의 가능성을 잘 고려해 보아야 한다. Kelley와 King(1979a)의 대학생 내담자 집단에서는 주로 남자들만이 7-9/9-7 프로파일을 보였는데, 그들은 긴장되고 예민하며 의심이 많았고, 판단력 이상과 사고장애를 나타내며, 정신분열증으로 진단되는 예가 특히 많았다.

단독상승 8

척도8(정신분열증)만이 상승한 환자들은 대인관계를 잘할 줄 모르며, 수용할 수 없는 충동과 관련된 욕구만족 공상을 즐기며, 때로는 사고가 독창적이고 비범하나 괴팍한 경우가 많다. 때로 이 프로파일을 보이는 사람들이 지능도 우수하고 창의적인 경우(대개는 청소년)가 있으나, 기껏해야 추상적인 이론이나 철학적 흥미를 나타내는 정도이며, 비순응적인 경향을 가지고 있다. 성에 대한 집착과 성적 혼동이나 성과 관련되는 기태적인 공상을 즐기며, 대체로 정신적으로 혼란되어 있고 목표가 불분명하며, 우유부단하고 걱정이 많으며, 불만이 많고 불면증에 시달린다. 반드시 정신분열증적 사고장애의 가능성을 확인할 필요가 있으며, 때로는 실제로 정신병을 앓고 있어 비현실감, 기억력장애, 혼동되고 기태적인 사고나 망상 등을 보이는 경우가 있다. 환각의 체험이나 정신운동지체 및 현실회피성 등도 있을 수 있고, 이 부류의 환자 중에서 과거에 정신과 입원치료를 받은 경력을 가지고 있는 사람들이 많다.

8-9/9-8

8-9/9-8 상승척도쌍을 보이는 환자들은 이 두 척도가 T-점수 70보다 조금밖에 더 높지 않더라도 심한 병적 현상을 가지고 있는 것으로 알려지고 있다. 그들에게서 가장 공통적인 현상은 망상(특히 편집성)과 정서적 부적절성(inappropriateness)이며, 실제로 이 환자들의 70%는 정신병으로 진단된다. 과대망상과 환각이 나타나며, 퇴행과 投射가 주요 방어기제이고, 이들은 많은 시간을 자신에 대한 환상과 공상으로 보낸다. 주의집중과 사고의 곤란을 호소하며, 그들의 사고는 괴이하고 자폐적이며, 한 가지 화제나 생각에 오랫동안 집중하지 못한다. 사고와 행동의 면에서 상당한 퇴행의 인상을 주며 행동이 예측불허하고 기대하지 않았던 행동을 잘하며 자신의 행동을 적응적인 방법으로 조절하거나 조화롭게 할 줄 모른다. 정서적으로 흥분하기 쉽고 화를 잘내며, 적대적 · 충동적 · 거부적이다. 비현실감과 당혹감을 나타내며 장소나 시간에 대한 지남력의 상실을 보일 때가 있고, 현실검증력은 한계적(marginal)이다.

그들은 대인관계에서 의심성과 불신 및 타인의 동기에 대한 의문을 특징적으로 보이며, 타인과의 깊은 정서적 교류를 두려워하기 때문에 친밀한 대인관계 형성을 회피하며 일정한 거리를 유지한다. 성생활에 대한 내적 갈등이 심하고 성적 적응이 곤란하여 미국의 경우 이들 환자의 55%만이 결혼한 것으로 보고되고 있다(Marks *et al.*, 1974).

대개 이 프로파일을 보이는 환자들의 장애는 발병이 급속하고, 기간이 다른 프로파일 형태보다 짧으며, 절반 이상에서 과거에 다른 장애를 앓은 경력을 가지고 있다. 그들의 사회적 회피성과 대인관계에 대한 공포 때문에 치료작업에 어려움이 많고, 또한 그들은 한 화제에서 다른 화제로 재빨리 옮기기 때문에 치료적 관계에서 한 문제를 지속적으로 토론하기가 힘들다. 진단적으로는 조광증이나 정신분열증이 대표적으로 많고, 후자의 경우에는 편집형이나 분열성 정동형, 혹은 긴장형이 많다.

8-0/0-8

8-0/0-8 상승척도쌍을 보이는 환자들은 비교적 드물지만, 그들이 나타내는 문제는 대인관계에 관한 것이라는 공통점이 있다. 이 환자들은 대인관계를 기피하며 사회적으로 고립되어 있고 현실로부터 회피하여 있기를 좋아한다. 그들은 여하한 사교적 상황이나 관계에서도 매우 불편하게 느끼며, 일반적으로 말을 잘하지 않기 때문에 심리치료적 관

계형성이 매우 힘들다. 분열성 성격의 가능성이 많으므로 확인할 필요가 있다.

단독상승 9

척도9(조광증)만의 상승을 보이는 환자들은 충동적이고 과격행동을 보이며 적개심이 많고 대인관계의 곤란이나 범죄경력을 가지고 있는 경우가 많다. 그들은 외향적이고 적극적이며 사교적이나, 이들의 대인관계는 진실한 깊이나 친밀성이 결여되어 있다. 말이 많고 과잉활동적이며, 과대망상적 사고를 가지고 있고, 정서적 불안정이 심하고 과음하는 경향이 있으며, 원만한 직업적응이 곤란하고 때로 환시를 나타내기도 한다(김중술, 1980). 급성 경조증적 시기에 그들의 사고과정은 기태적 양상을 나타내며, 만일 그들의 과대망상적 계획을 방해하면 극단으로 호전적이 된다. 진단상으로는 성격장애(편집형, 경조증적 혹은 적응장애)와 정신병(정신분열증, 조울증)의 비율이 각각 비슷하며(42%), 예상과는 달리 조울증에 집중되어 있지 않다(김중술, 1980).

단독상승 0

척도0(사회적 내향성)만의 상승을 보이는 환자들은 어떤 형태의 대인관계도 불편하게 느끼는 사람들이다. 이와 같은 대인관계의 불편함이 분열성 성격이나 신경증, 혹은 단순히 생활형에 관한 선호에 기인한 것인가 하는 점은 환자의 과거력과 MMPI 검사 이유 등을 고려하여 판단해야 할 것이다.

7

MMPI 반응의 해석방법

지금까지 우리는 타당도 및 임상척도의 각 척도별 해석을 상승척도쌍까지 포함하여 집중적으로 고찰하였다. 심리검사를 사용하는 임상가는 마치 교향악단의 지휘자와 같아서, 어떤 검사가 어떤 목적에 어떤 종류의 정보를 제공해 주는지 잘 알고 있어야 한다. 원래 MMPI는 특성이론에 근거하여 제작된 검사이나(Gilberstadt & Duker, 1965), 해석체계의 제작과정에서 통계분석적(actuarial) 방법을 도입함으로써 다분히 행동측정적(behavioral assessment) 방법에 가까와졌다. 또 한 가지 잘 알아 두어야 할 사실은 MMPI 반응은 원칙적으로 환자(피검사자)의 생각을 나타내는 자료라는 것이다. 그 자료를 암호풀이(decoding)하여 숨겨진 무엇을 알아내겠다는 태도는 그것을 뒷받침할 만한 충분한 자료(근거)가 확보되기 전에는 수용되기 곤란할 것이다.

이 장에서는 MMPI 반응을 통하여 무엇(어떤 종류의 정보)을 알고자 하는가를 임상가가 먼저 결정할 것을 요구하며, 그 목적에 MMPI 자료를 여하히 활용할 수 있는가를 제시한다. 그것을 우리는 해석방법이라 부르자.

MMPI 프로파일 해석과정을 공부하기에 앞서 먼저 알아 두어야 할 몇 가지 사항들이 있다. 첫째로, 이 장에서 제시되는 해석과정들은 '무정보해석'(blind interpretation)으로서, 즉 환자에 대한 보충정보나 다른 자료 없이 시도된다. 그렇다고 하여 임상가가 실제 업무에서 그렇게 하라는 뜻은 결코 아니며, 여기에서는 다만 제한된 알고 있는 자료만으로 해석을 시도하기 위하여 그렇게 할 뿐이다. 이러한 과정을 통하여 독자는 MMPI 해석과정에서 어떤 자료가 필요한가를 알게 되고, 또한 MMPI를 통하여 어떤 정보를 얻을 수 있고, 혹은 얻을 수 없는지를 알 수 있게 된다. MMPI만으로는 임상가가 대답할 수 없는 문제가 분명히 있으며, 이 무정보해석을 통하여 임상가는 특수한 문제들을 대답하기 위하여 필요한 추가자료가 어떤 것인지를 절실하게 느끼게 된다.

둘째로, MMPI를 통하여 얻는 자료는 대부분의 임상자료와 마찬가지로 한 가지 이상의 해석이 가능하다. 실제로 임상가가 해야 할 일은 오직 한 가지만의 '정확한' 해석을 발견하는 것이 아니라, 경험적으로 검증되고 이론적으로 신뢰성 있는 프로파일 해석을 추구하는 작업이다. 이 장에서 제시하려고 하는 초점은 해석을 내리게 되는 과정을 밝히는 일이며, MMPI 반응은 각 프로파일마다 또 다른 해석이 가능하므로, 일단 독자가 이 장에서 설명하는 과정을 잘 이해하기만 한다면 그는 스스로 가장 신뢰성 있고 정확한 해석을 만들어 낼 수 있을 것이다. MMPI를 포함하여 다른 심리검사 반응을 해석할 때에도 이렇게 유식한 회의론자가 되는 것이 매우 필요하다.

대체적인 내용

MMPI를 포함하여 종합적인 심리학적 평가를 시행할 때에는 그 접근방법이나 해석방법에 대체적인 틀이 있다. MMPI는 이 전체적인 틀의 일부로서 유용한 정보를 제공하는데, 그러나 MMPI만을 가지고 심리학적 평가를 수행하여야 할 경우에도 종합적 평가의 경우에 사용하는 틀을 그대로 사용할 수 있겠는가 하는 데는 문제가 있다. 그렇게 하기에는 MMPI에서 얻을 수 있는 정보가 너무 제한되어 있음을 느끼지 않을 수 없는 것이다. Graham(1977)이 사용하는 틀(대체적인 내용)이 저자가 사용하는 방법과 매우 유사하여 여기에 소개하고자 한다.

(1) 환자의 검사태도는 어떠하며, 이 태도를 프로파일 해석에서 어떻게 고려해야 할 것인가?

(2) 이 환자의 대체적인 적응수준은 어느 정도인가?

(3) 이 환자에게서 어떤 행동(증상, 태도, 방어수단 등)을 유추하거나 예상할 수 있겠는가?

(4) 앞에서 기술한 행동의 저변에는 어떤 원인이나 심리적 역동이 잠재하고 있는가?

(5) 이 환자에게 가장 적절한 진단명은 무엇이겠는가?

(6) 어떤 치료방법이 이 환자에게 가장 적합하겠는가?

검사태도

피검사자의 검사태도를 알아보는 방법에는 양적 측면과 질적 측면의 두 가지가 있는데, 양적 측면의 지표로는 ?, L, F, K 등 네 개 타당도 지표들의 양상에 따른 해석방법이 있다.

검사태도에 있어서 질적 측면이란 양적인 점수나 지수에 근거한 추론을 강화해 주는 역할을 하는 것으로서, 그 첫째는 검사에 소요된 시간이다. 대개의 피검사자들은 70분 내지는 90분 정도면 MMPI를 끝낼 수 있는데, 이보다 훨씬 더 많은 시간을 소요하는 사람들은 강박증이 심하여 우유부단하거나, 정신-운동 기능이 지체되어 있거나, 혼란되어 있거나, 혹은 검사에 대한 수동적인 저항을 보이는 사람일 수 있다. 반대로 지나치게 빠른 시간내에 끝내는 사람들은 검사문항에 충동적으로 답했거나, 문장을 잘 읽지 않았거나, 혹은 충분히 생각하지 않고 답한 사람들일 수 있다.

MMPI 검사장면에서 때로는 매우 긴장하거나 안절부절하거나 혹은 불안해지는 피검사자가 있는데, 그 같은 행동은 다른 스트레스 상황에서도 그렇게 행동하리라는 것을 말해 주는 것이 된다. 어떤 피검사자들은 매우 강박적이어서 답안지의 여백에 문항의 답에 대한 보충설명이나 해설을 써넣는 사람들이 있다. 특히 ×표의 필체가 때로는 그 사람의 성격이나 현재의 심리적 상태를 나타내는 데 하나의 중요한 단서가 되는 경우도 있다.

적응수준

심리적 적응수준에는 두 가지 중요한 구성요소가 있는데, 첫째는 그 사람이 얼마나 정서적으로 편안한가 혹은 불편한가 하는 것이고, 둘째는 그의 갈등 여부를 막론하고 그 사람이 자기 생활상황에서 책임을 얼마나 충실히 수행하고 있는가 하는 것이다. 대부분의 사람들에게 이 두 가지는 매우 상관이 깊은 것이어서, 심리적으로 편안한 사람은 기능도 잘하고, 불편한 사람은 기능도 저조하다. 그러나 어떤 사람들(실례로 일부 신경증적)은 심리적 불편이나 고통이 심함에도 불구하고 적절한 기능을 유지하고 있는 경우가 있는가 하면, 또 어떤 사람들(실례로 만성 정신분열증적)은 책임수행에 심한 곤란이 있음에도 불구하고 아무런 정서적 불편을 느끼지 않는 경우도 있다. MMPI에 관한 임상적 경험이나 연구결과를 통하여 이 두 가지 측면의 적응정도를 다분히 추측할 수 있다.

MMPI에서 정신적으로 비정상적인 정도를 나타내는 가장 좋은 단독지표는 F척도라 하겠다. 임상척도를 무효화시킬 만한 비정상적 반응태도나 반응양식(가령, 비정상적 상태를 나타내는 문항들에만 전부 그렇다고 응답하는 분노에 가득 찬 청소년의 경우처럼)만 감별할 수 있다면 높은 F척도 점수는 심한 정서적 혼란이나 기능장애를 의미하며 급성 정신병적 상태나 혹은 심한 환경적 스트레스를 겪고 있는 사람(신경증적 환자를 포함)을 나타낸다. 그러나 일부 정신병적(혹은 신경증적) 환자들, 특히 만성 환자들에서는 F척도가 높이 상승하지 않는 경우도 있다.

그밖에 T-점수 70 이상으로 상승한 임상척도의 수, 프로파일의 기울기(정적 혹은 부적), Welsh의 불안척도(A), Barron의 자아강도척도(Es) 및 Goldberg(1965) 지표(L + Pa + Sc − Hy − Pt) 등도 정신병리의 정도를 평가하는 데 도움이 된다.

성격특성이나 특징적인 행동

이 단계의 해석에 있어서 임상가의 목표는 환자의 증상, 성격특성, 행동, 태도 및 방어기제 등을 면밀히 고찰하여 환자가 어떤 사람인가를 대체적으로 파악하는 일이다. 문제는 특성이론을 기초로 한 정신역동적 개념에 입각하여 설명하는가, 아니면 상태(state)기술을 기초로 설명하는가 하는 것이다. Graham(1977)은 전자의 입장에서 주로 다음과 같은 사항에 관하여 추론을 시도하고 있다.

(1) 증상
(2) 주요 욕구들(의존성, 성취욕구, 자율성 등)
(3) 환경에 대한 지각, 특히 환자의 생활상황에서의 중요 인물들을 중심으로
(4) 스트레스에 대한 반응(대응전략, 방어기제 등)
(5) 자아개념
(6) 性的 동일시
(7) 정서적 통제기능
(8) 대인관계 양상
(9) 심리적 잠재능력

행동이론적 입장에서 환자기술에 관한 포괄적인 틀로는 Lazarus(1981)의 BASIC ID가 대표적이라 할 수 있겠는데, 즉 행동(behavior), 감정(affect), 감각(sensation), 심상

(imagery), 사고(cognition), 대인관계(interpersonal) 및 신체적 요인(drug/biology)에 관한 기술이다.

이와 같은 제반현상에 관한 추론은 타당도 및 임상척도들의 분석을 통하여 이루어지는 바, 그 상세한 절차는 앞으로 '해석과정' 부분에서 설명할 것이다. 한 가지 알아 둘 사항으로, 환자에 관한 어떤 종류의 추론은 척도점수에서 직접 얻을 수 없는 경우가 있는데, 이런 때에는 척도해석을 통하여 환자의 특성이나 행동에 대한 기본적인 이해를 시도한 후에, 그것을 기초로 하여 보다 고차적인 추론을 유도해 내는 방법이 있다. 한 가지 예를 든다면, 현재로서는 어떤 환자의 자살기도를 예측할 수 있는 MMPI 척도지수를 발견하지 못하고 있는데, 그러나 만일 특정환자의 MMPI로부터 그가 극도로 우울하고, 안절부절하며, 정서적으로 불안정하고, 충동적이며, 판단력이 약화되어 있다는 추론을 얻을 수 있다면, 그 사람은 다른 환자들보다 자살기도를 감행할 확률이 높을 것이라는 고차적인 추론이 가능하다. MMPI 해석애 있어서 이와 같은 고차적인 추론이 때로 가능한 경우가 있다 하더라도, 보다 덜 추리적이며 보다 더 직접적으로 MMPI 척도점수에서 얻을 수 있는 어떤 추론이 있다면 그것을 우리는 더 중요시해야 함은 물론이다.

역동적 관계 및 원인

심리학적 평가상황에서 임상가는 환자의 드러난 행동특징만을 기술하는 것이 아니라 그 같은 행동의 저변에 깔려 있는 역동적 관계나, 특수한 문제 혹은 상태의 원인에 관해서도 어떤 추론을 시도하는 것이 필요하다. 이때 행동이론적 입장에서는 선행요인 및 강화적 효과를 제공하는 결과요인을 중심으로 이루어진 학습이론을 기초로 하는 추론을 시도하며, 정신분석적 입장에서는 무의식을 중심으로 구성된 역동적 관계에 관한 경험적 추론을 시도하게 된다. 이 모두를 할 수 있기 위해서는 정신역동과 관련되는 정신분석적 이론과 더불어 행동이론적 접근방법에 관한 광범위한 지식이 필요하다. 또한 이와 같은 고차적 추론형성을 하기 위해서는 MMPI 자료뿐만 아니라 다른 검사결과 및 비검사적 자료(면담, 과거력 등)들도 반드시 함께 고찰할 줄 알아야 한다.

진 단

정신과적 진단 자체의 필요성에 관해서 부정적 의견을 제시하는 일부 임상가도 있지만, 대개의 경우(특히 한국에서) 심리검사 의뢰의 주된 목적은 정신과적 진단이다. 또한 보험청구나 장애 정도의 평가 등을 위해서도 진단이 요구되는 경우가 많으므로 진단적 소견을 빼놓을 수 없다. 대개의 MMPI 해석에는 진단적 소견이 구체적으로 제시되거나 혹은 암시되어 있거니와, 특히 프로파일의 기울기(부적 혹은 정적)나 특수척도(예컨대 Es와 같은 것) 등이 중요한 자료가 될 수 있다. MMPI 해석의 모든 다른 측면과 마찬가지로 이 경우에도 MMPI 결과만으로 진단적 소견을 제시하는 것은 바람직하지 못하며, 반드시 다른 검사결과나 다른 자료들(과거력, 임상적 관찰 등)도 충분히 검토하여야 한다.

치 료

대부분의 심리학적 평가에 있어서 그 1차적 목적은 치료와 관계되는 유익한 정보 혹은 권고를 제시하는 데 있다. 우선 그 사람을 치료대상자로 받아들일 것인가 하는 문제부터 결정해야 한다. 그 같은 결정을 내리기 위해서는 현재 그 사람이 얼마나 치료를 필요로 하는 상태에 있는가 하는 것과, 제공될 수 있는 치료방법이 그 사람에게 얼마나 효과 있겠는가 하는 것에 대한 임상적 판단이 필요하다. 다양한 여러 가지 치료법이 가능한 상황이라면 특정 환자에게 가장 적절한 치료방법이 어떤 것이겠는가 하는 것을 결정하는 데 심리학적 평가가 도움이 될 수 있다. 심리평가를 하기 전에 치료 대상자로 이미 받아들인 경우라면 치료에서 고려되어야 할 문제영역에 대한 정보를 제공하고, 치료에 도움이 되거나 혹은 방해가 될 수 있는 그 사람의 자질(assets)이나 취약점(liabilities)에 대하여 치료자로 하여금 관심을 갖게 하는 데 심리학적 평가가 중요한 공헌을 할 수 있다.

자아강도척도(Ego strength, Es)가 신경증 환자에서는 전통적인 개인 심리치료가 효과 있을 것으로 예측하는 데 도움을 주지만, 다른 종류의 환자나 치료법과의 관계에서는 그 효과를 예측하는 데 분명치 않다. 통제척도(Control, Cn)는 입원치료보다 외래치료가 더 효과 있음을 나타낸다.

앞에서 특징적인 성격특성이나 행동에 관한 설명에서도 언급하였다시피, 대개의 경우 치료에 관한 추론은 MMPI의 어느 특정 척도의 점수나 척도형태로부터 직접 얻어지는 것이 아니라 피검사자에 대하여 이미 형성된 다른 추론들을 근거로 한 고차적인 해석이다. 가령, 어떤 환자의 MMPI 반응에서 그가 매우 심리적인 고통을 많이 겪고 있는 것으로 보인다면 그것으로부터 우리는 치료를 통한 어떤 변화에 대한 동기가 그에게 강할 것으로 추론할 수 있다. 반면에 어떤 환자가 자신의 행동에 대한 책임을 받아들이기 거부하고 자신의 문제나 단점을 다른 사람의 탓으로 돌리기 좋아하는 것으로 해석된다면, 전통적인 심리치료에 대한 예후는 비교적 좋지 못할 것으로 생각할 수 있다. 특히 환자가 치료자와 치료적 관계형성을 할 수 있는 능력이 있는가 혹은 감정이입적 능력이 어느 정도 되는가 하는 문제에 대한 정보를 MMPI 해석을 통하여 얻을 수 있다.

MMPI 해석과정

심리검사란 마술지팡이가 아니며, 임상심리학자는 결코 점장이가 아니다. 임상적 및 발달·환경적 자료가 함께 하지 않는 심리검사 해석은 원칙적으로 불가능한 것이며, 그것은 MMPI의 경우에도 마찬가지다. 우리는 각 척도에 대한 설명의 장에서 지능, 교육수준 및 기타 사회적 여건들이 척도해석에 주는 영향에 관하여 이미 알아본 적이 있다. 적어도 환자의 성별, 연령 및 교육수준에 따라 참조해야 하는 척도별 환산표가 달라진다. 따라서 기본적인 신상자료(demographic data)를 반드시 알아야만 임상가는 의미 있는(타당한) 프로파일 해석이 가능하다.

프로파일 해석의 첫번째 단계는 우선 각 타당도 및 임상척도에 대한 환자의 점수를 검토하는 일이다. 각 척도마다 임상가는 이 점수가 이 특정 환자에게 있어서 정상범위에 속하는 것인가 아니면 비정상범위에 속하는 것인가, 그리고 각 척도에 대한 이 범위의 점수가 무엇을 의미하는가를 잘 생각해 보아야 한다. 한 가지 명심해야 할 중요한 사항은 어떤 척도에서 정상범위에 속하는 점수가 경우에 따라서는 비정상범위에 속하는 점수만큼이나 비정상적일 수 있다는 사실이다. 예를 들어, 최근에 아주 난폭하고 기태적인 범죄를 저지를 환자가 있을 때 그의 MMPI 반응에서 아무런 죄책감이나 뉘우침이나 혹은 우울한 기분을 나타내는 양상도 찾아볼 수 없다면, 이 '정상적인' 점수들은 그 환자의 성격구조나 치료적 행동변화의 가능성에 대하여 매우 중요한 정보를 제공해 주는 것이 된다.

프로파일 해석의 두번째 단계는 척도별 연관성(혹은 인과성)에 대한 분석이다. 즉 각 점수가 의미하는 바와 있을 수 있는 가설들을 종합하여, 임상가는 어느 특정척도의 점수를 근거로 하여 다른 척도들에 대한 예측을 시도해야 한다. 가령 L, K척도가 상승했을 경우에는 모든 임상척도들이 다소 덜 상승했을 가능성을 생각해야 하는 것으로, 그 이유는 L과 K척도가 나타내는 방어적인 태도가 임상척도들이 측정하는 병적 현상을 어느 정도 은폐해 줄 수 있기 때문이다. 이때 임상가는 임상척도 점수들이 실제보다 다소 낮아진 것으로 알고 해석할 필요가 있으며, 그것이 적절한 방법이다.

이 과정에서 우리는 타당도 및 임상척도들로부터 얻어진 자료간의 일관성 여부를 발견하게 된다. 비일관적인 자료를 보이지 않는 프로파일이란 매우 드문 것이며, 그것에서 비롯되는 상반된 추론을 해결하는 과정이 프로파일 해석에서는 매우 중요하다. 환자의 신상자료와 맞지 않는 타당도 및 임상척도의 정보도 이때 잘 검토할 필요가 있다. 때로 이와 같은 여러 자료들간의 비일관성에서 그 환자의 특징적인 행동 혹은 특성에 관한 가설을 얻을 수 있으며, 이것은 중요한 임상적 해석의 기초가 된다.

프로파일 해석의 세번째 분석단계는 척도간의 응집 혹은 분산을 찾아보고 그에 따르는 해석적 가설을 형성하는 일이다. 여러 측면에서 이것은 가장 보편적인 해석방법이라 할 수 있는 것으로서, 그것의 가장 단순한 형태가 두 개 척도간의 관계만을 대상으로 하는 해석법이다. 만일 고려의 대상이 되는 두 개 척도가 가장 높거나 혹은 가장 비정상적인 임상척도들이라면 MMPI 해석체계의 핵심인 상승척도쌍의 분석을 할 수 있다. 이 같은 분석을 위해서는 적어도 두 개의 임상척도가 T-점수 70 이상으로 상승하는 것을 원칙으로 하며, 때로는 하나만 T-점수 70 이상으로 상승하는 단독 상승척도 프로파일의 경우도 있다. 일단 프로파일의 상승척도쌍이 결정되면 해석은 그 환자가 속하는 참조집단에서 이 특정 상승척도쌍에 대하여 기술한 설명부분을 찾아 적용하면 되는 것이다.

상승척도쌍에 관한 해석법에서 그 프로파일에 맞는 설명을 선택하는 데 고려하여야 할 몇 가지 문제점들이 있다. 첫째는 상승척도쌍에서 두 척도간의 순서가 해석에 차이를 가져오는가 하는 것과, 사용하고 있는 참조문헌에서 이 상승척도쌍내의 순서에 차이를 두었는가 하는 점이다(척도순서가 중요한 상승척도쌍에 관해서는 제6장에서 언급한 바 있다). 상승척도쌍에서의 척도순서가 어느 해석체계에서도 기본적인 것이라고 할 수 있지만, 간단히 계산해 보면 실제로 이 같은 체계를 제작한다는 것이 얼마나 어려운 일인가를 알 수 있다. 10개의 임상척도가 이루는 조합을 기초로 하여 상승척도쌍의 체계를 만든다고 할 경우, 그때 있을 수 있는 상승척도쌍의 수는 45개이다 〔(10 × 9) ÷ 2 = 45〕. 성별(남자, 여자), 연령(청소년, 장년, 노년) 및 사회적 계층(상, 중, 하)을 통제하여 최소한 각 집단마다 10명씩 잡는다면 8,000명 이상의 표집을 필요로 한다(2 × 3 × 3 × 10 × 45 = 8,100). 여기에 척도간의 순서를 통제한다면 이때 필요한 사람의 수가 배가 된다. 만일 이들 집단의 일부를 좀더 세분할 필요가 있다거나, 혹은 검사이유나 인종별과 같은 다른 변인들까지 포함시킨다면 해석체계에 필요한 사람의 수는 금방 천문학적으로 된다. 따라서 임상가는 각 해석체계가 어떻게 제작되었는지를 알아야 하며, 각 체계가 제공하는 자료의 한계내에서 해석하지 않으면 안 된다. 척도순서의 중요성에 대한 가장 좋은 예는 3-4와 4-3 상승척도쌍 이라고 할 수 있다. 이 두 상승척도는 매우 다른 집단을 나타내므로 정확한 해석을 위해서는 어느 척도가 더 높은가를 아는 것이 반드시 필요하며, 이 두 상승척도쌍을 구별하지 않는 해석체계는 모순되는 자료를 바탕으로 한 가지 해석만을 시도한 것이 되기 쉽다.

상승척도 해석상의 두번째 문제는 해석체계의 기초가 된 기준집단이다. 현재 나와 있는 해석체계를 제작할 때 사용되었던 기준집단으로는 남자 재향군인 환자(Gilberstadt, 1970: Gilberstadt & Duker, 1965), 청소년(Marks, Seeman, & Haller, 1974), 정신과 입원환자(Gynther, Altman, & Sletten, 1973; Lachar, 1974; Marks *et al.*, 1974), 광범위한 진단적 및 정신병리적 집단(Lanyon, 1968) 및 대학생(Drake & Oetting, 1959; Kelley & King, 1978, 1979a, 1979b, 1979c; King & Kelley, 1977a, 1977b) 등이다. 이 외에 상승척도쌍에 관하여 일반적인 해석자료를 제공하는 참고저서로는 Dahlstrom, Welsh와 Dahlstrom(1972), Duckworth와 Duckworth(1975), Good와 Brantner(1961, 1974), Graham(1977, 1990), Lachar(1974) 및 Greene(1980, 1991) 등의 저서가 있다. 해석하려는 프로파일의 환자가 앞에서 소개한 기준집단의 어느 하나와 맞을 때는 임상가는 거기에 해당하는 참고저서를 찾아보면 된다. 그와 같은 정보가 임상가 자신이 속하고 있는 기관이나 지역에서 얻어진 것이라면 훨씬 더 효율적이다. 많은 지역에서 이 같은 목표가 달성되기는 어렵겠지만, MMPI를 철저하게 연구하려는 사람들은 지역별 환자집단에 대하여 가능한 한 많은 정보를 수집하지 않으면 안 된다. 대부분의 임상가들이 지역별 해석체계를 만들 수 있을 정도로 충분히 많은 수의 환자를 접할 수는 없을 것이므로, 최선의 방법은 가장 적용범위가 넓은 체계를 적절히 수정하여 사용하는 길이다.

상승척도쌍의 해석과 관련되는 세번째 문제는 척도의 상승정도이다. 약간의 예외도 있으나(Gilberstadt & Duker, 1965), 대부분의 해석체계에서는 상승척도쌍으로 규정짓는 보편적인 기준치인 T-점수 70 이상으로 상승한 척도들간에 특별한 해석상의 차이를 두지 않는다. 그렇다고 하여 그와 같은 체계 제작자들이 T-점수 70 이상으로 상승한 척도들간에 차등을 두는 것이 중요하지 않다고 생각하는 것은 아니다. 실제로 문제는 얼마나 많은 변인들을 한 체계에서 다룰 수 있는가 하는 것과, 동시에 그것들을 어떻게 충분히 통제하는가 하는 문제이다. 그러므로 임상가는 상승척도쌍의 상승정도를 고려하여야 할 필요성은 인정하면서도 그 방법에 대한 경험적인 지식이 부족한 상태에 있다. 어떤 상승척도쌍들(예를 들어, 4-9/9-4)에 있어서는 T-점수 10 내지 20점 정도의 차이는 임상적인 중요성이 별로 없으나, 다른 상승척도쌍들(예를 들어, 7-8/8-7)에 있어서는 그와 같은 차이를 무시할 수 없다. 어느 정도까지는 상승척도쌍의 상승도가 높을수록 환자가 경험하거나 보고하는 어려움이 더 많으며, 그의 정신병리는 자아배타적(ego alien) 혹은 자아 비수용적(ego dystonic)이다. 성격장애자들에 있어서는 상승척도가 높을수록 병적 현상이 더욱 뿌리 깊고 변화(치료)에 저항적임을 의미한다. 이같이 단순한 사례를 제외하고, 상승척도쌍에서 상승도의 중요성이란 앞으로 연구가 필요한 하나의 과제일 뿐이다.

일단 상승척도쌍의 해석 중에서 적절한 표현을 선택한 다음에는 그 같은 해석의 주인공이 되는 환자가 과연 어떤 종류의 사람일까에 대하여 임상가는 또다시 여러 가지 가설을 생각할 수 있다. 상승척도쌍의 해석에서 발췌한 표현을 각 개별척도의 해석과 비교하여 서로 들어맞는 것과 맞지 않는 것을 찾아보아 맞는 것은 그만큼 환자의 중요한 특징점을 잘 밝히는 것이라 할 수 있고 맞지 않는 것들은 더 주의 깊게 검토할 필요가 있는 영역이라 할 수 있을 것이다. 어느 해석단계에서든지 임상가는 어떤 한가지 특징이나 측면에만 관심을 집중하고 나머지 자료에 대해서는 무시하거나, 편견을 가지거나, 혹은 잘못 해석하게 되는 일이 없도록 유의하는 일이 극히 중요하다. 임상가는 검사자료로부터 또 다른 추론적 가설을 생각해 보려는 태도가 항상 되어 있지 않으면 안 된다. 흔히, 초보 임상가는 검사자료를 해석함에 있어서 어느 한가지 특징이나 측면을 중요한 것으로 선책한 후에, 그 다음부터는 그 지각적 틀에서 벗어나지를 못한다. 그렇게 하기보다 자기가 설정한 추론과 맞지 않는 점을 시인하고 검사결과가 제시하는 자료와 보다 더 잘 맞는 다른 추론을 생각해 보는 태도를 갖지 않으면 안 되는 것이다. 뿐만 아니라, 가능한 최선의 추론을 선택했다고 생각하며 다른 추론들은 모두 가치 없다고 버린 뒤에라도, 얼마 후에 편견 없는 마음으로 그 자료를 다시 한번 검토해 볼 필요가 있다.

프로파일 해석의 네번째 단계는 매우 낮은 임상척도에 대한 검토이다. 흔히 MMPI 해석을 처음 시작하는 임상가들은 상승척도쌍이나 혹은 그밖에 높이 올라간 부분에만 주의를 기울일 뿐 프로파일의 낮은 점수에 대해서는 등한히하는 경향이 있다. 그러나 일부 척도들에 있어서는 낮은 점수가 특별히 의미 있는 경우가 있음을 제5장에서 고찰한 바 있고, 심지어 어떤 MMPI 해석가들은 낮은 점수에 주의를 기울이는 것이 그 환자가 방어하려 하고 나타내 보이지 않으려고 하는 행동의 종류를 알 수 있는 방법이라 주장하기도 한다(Duckworth & Duckworth, 1975). 뿐만 아니라, 어떤 상승척도의 경우에는 낮은 점수가 의미하는 것이 높은 점수가 의미하는 것과 반대되는 측면을 나타내지도 않는다. 따라서 임상가는 프로파일의 낮은 점수에도 충분한 주의를 기울여야 하며, 또한 낮은 점수의 해석은 일반적으로 낮은 척도의 상대적 높이가 아니라 절대적 높이에 근거함을 명심해야 한다. 예를 들어 척도3(히스테리)에서 T-점수 47이 가장 낮은 점수인 경우와 T-점수 31이 가장 낮은 점수인 경우가 있을 때, 이 점수들은 그 환자에게 동일한 잠재적 문제영역을 나타내는 것이라고는 할 수 없으며, 후자가 훨씬 더 드문 현상으로서 임상적으로도 더 중요한 의미를 가진다.

MMPI를 사용하는 임상가들 중에는 상승척도쌍뿐만 아니라 상승척도 세 쌍에 대해서도 해석법을 논하는 사람들이 있다(Duckworth & Duckworth, 1975). 이 방법은 상승척도쌍의 체계에서는 다루지 않는 정보에 관심을 가지고 어느 특정 상승척도쌍내에서 소집단간의 차이점 혹은 특수성을 나타내 보려는 시도라 하겠다. 상승척도 세 쌍의 분석에 대한 이와 같은 방법은 척도형태의 분석이 아니라 상승척도쌍 체계에 척도 하나를 더 붙이는 해석법이 된다. 그러므로 상승척도쌍 분석에 관하여 앞에서 논의한 모든 절차나 문제점들이 똑같이 상승척도 세 쌍에게도 적용된다. 어떤 학자들(Gynther *et al.*, 1973)은 상승척도 세 쌍의 행동특성을 반복 검증하였을 때 마지막 척도를 떼어 낸 상승척도쌍의 행동특성과 아무런 차이를 발견할 수 없었다. 예를 들어, Gynther 등은 2-1-3 상승척도 세 쌍의 행동특성이 2-1 상승척도쌍의 행동특성과 의미 있는 차이가 없음을 발견하였다.

MMPI 프로파일 분석의 다섯번째 단계는 타당도 및 임상척도에 대한 형태적 분석이다. 이 단계의 분석에서는 척도를 집단으로 묶어서 고찰하는 것으로서, 대표적인 방법으로 세 쌍을 동시에 고찰하는 방법이 있다. 형태분석의 가장 좋은 실례로는 L, F, K 척도, 혹은 척도1(건강염려증), 2(우울증), 3(히스테리)을 묶어서 해석하는 경우를 들 수 있는데, 이와 같은 분석에서는 상승척도 세 쌍의 전반적인 상승도뿐만 아니라 세 쌍 내에서 각 척도의 상대적인 상승정도도 고려해야 하므로 그 분석이 더욱 복잡해진다. 이 분석법의 첫째 단계는 척도형태내에서 각 척도의 상승정도에 따르는 행동 및 임상적 특성을 면밀히 고찰하는 일이다. 다음에는 이렇게 해서 얻어진 각각의 정보를 전체적으로 본 척도형태의 해석으로 종합하고 통합시키는 일로서, 이 두번째 단계를 수행할 때에는 척도형태를 실제로 제시된 여러 실례들과 되도록 근사하게 맞추어 보는 것이 필요하다. 분석하고 있는 척도형태가 실제로 보는 실례와 잘 맞을수록 그때의 경험적 및 임상적 특성들이 그 환자를 더 잘 그리고 더욱 정확하게 기술하게 됨은 물론이다. 다음에는 형태분석으로부터 얻어진 추론들이 지금까지 알려진 다른 정보들과 일치하는가 일치하지 않는가를 검토하여야 하며, 일치되는 추론이 환자의 중요한 특징을 가장 잘 나타내는 것으로 간주해야 한다. 이 과정에서 전혀 일치하지 않는 추론들은 잘 기억해 두었다가 전체 자료에 관한 해석을 보고하는 과정에서 언급해 주는 것이 필요하다.

MMPI 해석의 최종단계는 전체 프로파일에 대한 형태적 분석이다. 이 분석은 대개 임상척도에 국한하게 되는데, 타당도 척도들은 앞에서 언급한 상승척도 세 쌍의 형태분석에서 취급되기 때문이다. 전체적 형태분석에서 주로 고려하게 되는 프로파일의 특징점은 척도들의 상승도, 기울기 및 굴곡이다.

임상척도의 전반적인 상승도는 그 환자가 얼마나 고통을 심하게 겪고 있는가 하는 것과, 그 환자가 시인하고 있는 증상들이 얼마나 자아 배타적이거나 혹은 자아 비수용적인가 하는 것을 비교적 잘 나타내는 것이 된다. 즉, 임상척도의 상승도가 심할수록 환자는 더욱 아프다고 말하고 있는 것이다. 때로는 '구원의 호소' (cry for help)를 외치는 환자들이 보다 빨리 도움을 받기 위하여 그들의 증상을 지나치게 과장하는 경우도 있다. 이런 사람들의 전체 프로파일은 너무나 높이 상승된 나머지 어떤 해석체계를 적용하든 무효로 분류되는 때가 많다. 그러나 일반적으로 임상척도가 전반적으로 높을수록 그 환자가 겪고 있는 고통이 더욱 심하고 그 환자는 원래 척도제작 과정에서 기준으로 삼았던 진단집단과 더욱 유사하다고 할 수 있다.

만일 어떤 환자에게 MMPI를 연속적으로 시행하였을 때, 그리고 그 사람이 신경증 혹은 정신병 환자라고 한다면, 그의 임상척도는 어떤 특징적인 상승모형을 나타내게 될 것이다. 정신병일 경우에는 전체 프로파일의 점차적 혹은 갑작스런 상승이 나타나고, 그것은 증상의 발현과 상응한다. 만일 그 같은 상태가 장기화되면 상승척도는 점차적으로 감소하게 되는데, 그 같은 감소가 처음에는 신경증 세 척도(척도 1, 2, 3)에서만 나타나고 정신병 네 척도(척도 6, 7, 8, 9)는 여전히 상승상태를 유지한다. 그러나 정신병적 증상들이 환자의 성격에 점차 통합되어지면 정신병 네 척도에서도 그 상승정도가 감소하여 상승된 임상척도는 하나도 없게 된다. 따라서 이런 경우에 보충자료(혹은 정보)가 없다면 만성 정신병 환자의 프로파일과 정상인의 프로파일을 구별하기란 매우 어렵다. 이 같은 현상에 관심이 있는 심리학도는 Lanyon(1968)의 저서에서 만성 정신분열증 환자와 정상인의 평균 프로파일을 비교하여 보면 알 수 있는데, 실제로 이 양자간에 아무런 차이도 발견되지 않는다. 신경증의 경우에는 증상의 발현에 상응하는 신경증 세 척도의 상승이 나타나고, 증세가 심하여질수록 정신병 네 척도의 상승정도도 동시에 증가하나 T-점수 75 이상으로 크게 오르지는 않는다. 신경증적 증세가 약화될수록 이 같은 순서가 점차 거꾸로 일어나고, 결국은 정상 프로파일로 돌아간다.

MMPI 프로파일의 기울기에 대한 해석은 주로 신경증 세 척도와 정신병 네 척도간의 관계를 근거로 한다. 정적 기울기(positive slope)란 정신병 네 척도가 신경증 세 척도보다 더 높이 상승한 상태를 말하며, 부적 기울기(negative slope)란 이들 두 척도군간에 이와 반대되는 관계가 있는 것을 의미한다. 정적 기울기는 대개 환자의 충동억제력이 제한되어 있거나, 현실과의 관계가 손상되어 있거나, 그밖에 지남력의 상실 및 혼란상태를 수반한 심리적 장애가 있을 때 잘 나타난다. 다시 말하여, 정적 기울기는 일반적으로 정신병적 장애와 관련이 있고, 특히 상승도를 기울기와 함께 고려할 경우에 그러하다. 부적 기울기는 불안증, 우울증, 사기저하 및 여러 가지 신체적 증상을 주로 보이면서 정신병적 왜곡현상이 없는 급성 심리적 장애의 경우를 잘 나타난다. 정적 기울기든 부적 기울기든 프로파일의 일반적인 상승도는 그 환자가 실제로 체험하고 있는 불편이나 장애의 심한 정도에 상응한다. 상승도가 낮으면서 기울기가 전혀 없는 프로파일(납작한 프로파일)은 정상인이든가, 아니면 만성 정신병을 앓고 있는 환자들에게서 전형적으로 볼 수 있다. 상승도가 높으면서 기울기가 전혀 없는 프로파일은 흔히 경계선적 상태라고 불리는 심리적 장애의 환자들에게서 특징적으로 볼 수 있는데, 이들은 정신병적 증상을 여러 가지 가지고 있음에도 불구하고 실제로 진단상 분명한 정신병적 장애는 잘 나타내지 않는다.

8
특 수 척 도

MMPI의 550개 문항을 기초로 정상집단과 어떤 기준집단간의 반응을 비교하여 얻어진 특수척도는 무려 450가지 이상이 된다(Dahlstrom, Welsh & Dahlstrom, 1975). 이 중에는 너무 한정적이거나 전문화되어 광범위하게 사용할 수 없는 것이 많고, 어떤 것들은 교차타당도 검증이 되어 있지 않은 것들도 있다. 이 장에서는 일반적으로 널리 쓰여지고 있고 한국에서도 사용해 볼 만한 특수척도만을 소개하기로 한다.

아직도 한국에서는 특수척도의 제작은 물론 그 사용마저도 매우 저조하다. 특수척도에 관심 있는 임상가들은 특수척도 제작방법론에 관한 Clopton(1974, 1978b, 1979a; Clopton & Neuringer, 1977)의 논문들과, 특히 MMPI 연구와 관련된 방법론적 문제점에 관한 Butcher와 Tellegen(1978)의 논문을 반드시 읽어 보기 바란다. 흔히 사용되고 있는 특수척도들이 표준타당도 및 임상척도들에서 이미 제시되고 있는 정보들을 불필요하게 중복시키고 있지는 않는가 하는 문제도 충분히 연구되어 있지 않다. Caldwell(1970)은 표준타당도 및 임상척도만을 사용하여도 특수척도들이 제공하는 정보를 예측할 수 있는 경우가 많으므로 특수척도들이 실제로 어떤 정보를 더 보태어 줄 수 있는지 의심스럽다고 언급한 적이 있다. 이와 같이 특수척도와 표준타당도 및 임상척도들간의 중복가능성의 문제는 앞으로 더 연구해 볼 필요가 있다. 저자는 여기에서 비교적 보편적으로 사용되고 있으며 규준자료가 확실한 일부 척도만을 소개하고 그에 수반되는 문제점을 논의하고자 한다.

Welsh 불안(A) 및 억압(R)척도

MMPI 임상척도에 대한 요인분석적 연구들에서는 시종일관 두 개의 요인이 지적되고 있는데(Block, 1965; Eichman, 1961, 1962; Welsh, 1956), 이들에 대한 명칭이나 해석도 다양하다. Welsh는 이 두 개 요인을 측정하는 도구로 불안(A)척도와 억압(R)척도를 만들었다. 첫째 요인은 두 가지로 해석될 수 있는데, 어느 해석이 더 적절한가를 두고 거의 10년간이나 학자들간에 논란이 있어 왔다. Welsh에 따르면 이 요인은 척도 7(강박증)과 8(정신분열증)에서 높은 正的 부하를, K척도에서는 높은 負的 부하를 가지고 있고 불안(Welsh, 1956), 자아탄력성의 부족(Block, 1965), 또는 일반적 부적응(Tyler, 1951)이라 불리는 성격요인을 나타내는 것으로 알려지고 있다. 다른 한편으로는 이 척도가 사회적 만족성(social desirability)(Edwards & Diers, 1962) 또는 편차가설(deviation hypothesis)(Berg, 1955, 1957)이라 불리는 반응편중 요인을 나타내는 것으로 주장되고 있기도 하다. 편차가설에 있어서는 실제 문항내용이나 성격특징들이 중요한 것이 아니라 전반적인 반응경향이 그 환자가 어느 문항을 응답하는가 하지 않는가를 결정짓는 가장 중요한 요인이 된다. 10여 년간의 논란 끝에 Block(1965)은 반응편중을 일으킬 수 있는 요소, 특히 사회적 만족성과 순종성을 통제할 때 MMPI의 요인구조에는 실제로 아무런 변화도 생기지 않음을 입증하였다. Jackson(1967)은 Block의 연구에 대하여 몇 가지 방법론적인 문제를 제기했지만 대부분의 학자들은 Block의 연구를 통하여 첫째 요인을 반응편중 요인보다는 성격요인으로 해석하는 것이 타당하다는 생각을 가지고 있다. 비교적 최근에 와서 Shweder(1977a, 1977b)가 첫째 요인은 성격요인이 아니라 검사문항간의 개념적 연계성을 나타내는 것이라고 주장함으로써 이에 관한 논란을 다시 불러일으켰다. 이 문제에 대하여 더 알고 싶은 사람은 Shweder(1977a)가 제시한 해석, 이에 대한 Block(1977)과 Edwards(1977)의 답변, 그리고 Block과 Edwards에 대한 Shweder(1977b)의 답변 등을 읽어 보기 바란다. Dahlstrom 등(1975)은 MMPI의 주요 변량에 대한 심층분석을 제시하였는데, 그것도 이 문제와 관계가 있다. 대부분의 MMPI 학자들은 Block의 주장에 동의하고 있거니와, 그러나 MMPI 첫째 요인에 대하여 어느 해석이 가장 타당한가 하는 것을 양식 있는 독자들이 스스로 결정할 일이다.

MMPI의 둘째 요인은 첫째 요인과는 달리 별로 논란을 불러일으키지 않았다. Welsh(1956)는 요인분석을 통하여 둘째 요인은 척도 2(우울증), 3(히스테리), 5(남성특성-여성특성) 및 6(편집증)에서 중등도의 正的 부하를 확인하였다. 그는 그것을 억압

(repression)이라 이름짓고 하나의 성격적 요인을 나타냄을 입증하였다.

A척도와 R척도를 제작하기 위하여 Welsh는 재향군인병원의 남자환자들 중에서 각 요인을 측정하기 위한 예비검사의 상하 10%를 초과하는 사람들을 가려내고, 이들 양극 집단의 반응을 전체 550개 문항별로 대조하였다. 이 두 표집에서 높은 점수와 낮은 점수간에 적어도 75%의 분리율을 보이는 문항 39개를 골라 A척도를 만들고, 적어도 60%의 분리율을 보이는 문항 40개를 골라 R척도를 만들었다. A척도와 R척도의 문항 구성은 부록에 제시되어 있다.

A척도에서 취급되는 주요 특징들은 사고와 주의집중의 곤란, 부정적인 정동양태 및 저조한 기분, 근력부족 및 비관, 예민성, 그리고 비정상적 사고과정 등이다. A척도와 몇 개 임상척도들간에는 상당수의 중복문항이 있는데, 척도7(강박증)과는 13개, 척도0(사회적 내향성)과는 10개, 척도8(정신분열증)과는 8개, 그리고 척도2(우울증)와는 6개 문항이 중복된다. A척도 중 5개는 K척도에서도 채점되나, 이상반응의 방향이 반대이다.

R척도에서 취급되는 주요특징으로는 건강 및 신체적 증상, 정서적 감동성이나 폭력 및 활동성, 사회적 상황에서 타인에 대한 호의적인 반응, 사회적 지배성이나 적절한 적응감 및 외양에 대한 흥미, 그리고 취미나 직업적 취향 등이다. R척도와 척도2(우울증) 사이에는 10개 문항이 중복되고, 척도0(사회적 내향성)과의 사이에는 9개 문항이 중복된다.

A점수가 높으면 불안이 주요문제가 되며, R점수가 높으면 억압(repression)과 부인(denial)이 주요문제가 된다. A척도가 측정하는 불안은 장기간의 성격적인 불안이라기보다는 상황적인 불안인 경우가 많다. A척도에서의 비정상반응은 한 개만 뺀 나머지 전체 문항에 "그렇다"라고 응답하는 것이 되고, R척도의 경우에는 모든 문항에 "아니다"라고 응답하는 것이 되므로, "그렇다" 혹은 "아니다"의 반응태도(response set)에 따라 이들 척도의 점수들은 결정적인 영향을 받게 된다.

A척도의 점수가 높은 사람들은 불안하고, 자기능력에 대하여 자신감이 부족하며, 감정억제가 심하고, 지나치게 자제력이 강한 사람들이라고 알려지고 있다. 환경적인 스트레스나 개인적인 고민이 있으면 불안부터 나타내는 것이 이들의 특징이며, 흔히 이들은 일반적으로 적응상의 곤란을 가지고 있어 A척도의 상승정도는 그 같은 곤란의 지표가 된다. 그들은 스스로 고통스럽게 느끼기 때문에 심리학적 치료에 대한 동기도 높은 편이다.

A척도가 낮은 사람들은 대개 잘 적응하고, 지나치게 불안하지 않은 사람들이라 알려지고 있다. 충동적이며 행동상의 문제가 있기도 하나 자신이 이것 때문에 괴로워하지는

않으며, 언변이 유창하고 사회적 상황에서 능하다.

R척도에서 높은 점수를 받는 사람들은 자신의 문제를 털어놓고 토론하려 하지 않으며, 의식적으로 억제하려 하든가 혹은 부인이나 억압과 같은 방어기제를 잘 쓰는 사람들이다. 후자의 경우에는 K척도와 척도3(히스테리)이 상승하게 되는데, 이것은 그들의 억압기제를 더욱 확인하는 것이 된다. 이 사람들은 지나치게 억제가 심하고 자기표현이 적은 사람들로서, 자신의 행동에 대한 통찰력이 결여되어 있다. 그들의 정신병리가 다른 모든 사람들에게는 잘 보이는 데도 불구하고 그들은 어떤 문제든지 터놓고 이야기하려 하지 않는다.

R척도에서 낮은 점수를 받는 사람들은 어떤 일이든지 자기에게 문제가 된다고 생각되면 기꺼이 토의하려 하는 사람들이다. 그들은 외향적이고 다른 사람과의 관계에서 적극적이다. 또한 자발적이고 감정이 풍부하며, 특별한 정서적인 문제가 없는 경우가 많다.

Welsh(1965)는 A척도와 R척도의 합동해석법을 제시하고 있으나 이것들은 어디까지나 앞으로의 연구를 위한 시험적인 가설이지 해석집(cookbook)의 해석처럼 적용해서는 안 되는 것이라고 임상가들에게 주의시키고 있다. Duckworth와 Anderson(1986)은 Welsh의 해석법이 높은 A와 높은 R를 빼고는 대학생들에게 맞지 않는다고 보고하고, 대학생들에게 적용할 수 있는 보다 제한된 A와 R척도의 합동해석법을 제시했는데, 그것을 요약하면 다음과 같다.

$A \leq 45$, $R \leq 45$

이 사람은 의식적으로 불안하지도 않고 의식적으로 감정을 억압하지도 않는 사람이다. 이 부류에는 세 가지 형태의 사람들이 있다.

(1) 실험이나 숙제의 일부로 MMPI를 받고 있는 사람

(2) 직업지도의 목적으로 상담을 받고 있는 사람

(3) 알콜중독자, 부랑자, 반사회적 성격소유자와 같이 자기의 행동에 관심이 없는 내담자. 이 사람들은 치료의 예후가 나쁜 경우가 많다.

$A \geq 60$, $R \leq 45$

이 사람은 불안하면서 동시에 개방적이다. 이 같은 경우는 치료에 매우 도움이 되는 것으로, 불안하기 때문에 자신의 문제에 대하여 치료하고자 하는 동기가 있으며, 개방적이기 때문에 문제영역을 깊고 넓게 고찰할 수 있는 유연성이 있다. 문제해결을 위하여 자발적으로 치료받으러 오는 사람들에게서 이와 같은 양상을 흔히 볼 수 있다.

A ≤ 45, R ≥ 60

이 사람은 의식적으로 불안하지는 않으나 의식적으로 정보를 감추고 있는 사람이다. 이와 같은 사람은 치료하기가 매우 어려운데, 그 이유는 본인이 면담내용에 한계를 정하며, 문제를 반드시 해결해야겠다고 느낄 만큼 충분히 불안하지도 않기 때문이다. 대개 이 같은 경우에는 두 가지 형태의 사람들이 있다.

(1) 직업지도를 원하는 사람. 그는 자기생활의 어떤 영역에 대한 상담은 주어진 목적과 관련이 없다고 생각한다.

(2) 직업응모자로서 어떤 문제들은 밝히지 않음으로써 자신을 좋게 보이려는 사람

A ≥ 60, R ≥ 60

이 사람은 의식적으로 불안하며, 동시에 검사상에서 여러 영역에 대하여 말하는 것을 의식적으로 회피하려 한다. 만일 R척도가 A척도보다 더 높으면 자신이 불안하다는 것을 부인하는 사람이며, 흔히 이때 척도 3도 함께 상승한다. 이와 같은 사람의 치료는 매우 어려우며, 성공적인 치료의 예후는 두 척도의 상대적 높이를 보아 알 수 있다. 만일 A척도가 R척도보다 T-점수 5점 이상 더 많으면 그 사람은 불안이 더 높기 때문에 자기문제를 회피하려는 경향을 극복할 수 있을 것이다. 만일 R척도가 A척도보다 T-점수 5점 이상 더 많으면 그 사람은 자기문제를 현실적으로 직시하기보다는 오히려 치료를 포기하려 할 것이다.

자아강도(Es) 척도

Barron(1953)은 두 번에 걸쳐 실시한 33명의 신경증 환자들에서 얻은 MMPI 문항반응간의 상관계수를 통하여 개인 심리치료에 대한 이들의 반응을 예측할 수 있는 자아강도(Ego-strength) 척도를 제작했다. 각 환자는 심리치료를 시작하기 전과 6개월간 심리치료를 받고 난 다음에 각각 MMPI를 받았는데, 이들 중 17명은 6개월간의 심리치료 후에 분명히 호전된 것으로 판단되었고, 나머지 16명은 별로 호전되지 않은 것으로 판단되었다. Barron은 이들 33명의 환자들에게서 평정된 호전도와 의의 있게 높은 상관을 보이는 68개 문항을 골라내어 자아강도 척도라 이름 붙였다. 이 문항들(부록에 있음)은 성격통합 능력이라는 일반적 요인, 즉 자아강도를 측정하는 것으로서 주로 신체적 기능, 사회적 회피성, 종교에 대한 태도, 도덕적 태도, 성격적응 능력, 공포 및 불안 등을 포함한다. 그는 이 자아강도가 심리치료에 대한 반응을 결정하는 중요한 요인이라고 생

각했으며, Es척도가 높으면 자아강도가 높고 치료가 진행됨에 따라 그 사람에게서 나타날 수 있는 자질이 있음을 의미한다. Es척도는 K척도만(K척도와는 중등도의 正的 상관을 가지고 있음) 뺀 나머지 타당도 및 임상척도들과 중등도의 負的 상관을 가지고 있으므로, Barron은 Es척도가 높은 환자들은 환경적인 스트레스를 크게 당면하고 있는 경우가 많고 Es척도가 낮은 환자들은 만성적이며 성격적인 문제를 갖고 있을 가능성이 많을 것이라고 가정했다.

Es척도만큼 상충되는 연구결과를 보이는 특수척도도 없을 정도로 Es척도와 심리치료 효과 사이에는 긍정적, 부정적, 혹은 아무런 관계가 없다는 등의 여러 가지 연구가 보고되고 있다. Dahlstrom 등(1975)은 이들 연구에 대한 포괄적인 개요를 제시하고 있거니와, 그들도 Barron(1953)이 보고한 심리치료 효과와 Es 점수간에는 서로 역설적인 관계가 있음을 지적하였다. 그들에 의하면, 분명히 문제가 있음에도 불구하고 그것을 부인하는 사람들의 경우에는 Es 점수가 높더라도 양호한 치료효과를 예측할 수 없으며, 자신의 정서적인 문제를 인정하는 사람들의 경우에는 높은 Es 점수가 양호한 치료반응을 시사하는 것이 된다. 현재까지의 문헌을 통하여 한 가지 확실한 점은, Es 점수와 치료효과와의 관계가 단순한 것이 아니어서 환자의 종류, 치료방법 및 효과측정의 도구와 같은 여러 가지 요인들을 함께 고려하지 않으면 안 된다는 사실이다. 어쨌든, 일반적으로 전통적인 개인 심리치료를 받는 신경증 환자로서 Es 점수가 높을 때에는 긍정적인 성격변화를 예언하는 것이 된다. Es 점수가 높으면서 MMPI 프로파일도 상승된 환자들은 자신의 문제를 해결할 수 있는 충분한 자질을 가지고 있는 사람들이며, 그들의 문제는 비교적 최근에 발생한 것이라고 볼 수 있다.

요약하여, Es 점수가 높은 사람들은 대체로 적절히 적응하는 사람으로서 정신과 환자가 아닐 경우에는 어떤 심한 정서적인 문제가 없다고 할 수 있다. 정신과 환자일 경우에는 Es 점수가 높으면 자신의 문제를 부인하거나, 그 문제가 만성적인 것이기보다는 환경적인 것이든가, 그는 자신의 문제를 해결하는 데 도움이 될 수 있는 심리적 자질을 가지고 있거나, 혹은 심리치료나 상담을 통하여 긍정적인 변화를 가져올 수 있는 예후가 양호한 사람이라고 할 수 있다. 반면에 Es 점수가 낮은 사람들은 적응상태가 좋지 못한 사람들로서 자신의 심각한 심리적인 문제가 주된 원인이 될 수 있다. 그들의 문제는 만성적인 성질의 것이며, 문제를 해결할 수 있는 심리적인 자질도 지극히 제한되어 있고, 심리치료를 통한 긍정적인 변화의 예후도 불량하다.

그러나 Greene(1980)은 Es척도와 심리치료 효과와의 관계가 너무나 부정적이어서 그것으로 심리치료에 대한 환자의 반응을 일률적으로 예측하는 일은 별로 의미 없다고 주장하며, 이 척도에서 높은 점수와 낮은 점수를 받는 사람들에 대한 해석조차 부적절하다고 언급하고 있다.

MacAndrew 주정중독(MAC) 척도

일찍이 몇몇 학자들(Hampton, 1953; Holmes, 1953; Hoyt & Sedlacek, 1958)이 주정중독을 탐지하기 위한 MMPI 특수척도의 제작을 시도했으나 별로 성공하지 못했다(Clopton, 1978a; MacAndrew & Geertsma, 1964). MacAndrew(1965)는 주정중독 외래환자와 비주정중독 외래환자를 보다 더 잘(신뢰성 있게) 감별하는 51개 문항으로 된 주정중독 척도(MAC)를 제작했다(부록에 있음). 이들 51개 문항 중에서 두 개 문항(215와 460)은 실제로 주정 사용을 언급하기 때문에, 대부분의 학자들은 이들을 뺀 49개 문항으로 구성된 MAC척도를 사용한다. 제작 당시의 표집에서는 24개 문항 이상을 주정중독 환자로 인정하는 분류기준 점수로 하였을 때 정확하게 분류할 수 있는 비율은 81.8%였으며, 교차타당도 표집에서도 동일한 분류기준 점수를 사용하였을 때 81.5%의 환자에서 정확히 분류할 수 있었다. Schwartz와 Graham(1979)은 MAC척도에 대한 요인분석을 실시하여본 결과 이 척도가 반사회성을 제외하고 충동성, 높은 근력수준, 대인관계, 천박성 및 일반적인 심리적 적응장애와 같은 여러 가지 성격적 그리고 행동적인 측면을 측정하는 것으로 밝혀 냈다.

여러 연구들에서 일관적으로 나타난 결과를 보면 MAC척도가 정신과 환자들 중에서 주정중독인 환자와 그렇지 않은 환자를 비교적 잘 감별할 수 있으며, 그 정확도는 61.5%에서 76%에 달하고 있다(Apfeldorf & Hunley, 1975; Rhodes, 1969; Rich & Davis, 1969; Uecker, 1970; Vega, 1971; Whisler & Cantor, 1966). 그러나 Schwartz와 Graham(1979)의 연구결과에서는 MAC 점수를 통하여 남성 주정중독자, 남성 반사회적 성격자 및 남성 일반정신과 환자들을 의의 있게 감별할 수 없었으며, Uecker(1970)의 연구에서는 그의 환자 중에서 69.5%는 정확히 분류되었으나 정신과 통제집단 중에서 55.5%가 주정중독 환자로 잘못 분류되었다. 또한 대부분의 연구들에서 MacAndrew(1965)가 제시한 분류기준 점수인 24점보다는 26점이나 28점이 가장 정확도가 높은 분류기준 점수임이 밝혀졌다. 여성표집을 대상으로 MAC척도를 사용한 연구는 Rich와 Davis(1969) 및 Schwartz와 Graham(1979)의 것 뿐인데, Rich와 Davis는 여성들에게 다른 분류기준 점수를 사용하여야 한다고 주장하였으나 얼마가 가장 적절한 분류기준 점수인지는 제시하지 않았다. Schwartz와 Graham은 MAC척도를 통하여 여성 주정중독자와 여성 정신과 환자를 신뢰성 있게 감별할 수 있으며, 28점이 이 여성표집에서 가장 적절한 분류기준 점수라고 보고했다. 각 연구자들은 정확히 구분할 수 있는 가장 적합한 분류기준 점수가 얼마인지를 경험적으로 스스로 결정하지 않으면 안 된다. 어쨌든, 현재로서는 주정중독 환자와 그렇지 않은 환자를 감별하는 데 MAC척도를 사용해도 좋다고 말할 수는 있다.

MAC척도가 주정중독자와 마약중독자 혹은 여러 가지 약을 함께 상용하는 자들을 감별하지 못한다는 두 가지 연구가 있는데(Kranitz, 1972; Lachar, Berman, Grisell, & Schooff, 1976), 이 같은 결과를 통하여 볼 때 MAC척도는 알콜 및 기타 다른 약물들을 포함하는 보다 일반적인 약물남용(substance abuse)을 측정하는 도구라고 할 수 있을 것이다.

Clopton, Weiner 그리고 Davis(1980) 등은 한 주립정신병원에서 MAC척도를 사용하여 남자 주정중독 환자를 분류할 때와 표준 MMPI 타당도 및 임상척도를 사용하여 분류할 때의 정확도를 비교하였다. 그 결과, 교차타당도 표집에서 MAC척도를 사용하였을 때 이 환자들을 의의 있게 더 정확히 분류할 수 있었으며, 표준 MMPI척도를 사용하였을 경우에는 사실상 우연의 수준에 불과했다. Clopton 등의 연구결과를 보아 MAC척도는 표준 MMPI 타당도 및 임상척도가 측정하지 못하는 행동차원을 측정하고 있음을 알 수 있다.

일단의 학자들(Hoffman, Loper & Kammeier, 1974; Kammeier, Hoffman, & Loper, 1973; Loper, Kammeier, & Hoffman, 1973)은 나중에 주정중독으로 치료받게 된 남자 대학생들의 MMPI 점수를 조사해 보았는데, 이들이 대학에 입학했을 때와 주정중독 치료소에 입소했을 때와의 사이에는 평균 13년이라는 세월이 흘렀다. 이들의 대학입학 당시 및 주정중독 치료소에 입소했을 당시의 MAC척도 점수와 같은 시기에 대학에 입학한 통제집단 학생들의 MAC척도 점수를 비교하여 본 결과, 주정중독자들은 대학입학 당시 및 치료소 입소 당시 모두에서 통제집단의 학생들보다 높은 MAC척도 점수를 보여 주었다. 26점을 분류기준 점수로 하였을 때 MAC척도는 대학입학 당시 및 치료소 입소 당시 모두에서 주정중독 표집의 72%를 정확히 분류하였다. 이렇게 장기간의 시간차에도 불구하고 MAC척도의 분류에 일관성이 있음을 보아 MAC척도는 잘 변하지 않는 어떤 행동차원을 측정하고 있는 것으로 볼 수 있다. 이 같은 결론은 주정중독자의 MAC척도 점수가 치료 후에도 계속 높게 나타나고 있다는 사실로서도 더욱 확인되는 셈이다(Huber & Danahy, 1975; Rohan, Tatro, & Rotman, 1969).

MAC척도에서 높은 점수를 얻은 사람들은 대개 술을 과도하게 마시거나 혹은 다른 약물을 남용하는 사람들이다. 그들은 또한 반사회적 성격 소유자로서 과격한 행동을 하는 경향이 있다고 할 수 있는데, 그러나 Schwartz와 Graham(1979)은 그들의 표집에서 이 같은 사실을 확인할 수 없었다. 이 점수가 높은 사람들은 사교적이며 자신을 과도하게 억제하지 않는 사람들로서, 종교나 억압(repression)을 통하여 그들의 반항적 혹은 비행적 충동을 통제하는 사람들이라 알려지고 있다(Finney, Smith, Sheeters, & Auvenshine, 1971). 이들은 또한 충동적이고, 근력이 좋으며, 대인관계의 깊이가 부족하고, 일반적으로 심리적 적응의 곤란을 보이고 있다(Schwartz & Graham, 1979).

자살척도

MMPI를 사용하여 자살 혹은 자살기도를 예측하려는 시도는 여러 번 있어 왔다. 그 대표적인 특수척도로는 자살위협 척도(Farberow & Devries, 1967)가 있으며, 그밖에 프로파일 분석(Clopton, Pallis & Birtchnell, 1979; Leonard, 1977)이나 임상적 판단(Clopton & Baucom, 1979)을 위주로 하는 연구 등이 있다. 특히 Clopton(1979b)은 자살예측을 위한 MMPI의 사용에 관하여 광범한 문헌조사를 시행한 바가 있는데, 관심 있는 독자는 그의 논문을 반드시 읽어 보기 바란다.

MMPI나 그밖의 어떤 측정방법으로 자살을 예측하는 과정에서 당면하게 되는 첫번째 장애는 대부분의 인구집단에서 보게 되는 극히 낮은 자살빈도이다. 가령, 어떤 검사가 자살을 예측하는 데 75%의 정확도를 가지고 있을 때 일반적인 검사라면 이것은 대단히 높은 정확도이다. 그러나 자살의 경우에는 어떤 집단에서도 그 발생빈도가 25% 이하이므로, 75%의 정확도를 가진 검사를 가지고도 가장 정확한 예언은 단순히 자살의 가능성이 없다고 말하는 수밖에 없다. 그 결과, 여하한 자살척도도 많은 수의 위양성(false positive)(자살하지 않을 사람을 자살할 사람으로 보는 것)을 만들어 내게 되는데, 이 같은 위양성(false positive)이 위음성(false negative)(자살할 사람을 자살하지 않을 사람으로 보는 것)보다는 덜 중요하다 하더라도 어느 사람을 자살가능성이 있는 사람으로 잘못 판정하는 데 따르는 윤리적 및 현실적인 문제도 고려해 보지 않으면 안 된다(Rosen, 1954).

MMPI상에서 자살에 관한 임상적인 문헌들 중에는 특수척도나 혹은 자살과 가장 밀접한 관계가 있는 높은 척도쌍에 관한 것들이 많다. 실례로, 척도 2(우울증) 및 7(강박증)이 의미 있게 상승(T-점수 > 70)하는 경우에는 자살기도의 가능성이 증가하는 것으로 기술하고 있다(Carson, 1969; Dahlastrom *et al.*, 1972; Graham, 1977). Dahlstrom 등

(1972)은 또한 척도2(우울증)가 T-점수 70 이상으로 상승한 유일한 척도이면서 환자는 자살의도나 감정을 부인할 때 자살의 가능성은 더욱 높다고 했다. 반면에, 척도2의 점수가 높고 낮음과 자살 여부와는 아무런 관계가 없다는 연구결과들도 여러 개가 있다(Clopton & Jones, 1975; Farberow, 1956; Simon & Gilberstadt, 1958). 자살하는 사람과 하지 않는 사람들의 MMPI 반응에 있어서 다른 어느 척도에서도 일관성 있는 차이는 발견되지 않는다(Clopton, 1979b). Leonard(1977)와 Clopton 등(1979)은 여러 임상척도들의 점수를 동시에 고려하는 중다변인 통계방법을 통하여 여성 자살집단은 통제집단과 신뢰성 있게 구분할 수 있었으나, 남성 자살집단은 통제집단과 구분할 수 없었다. Leonard는 그의 결과를 교차타당도 검증에서 재인할 수 없었으나, Clopton 등의 경우에는 교차타당도 검증에서 정확하게 분류된 여성 환자의 비율이 36%에서 28%로 줄어들었다. Clopton 등은 이 연구에서 척도1(건강염려증)과 척도2(우울증) 사이의 관계에 대해서 다음과 같은 결과를 보고했는데, 이것은 앞으로 다시 확인연구를 시행해 볼 필요가 있겠다. 7-8/8-7 상승척도쌍을 보이는 환자들 중에서 척도 1과 2의 상대적 높이가 그 환자의 자살기도 여부와 의의 있는 관계가 있었는데, 비자살환자의 60%에서 척도1이 척도2보다 더 높았는가 하면 자살환자의 60%에서 척도2가 척도1보다 더 높았다.

Clopton과 Baucom(1979)은 MMPI 해석에 많은 경험을 가지고 있는 여섯 명의 심리학자들에게 남성 자살환자와 비자살환자의 프로파일을 보여 주었는데 아무도 각 집단의 환자를 신뢰성 있게 알아맞추지 못했다. 이들 심리학자들이 제시한 자살위험과 관계가 있다고 생각되는 여덟 가지 변인에 대한 평정도 자살환자와 비자살환자를 가려내지 못했다.

이와 같이 단독척도, 프로파일 분석, 특수척도, 혹은 문항분석 등 MMPI를 사용한 어떤 방법도 자살을 예측하는 데 성공적이지 못하다. 여성 자살집단을 감별하는 데 통계적 유의성을 보고한 연구들에 있어서도 각 척도에서 집단별 평균치간의 차이가 근소하기 때문에 임상적 유용성은 별로 없다. Clopton(1979b)이 지적했듯이, 연구상 가장 흥미 있는 문제는 MMPI만으로 자살을 충분히 예측할 수 있는가 여부보다 자살환자를 감별하는 데 MMPI가 그 정확도를 증가시킬 수 있는가 하는 문제이다. 앞으로 자살의 원인이나 형태별로 나누어서 어떤 특정 척도형태가 자살환자를 성공적으로 감별하는 데 도움이 될 수 있는가를 알아보기 위한 연구를 시도해야 할 것이다.

9
맺는 말

MMPI는 정신과적 진단을 목적으로 정신병리를 알아보기 위한 대표적인 객관적 심리검사이다. 그러나 실제로 임상장면에서 사용해 보면 처음에 생각했던 것처럼 그렇게 객관적도 아니며 진단적으로 정확하지도 않다. 거기에는 MMPI 자체의 문제점도 있겠거니와 정신과 진단체계 자체에도 문제점이 있다고 본다. 아무튼 MMPI의 정확한 해석을 위해서는 광범위한 임상적 경험과 진단적 면접 및 다른 심리검사 자료를 함께 참고할 필요가 있다. MMPI 프로파일의 기계적인 해석은 해석상 오류의 가능성을 항상 내포하고 있음을 임상가는 반드시 알고 있어야 한다.

임상적 측정의 궁극적인 목적은 그것으로부터 얻어지는 정보가 환자를 치료하는 데 어떻게, 그리고 어느 정도로 도움이 되는가 하는 것이다(Meehl, 1959). Korchin과 Schuldberg(1981)는 임상적 측정이 치료의 계획, 시행 및 평가에 가치 있는 정보를 제공한다는 데 그 근본적인 정당성이 있다고 지적했다. 임상적 측정이 심리측정적 견지에서는 아무리 타당도나 신뢰도가 높다 하더라도 그것이 치료를 위한 효용성(Hayes *et al.*, 1987)을 결여하고 있다면 임상적으로 무슨 가치가 있겠는가?

이와 같은 임상적 측정에 대한 개념의 틀 속에서 MMPI는 어떤 종류의 정보를 제공하는가? 이 물음에 대답하려면 MMPI의 해석체계를 제작할 때 어떤 종류의 정보를 얻으려 했는가 하는 것부터 밝히지 않으면 안 된다. MMPI가 시대에 뒤떨어지는 낡은 검사라고 생각하는 사람이 있다면 그것은 낡은 이론에 입각한 해석체계를 대상으로 하는 소리일 뿐이다. MMPI를 새롭게 하는 데는 일부 문항을 교체하거나 보완하는 방법도 있겠으나, 그 개정의 목적은 어떤 종류의(혹은 어떤 치료에 필요한) 정보를 얻기 위하여 어떻게 고칠 필요가 있겠는가 하는 데 있을 것이다.

Gilberstadt와 Duker(1965)의 해석체계는 역동적 심리치료를 위해 특성이론(trait theory)의 입장에서 제작된 것으로서, 그 같은 견지에서 환자를 이해하고자 할 때는 매우 훌륭한 정보를 제공하는 체계임에 틀림이 없다. 그러나 특성이론을 기초로 하는 역동적 방법이 아니라 행동의 특수화(specification)를 더 중요시하는 행동치료적 입장에서 볼 때 그 정보들의 가치는 다분히 경감된다고 하지 않을 수 없는 것이다. 이와 같은 맥락에서 MMPI에 대한 보완이 이루어져야 할 것이며, 또한 새로운 해석체계가 시도되어야 할 것이다. 그렇다고 하여 이전의 우수한 해석체계들을 공부할 필요가 없다는 뜻은 결코 아니며, 오히려 그 반대이다.

본 저서에서 충분히 언급하지 않은 몇 가지 사항에 관하여 간단히 설명하고자 한다.

일반적으로 가장 관심이 많은 사항 중의 하나는 단축형 MMPI에 관한 것이라 하겠다. 미국에서 제작된 대표적인 단축형은 Mini-Mult(Kincannon, 1968), FAM(Faschingbauer, 1974), 그리고 MMPI-168(Overall & Gomez-Mont, 1974) 등이 있는데, 그 중에서 비교적 호평을 받고 있는 것으로는 MMPI-168이다. MMPI-168에 대해서는 별도의 해석집이 출판되어 있으며(Vincent *et al.*, 1984), 연구논문도 가장 많이 발표된 것으로 알고 있다. 한국에서도 한국판 MMPI-168에 대한 관심과 연구가 임상가들에게 필요하다고 생각한다.

저자는 MMPI-168에 특히 관심을 갖고 심리측정적 견지에서 MMPI 원형과의 타당도 검증을 하였으며(김중술과 박동건, 1991) 또한 임상적 진단을 중심으로 MMPI 원형과 비교하여 보았다(이정흠과 김중술, 1993). 그 결과는 대체로 긍정적이었으며 앞으로 증상을 중심으로 하는 임상적 해석에 관하여 검토하여 보고자 한다.

현재 한국에서 사용되고 있는 단축형 MMPI(383문항)에 관해서 저자가 아는 바로는 그 정당성을 입증할 수 있는 연구가 부족하다. 가장 문제되는 것은 정신과 환자를 대상으로 MMPI-383(편의상 그렇게 부른다)을 실시했을 때 각 척도의 절대높이 및 특히 상승척도쌍의 형태가 MMPI 원형을 사용했을 때와 어느 정도 일치하는가에 대한 연구가 없다. 이와 같은 상황에서 MMPI 원형을 기초로 하여 제작되어 있는 외국의 해석체계를 적용할 경우 거기에는 문화적인 차이와 더불어 검사형태의 차이에 기인한 이중의 편차가 있을 수 있는 것이다. MMPI 원형과 MMPI-383간의 가능한 차이에 대하여 정상 청소년을 대상으로 한 연구(김중술 · 이정균, 1980)는 있으나 정상 성인 및 특히 정신과 환자를 대상으로 한 연구는 아직 한국에서 발표된 바가 없다.

MMPI를 통한 자살기도의 예측에 대해서 현재로서는 그 유용성(타당도)이 입증되지 못하고 있다. 많은 MMPI 연구자들이 자살을 예측할 수 있는 MMPI 지수를 발견하려고 노력했으나 우연수준 이상의 예측도를 얻지 못했다.

두뇌의 기질적 손상을 감별진단하기 위한 연구가 특히 정신분열증과의 감별진단을 중심으로 많이 시도되었으나, 그것 역시 현재까지 해결하지 못한 과제 중의 하나이다. 전체적인 신경심리학적 종합검사의 일부로서 MMPI가 공헌하는 역할을 어느 정도 인정할 수 있으나 MMPI 단독으로 두뇌의 기질적 손상을 진단하는 일은 불가능하다.

미국에서 최근에 출판된 MMPI-2(Butcher *et al.*, 1989)의 특징점은 성격장애 탐지기능의 향상과 내용척도에 관한 정교화(Butcher *et al.*, 1990)라고 할 수 있겠는데, 이 영향을 받아 한국에서도 고려대학교 심리학과를 중심으로 성격장애 척도(박병관 등, 1991; 노주선, 1994)와 내용척도(임영란, 1992; 임영란과 안창일, 1992; 최윤경 등, 1993)에 관한 연구들이 발표되었다. 앞으로 고려대학교 심리학과의 MMPI에 대한 적극적인 관심과 열의에 많은 기대를 걸어본다.

MMPI의 자동화해석을 여러 사람 혹은 기관에서 시도하고 있는데 아직 상품화하지는 않고 있다. 물론 자동화해석의 한계가 있기는 하나 또한 그 자체로 필요성과 가치도 있는 만큼 빠른 시일내에 상품화되길 바란다. 그 같은 자동화해석은 임상용과 비임상용을 구별하여 제작하는 것도 좋다고 생각한다.

임상심리학은 심리학의 꽃이다. MMPI는 임상심리학을 대표하는 한 가지 꽃으로서 많은 사람들의 정신건강을 위하여 다양한 공헌을 할 수 있기 바란다.

참고문헌

김영환, 김재환, 김중술, 노명래, 염태호, 오상우(1989). 『개정판 다면적 인성검사 실시 요강』. 한국가이던스.

김중술(1970). 「정신과 환자에 대한 임상심리검사의 문제점」. 『가톨릭대학 의학부 논문지』, 18, 149-166.

김중술, 이정균(1980). 「MMPI에 나타난 Context Effect.」. 『신경정신의학회지』, 19, 274-277.

김중술(1983). 「한국정신과 입원환자의 MMPI해석법연구」. 『임상 및 상담심리학보』, 4, 1, 109-120.

김중술, 배정규(1986). 「MMPI에서의 무선응답의 영향」. 『서울의대 정신의학』, 11, 3, 256-265.

김중술, 박동건(1991). 「한국형 MMPI-168에 관한 타당도 연구」. 『한국심리학회지: 임상』, 10, 1, 1-17.

노주선(1994). 「MMPI 성격장애 척도의 구조분석—정상인을 대상으로—」. 고려대학교 대학원 석사학위 논문.

박병관, 김진영, 노주선, 안창일, 신동균, 박영숙(1991). 「MMPI 성격장애 척도와 16PF검사 구조 분석: 성격장애 척도 타당화 예비연구」. 『한국심리학회지: 임상』, 10, 1, 55-75.

배정규, 김중술, 안창일(1986). 「MMPI에서의 부정왜곡에 대한 탐지책략」. 『서울의대 정신의학』, 11, 1, 48-59.

이정흠, 김중술(1993). 「한국형 MMPI-168의 임상적 타당도」. 『한국심리학회지: 임상』, 12, 2, 16-28.

이훈진, 김중술(1991). 「한국형 MMPI 구판과 신판의 비교」. 『정신의학』, 16, 3, 195-208.

임영란(1992). 「신판 MMPI 한국형 내용척도의 타당화 연구」. 고려대학교 대학원 석사학위논문.

임영란, 안창일(1992). 「MMPI 내용척도의 타당화 연구」. 『한국심리학회지: 임상』, 11, 1, 42-64.

정범모, 이정균, 진위교(1967). 『MMPI 다면적 인성검사 검사법요강』. 서울, 코리안 테스팅센터.

최윤경, 임영란, 박병관, 안창일, 최정윤, 김재환(1993). 「MMPI의 내용척도와 성격장애 척도의 구조분석」. 『한국심리학회지: 임상』, 12, 1, 1-15.

American Psychiatric Association (1994). *Diagnostic and Stastical Manual of Mental Disorders* (4th ed.). Washington: APA.

Aaronson, B.S. (1959). A comparison of two MMPI measures of masculinity-femininity. *Journal of Clinical Psychology, 15*, 48-50.

Aaronson, B.S., & Grumpelt, H.R. (1961). Homosexuality and some MMPI measures of masculinity-femininity. *Journal of Clinical Psychology, 17*, 245-247.

Anastasi, A. (1968). *Psychological testing* (3rd ed.). New York: Macmillan.

Anderson, W. (1956). The MMPI: Low Pa scores. *Journal of Counseling Psychology, 3*, 226-228.

Anderson, W., & Bauer, B. (1985). Clients with MMPI high D-Pd: therapy implications. *Journal of Clinical Psychology, 41*, 181-188.

Anthony, N. (1971). comparison of clients' standard, exaggerated, and matching MMPI profiles. *Journal of Consulting and Clinical Psychology, 36*, 100-103.

American Psychiatric Association (1987). *Diagnostic and Statistical Manual of Mental Discorders* (3rd ed.-Rev.). Washington.

Apfeldorf, M., & Hunley, P.J. (1975). Application of MMPI alcoholism scales to older alcoholics and problem drinkers. *Journal of Studies on Alcohol, 36*, 645-653.

Armentrout, J.A., & Hauer, A.L. (1978). MMPIs of rapists of adults, rapists of children, and non-rapist sex offenders. *Journal of Clinical Psychology, 34*, 330-332.

Ball, J.C., & Carroll, D. (1960). Analysis of MMPI Cannot Say scores in an adolescent population. *Journal of Clinical Psychology, 16*, 30-31.

Barron, F. (1953). An ego-strength scale which predicts response to psychotherapy. *Journal of Consulting Psychology, 17*, 327-333.

Bass, B.M., & Berg, I.,A. (Eds.) (1959). *Objective approaches to personality assessment.* New York: Van Nostrand.

Baucom, D.H. (1976). Independent masculinity and femininity scales on the California Psychological Inventory. *Journal of Consulting and Clinical Psychology, 44*, 876.

Beck, A.T., Rush, A.J., Shaw, B.F., & Emery, G. (1979). *Cognitive Therapy of Depression.* New York: Guilford Press.

Beck, A.T. & Freeman, A. (1990). *Cognitive Therapy of Personality Disorders.* New York: Guilford Press.

Benarick, S.J., Guthrie, G.M., & Snyder, W.U. (1951). An interpretive aid for the *Sc* scale of the MMPI. *Journal of Consulting Psychology, 15*, 142-144.

Berg, I.A. (1955). Deviant responses and deviant people: the formulation of the deviation hypothesis. *Journal of Counseling Psychology, 4*, 154-161.

Bernreuter, R.G. (1933). The theory and construction of the personality inventory. *Journal of Social Psychology, 4*, 387-405.

Bertagnolli, A., Harris, S., & Arean, P.A. (1994). Treating somatization Disorders with cognitive-behavioral therapy. *The Behavior Therapist, 15*, 3, 55-59.

Bieliauskas, V.J. (1965). Recent advances in psychology of masculinity and femininity. *Journal of Psychology. 60*, 255-263.

Block, J. (1965). *The Challenge of Response Stes: Unconfounding Meaning, Acquiescence, and Social Desirability in the MMPI.* New York: Appleton-Century-Crofts.

Block, J. (1977). An illusory interpretation of the first factor of the MMPI: A reply to Shweder. *Journal of Consulting and Clinical Psychology, 45*, 930-935.

Boerger, A.R., Graham, J.R., & Lilly, R.S. (1974). Behavioral correlates of single-scale MMPI code types. *Journal of Consulting and Clinical Psychology, 42*, 398-402.

Buechley, R., & Ball, H. (1952). A new test of "validity" for the group MMPI. *Journal of Consulting Psychology, 16*, 299-301.

Burish, T.G., & Houston, B.K. (1976). Construct validity of the Lie scale as a measure of defensiveness. *Journal of Clinical Psychology, 32*, 310-314.

Burkhart, B.R., christian, W.L., & Gynther, M.D. (1978). Item subtlety and faking on the MMPI: A paradoxical relationship. *Journal of Personality Assessment*, *42*, 76-80.

Burkhart, B.R., Gynther, M.D., & Fromuth, M.E. (1980). The relative predictive validity of the subtle vs. obvious items on the Depression scale. *Journal of Clinical Psychology*, *36*, 748-751.

Burton, A. (1947). The use of the Masculinity-Femininity scale of the MMPI as an aid in the diagnosis of sexual inversion. *Journal of Psychology*, *24*, 161-164.

Butcher, J.N., & Tellegen, A. (1978). Common methodological problems in MMPI research. *Journal of Consulting and Clinical Psychology*, *46*, 620-628.

Caldwell, A.B. 91970). *Recent advances in automated interpretation of the MMPI.* Paper presented at the Fifth Annual Symposium on Recent Developments in the Use of the MMPI, Mexico City.

Caldwell, A. (1972). Families of MMPI pattern types.l Paper presented at the Seventh Annual Symposium on the MMPI, Mexico city, Mexico.,

Caldwell, A. (1974). Characteristics of MMPI pattern types. Paper presented at the Ninth Annual Symposium on the MMPI, Los Angeles, CA.

Caldwell, A. (1977). Families of MMPI code types. Paper presented at the Twelfth Annual Symposium on the MMPI, Tampa, FL.

Caldwell, A. (1985). MMPI clinical interpretation. Paper presented at the Advanced Psychological Studies Institute. Los Angeles, CA.

Carson, R. (1972). MMPI profile interpretation. Pater read at the Seventh Annual Symposium on the MMPI. Maxico City, Mexico.

Carson, R. (1985). The MMPI and DSM-III diagnosis. Paper presented at the Advanced Psychological Studies Institute. Los Angeles, CA.

Carson, R.C. (1969). Interpretive manual to the MMPI. In J.N. Butcher (Ed.), *MMPI: Research Developments and Clinical Applications.* New York: McGraw-Hill.

Christian, W.L., Burkhart, B.R., & Gynther, M.D. (1978). Subtle-obvious ratings of MMPI items: New interest in an old concept. *Journal of Consulting and Clinical Psychology*, *46*, 1178-1186.

Clopton, J.R. (1974). A computer program for MMPI scale development with contrasted groups. *Educational and Psychological Measurement*, *34*, 161-163.

Clopton, J.R. (1975). Automated MMPI interpretation based on a modification of Gilberstadt's codebook. *Journal of Clinical Psychology, 31*, 648-651.

Clopton, J.R., & Jones, W.C. (1975). Use of the MMPI in the prediction of suicide. *Journal of Clinical Psychology, 31*, 52-54.

Clopton, J.R. (1978). Alcoholism and MMPI: A review. *Journal of Studies on Alcohol, 39*, 1540-1558.

Clopton, J.R. (1979a). Development of special MMPI scales. In C.S. Newmark (Ed.), *MMPI: Clinical and research trends.* New York: Praeger.

Clopton, J.R. (1979b). The MMPI and suicide. In C.S. Newmark (Ed.), *MMPI: Clinical and research trends.* New York: Praeger.

Clopton, J.R., & Baucom, D.H. (1979). MMPI ratings of suicide risk. *Journal of Personality Assessment, 43*, 293-296.

Clopton, J.R., & Neuringer, C. (1977). MMPI Cannot Say scores: Normative data and degree of profile distortion *.Journal of Personality Assessment, 41*, 511-513.

Clopton, J.R., Pallis, D.J., & Birtchnell, J. (1979). MMPI profile patterns of suicide attempters. *Journal of Consulting and Clinical Psychology, 47*, 135-139.

Clopton, J.R., Weiner, R.H., & Davis, H.G. (1980). Use of the MMPI in identification of alcoholic psychiatric patients. *journal of Consulting and Clinical Psychology, 48*, 416-417.

Coché, E., & Steer, R.A. (1974). The MMPI response consistencies of normal, neurotic and psychotic women. *Journal of Clinical Psychology, 30*, 194-195.

Colligan, R.C., Osborne, D., Swenson, W.M., & Offord, K.P. (1984). The MMPI development of contemporary norms. *Journal of Clinical Psychology, 40*, 100-107.

Comrey, A.L. (1957a). A factor analysis of items on the MMPI hypochondriasis scale. *Educational and Psychological Measurement, 17*, 566-577.

Comrey, A.L. (1957b)., A factor analysis of items on the MMPI depression scale. *Education and Psychological Measurement, 17*, 578-585.

Comrey, A.L. (1958a). A factor analysis of items on the MMPI psychopathic deviate scale. *Educational and Psychological Measurement, 18*, 91-98.

Comrey, A.L. (158b). A factor analysis of items on the MMPI psychasthenia scale. *Educational and Psychological Measurement, 18*, 293-300.

Comrey, A.L. (1958c). A factor analysis of items on the MMPI hypomania scale.

Educational and Psychological Measurement, 18, 313-323.

Comrey, A.L., & Margraff, W. (1958). A factor analysis of items on the MMPI schizophrenia scale. *Educational and Psychological Measurement, 18*, 301-311.

Constantinople, A. (1973). Masculinity-femininity: An exception to a famous dictum? *Psychological Bulletin, 80*, 389-407.

Coyle, P.A., & Heap, R.F. (1965). Interpreting the MMPI *L* scale. *Psychological Reports, 17*, 722.

Craig, R.(1984a). A comparison of MMPI profiles of heroin addicts based on multiple methods of classification. *Journal of Personality Assessment, 48*, 115-129.

Dahlstrom, W.G., Welsh, G., & Dahlstrom, L. (1972). *An MMPI handbook: Volume I, Clinical interpretation.* Minneapolis: University of Minnesota Press.

Dahlstrom, W.G., Welsh, G.S., & Dahlstrom, L.E.(1975). *An MMPI handbook.* Vol. II. *Research applications* (Rev. ed.). Minneapolis: University of Minnesota Press.

Davis, K., & Sines, J. (1971). An antisocial behavioral pattern associated with a specific MMPI profile. *Journal of Consulting and Clinical Psychology, 36*, 229-234.

Davis, W.E. (1972). Age and the discriminative "power" of the MMPI with schizophrenic and nonschizophrenic patients. *Journal of Consulting and Clinical Psychology, 38*, 151.

Dean, R.B., & Richardson, H. (1964). Analysis of MMPI profiles of forty college-educated overt male homosexuals. *Journal of Consulting Psychology, 28*, 483-486.

Drake, L.E. (1946). A social I.E. scale for the MMPI. *Journal of Applied Psychology, 30*, 51-54.

Drake, L.E., & Otting, E.R.(1959). *An MMPI codebook for counselors.* Minneapolis: University of Minnesota Press.

Duckworth, J.C., & Duckworth, E. (1975). *MMPI interpretation manual for counselors and clinicians.* Muncie: Accelerated Development, Inc.

Eaddy, M.L. (1962). An investigation of the Cannot Say scale of the group MMPI. Ph.D. dissertation, University of Florida (Gainesville). (Also in *Dissertation Abstracts, 23*, 1070-1071.

Edwards, A.L. (1959). *Edwards Personal Preference Schedule manual.* New York: Psychological Corporation.

Edwards, A.L. (1977). Comments on Shweder's "Illusory correlation and the MMPI controversy." *Journal of Consulting and Clinical Psychology, 45*, 925-929.

Edwards, A.L., & Diers, C.J. (1962). Social desirability and the factorial interpretation of the MMPI. *Educational and Psychological Measurement, 22*, 501-509.

Eichman, W.J. (1961). Replicated factors on the MMPI with female NP patients. *Journal of Consulting Psychology, 25*, 55-60.

Eichman, W.J. (1962). Factored scales for the MMPI: A clinical and statistical manual. *Journal of Clinical Psychology, 18*, 363-395.

Endicott, N.A., Jortner, S., & Abramoff, E. (1969). Objective measures of suspiciousness. *Journal of Abnormal Psychology, 74*, 26-32.

Erickson, W.D., Luxenberg, M.G., Walbek, N.H., & Seely, R.K. (1987). Frequency of MMPI two-point code types among sex offenders. *Journal of Consulting and Clinical Psychology, 55*, 566-570.

Evans, C., & McConnell, T.R., (1941). A new measure of introversion extroversion. *Journal of Psychology, 12*, 111-124.

Farberow, N.L. (1956). Personality patterns of suicidal mental hospital patients. In G.S. Welsh and W.G. Dahlstrom (Eds.), *Basic readings on the MMPI in psychology and medicine*. Minneapolis: University of Minnesota Press.

Faschingbauer, T.R. (1974). A 166-item written short from of the group MMPI: The FAM. *Journal of Consulting and Clinical Psychology, 42*, 645-655.

Ferguson, G.A. (1971). *Statistical analysis in psychology and education* (3rd ed.). New York: McGraw-Hill.

Finney, J.C., Smith, D.F., Skeeters, D.E., & Auvenshire, C.D. (1971). MMPI alcoholism scale: Factor structure and content analysis. *Quarterly Journal of Studies on Alcohol, 32*, 1055-5060.

Forsyth, D.R. (1967). MMPI and college populations. *Journal of College Student Personnel, 8*, 90-96.

Fowler, R.D., & Coyle, F.A. (1968). Overlap as a problem in atlas classification of MMPI profiles. *Journal of Clinical Psychology, 24*, 435.

Freeman, A. (1988). Cognitive therapy of personality disorders. In C. Perris, I. Blackburn, & H. Perris (Eds.). *Cognitive Psychotherapy: Theory and Practice.* New York: Springer Verlag.

Freeman, A., & Leaf, R. (1989). Cognitive therapy of personality disorders. In A. Freeman, K., Simon, L., Beutler, & H. Arkowitz (Eds.), *Comprehensive handbook of Cognitive therapy*. New York: Plenum.

Friberg, R.R. (1967). Measures of homosexuality: Cross-validation of two MMPI scales and implications for usage. *Journal of Consulting Psychology, 31*, 88-91.

Fricke, B.G. (1956). Conversion hysterics and the MMPI. *Journal of Clinical Psychology, 12*, 322-326.

Gilberstadt, H. (1970). *Comprehensive MMPI code book for males*. Minneapolis: MMPI Research Laboratory, Veterans Administration Hospital, Report 1B 11-5.

Gilberstade, H., & Duker, J. (1965). *A handbook for clinical and actuarial MMPI interpretation*. Philadelphia: W.B. Saunders.

Goldberg, L.R. (1965). Diagnosticians vs. diagnostic signs: The diagnosis of psychosis vs. neurosis from the MMPI. *Psychological Monographs, 79*, 9 (whole no. 602).

Golden, C.J. Sweet, J.J., & Osmon, D.C. (1979). The diagnosis of brain-damage by the MMPI: A comprehensive evaluation. *Journal of Personality Assessment, 43*, 138-142.

Gonen, J.Y., & Lansky, L.M. (1968). Masculinity, femininity, and masculinity-femininity: A phenomenological study of the Mf scale of the MMPI. *Psychological Reports, 23*, 183-194.

Good, P., & Brantner, J. (1961). *The physician's guide to the MMPI*. Minneapolis: University of Minnesota Press.

Good, P., & Brantner, J. (1974). *A practical guide to the MMPI*. Minneapolis: University of Minnesota Press.

Goodstein, L.D. (1954). Regional differences in MMPI responses among male college students. *Journal of Consulting Psychology, 18*, 437-441.

Gough, H.G. (1947). Simulated patterns on the MMPI. *Journal of Abnormal and Social Psychology, 42*, 215-225.

Gough, H.G. (1950). The F minus K dissimulation index for the MMPI. *Journal of Consulting Psychology, 14*, 40-413.

Gough, H.G. (1954). Brief descriptive ad interpretational summary of scales of the Minnesota Multiphasic Personality Inventory. Unpublished materials.

Gough, H.G. (1954). Some common misconceptions about neuroticism. *Journal of*

Consulting Psychhology, 18, 408-413.

Gough H.G. (1957). *California Psychological Inventory manual.* Palo Alto, Calif.: Consulting Psychologists Press.

Gough H.G., McKee, M.G., & Yandell, R.J. (1955). Adjective Check List Analyses of a Number of Selected Psychometric and Assessemtn Variables. Officer Education REsearch Laboratory, Technical Memorandum. OERL-TM-5S-10.

Gough, H.G. (1969). *Manual for the California Psychological Inventory* (Rev. ed.). Palo Alto, Calif: Consulting Psychologists Press.

Graham, J. (1977). *The MMPI: A practical guide. New York:* Oxford University Press.

Graham, J.R., Schroeder, H.E., & Lilly, R.S. (1971). Factor analysis of items on the Social Introversion and Masculinity-Feminity scales of the MMPI. *Journal of Clinical Psychology, 27,* 367-370.

Graham, J.R. (1990). MMPI-2: Assessing Personality and Psychopathology, New York: Oxford University Press.

Gravitz, M.A. (1967). Frequency and content of test items normally omitted from MMPI scales. *Journal of Consulting Psychology, 31,* 642.

Gravitz, M.A., & Gerton, M.I. (1976). An empirical study of internal consistency in the MMPI. *Journal of Clinical Psychology, 32,* 567-568.

Grayson, H.M., & Olinger, L.B. (1957). Simulation of "normalcy" by psychiatric patients on the MMPI. *Journal of Consulting Psychology, 21,* 73-77.

Greene, R.L. (1977). Student acceptance of generalized personality interpretations: A reexamination. *Journal of Consulting and Clinical Psychology, 45,* 965-966.

Greene, R.L. (1978). An empirically derived MMPI carelessness scale. *Journal of Clinical Psychology, 34,* 407-410.

Greene, R.L. (1979). Response consistency on the MMPI: *The Tr index. Journal of Personality Assement, 43,* 69-71.

Greene, R.L. (1980). *The MMPI: An interpretive manual.* New York: Grune & Stratton.

Greens, R.L. (1991). *The MMPI-2/MMPI: An Interpretive Manual.* Boston: Allyn and Bacon.

Grier, W.H., & Cobbs, P.M. (1968). *Black rage.* New York: Basic Books.

Gross, L.R. (1959). MMPI L-F-K relationships with criteria of behavioral disturbance and social adjustment in a schizophrenic population. *Journal of Consulting Psychology, 23*, 319-323.

Grow, R., McVaugh, W., & Eno, T.D. (1980). Faking and the MMPI. *Journal of Clinical Psychology, 36*, 910-917.

Gulas, I. (1974). MMPI low-point codes for a "normal" young adult population: A normative study. *Journal of Clinical Psychology, 30*, 77-78.

Gynther, M., Altman, H., & Sletten, I. (1973). Replicated correlates of MMPI two-point code types: The Missouri actuarial system. *Journal of Clinical Psychology, 29*, 263-289.

Gynther, .D., Altman, H., & Warbin, R. (1973). Interpretation of uninterpretable MMPI profiles. *Journal of Consulting and Clinical Psychology, 40*, 78-83.

Gynther, M.D., & Brillant, P.J. The diagnostic utility of Welsh's A-R caegories. *Journal of Projective Techniques and Personality Assessment, 32*, 572-574.

Gynther, M., Burkhart, B.R., & Hovanitz, C. (1979). Do face-valid items have more predictive validity than subtle items? The case of the Pd scale. *Journal of Consulting and Clinical Psychology, 47*, 295-300.

Gynther, M.D., Lachar, D., & Dahlstrom, W.G. (1978). Are special norms for minorities needed? Development of an MMPI *F* scale for blacks. *Journal of Consulting and Clinical Psychology, 46*, 1403-1408.

Haertzen, C.A., and Hill, H.E. (1963). Assessing subjective effects of drugs: an index of carelessness and confusion for use with the Addication Research Center Inventory (ARCI). *Journal of Clinical Psychology, 19*, 407-412.

Hampton, P.J. (1953). The development of a personality questionnaire for drinkers. *Cenetic Psychological Monographs, 48*, 55-115.

Harding, G.F., Holz, W.C., & Kawakami, D. (1958). The differentiation of schizophrenic and superficially similar reaction. *Journal of Clinical Psychology, 14*, 147-149.

Harris, R., & Lingoes, J. (1955). Subscales for the Minnesota Multiphasic Personality Inventory. Mimeographed materials, The Langley Porter Clinc.

Harris, r.E., & Lingoes, J.C. (1955). Subscales for the MMPI: An aid to profile interpretation. Unpublished manuscript. University of California.

Harris, R.J., Wittner, W., Koppell, B., & Hilf, F.D. (1970). MMPI scales vs. interviewer ratings of paranoia. *Psychological Reports, 27*, 447-450.

Hartschorne, H., and M.A. May. (1928). *Studies in the nature of character: I. Studies in deceit.* New York: Macmillan.

Harvery, M.A., & Sipprelle, C.N. (1976). Demand characteristic effects on the subtle and obvious subscales of the MMPI. *Journal of Personality Assessment. 40*, 539-544.

Hathaway, S.R. (1947). A coding system for MMPI profiles. *Journal of Consulting Psychology, 11*, 334-337.

Hathaway, S.R. (1956). Scales 5 (masculinity-femininity), 6 (paranoia), and 8 (schizophrenia). In G.S. Welsh and W.G. Dahlstrom (Eds.), *Basic Readings on the MMPI in Psychology and Medicine*. Minneapolis: University of Minnesota Press.

Hathaway, S.R., & Briggs, P.F. (1957). Some normative data on new MMPI sclae. *Journal of Clinical Psychology, 13*, 364-368.

Hathaway, S.R., & McKinley, J.C. A multiphasic personality schedule (Minnesota): I. Construction of the schedule. *Journal of Psychology, 10*, 249-254.

Hathaway, S.R., & McKinley, J.C. (1942). A multiphasic personality schedule (Minnesota): III> The measurement of symptomatic depression. *Journal of Psychology, 14*, 73-84.

Hathaway, S.R., & McKinley, J.C. (1951). *The Minnesota Multiphasic Personality Inventory manual.* Revised. New York: The Psychological Corporation.

Hathaway, S.R., & McKinley, J.C. (1967). *The Minnesota Multiphasic Inventory Manual.* New York: The Psychological Corporation, 1967.

Hayes, S.C., Nelson, R.O., & Jarrett, R.B. (1987). The treatment utility of assessment: A functional approach to evaluating assessment quality. *American Psychologist, 42*, 963-974.

Hedlund, J.L. (1977), MMPI clinical scale correlates. *Journal of Consulting and Clinical Psychology, 45*, 739-750.

Heilbrun, A.B. (1961). The psychological significance of the MMPI *K* scale in a normal population. *Journal of Consulting Psychology, 25*, 486-491.

Heilbrun, A.B. (1963). Revision of the MMPI *K* correction procedure for improved detection of maladjustment in a normal college population. *Journal of Consulting Psychology, 27*, 161-165.

Hibbs, B.J., Kobas, J.C., & Gonzalez, J. (1979). Effects of ethnicity, sex, and age on MMPI profiles. *Psychological Reports, 45*, 591-597.

Hiner, D., Ogren, D., & Baxter, J. (1969). Ideal-self responding on the MMPI. *Journal of Projective Techniques and Personality Assessment, 33*, 389-396.

Hodo, G.L., & Fowler, R.D. (1976). Frequency of MMPI two-point codes in a large alcoholic sample. *Journal of Clinical Psychology, 32*, 487-489.

Hoffman, H., Loper, R., & Kammeier, M. (1974). Identifying future alcoholics with MMPI alcoholism scales. *Quarterly Journal of Studies on Alcohol, 35*, 490-498.

Holmes, W.O. (1953). *The development of an empirical MMPI scale for alcoholism.* Unpublished Master's thesis, San Jose State College.

Horn, J.M., & Turner, R.G. (1976). MMPI profiles among subgroups of unwed mothers. *Journal of Consulting and Clinical Psychology, 44*, 25-33.

Hovanitz C., & Gynther, M.D. (1980). The prediction of impulsive behavior: Comparative validities of obvious vs. subtle MMPI hypomania (**Ma**) items. *Journal of Clinical Psychology, 36*, 422-427.

Hovanitz, C., Gynther, M.G., & Marks, P. (1983). The prediction of paranoid behavior: Comparative validities of obvious vs. subtle MMPI paranoid (**Pa**) items. *Journal of Clinical Psychology, 39*, 407-411.

Hovey, H.B., & Lewis, E.G. (1967). *Semi-automatic interpretation of the MMPI.* Brandon Vt.: Clinical Psychology Publishing Co.

Hovey, H.B., & Lewis, E.G. (1967). Semi-automatic interpretation of the MMPI. *Journal of Clinical Psychology, 23*, 123-124.

Hoyt. D.P., & Sedlacek, G.M. (1958). Differentiating alcoholics from normals and abnormals with the MMPI. Journal of Clinical Psychology, 14, 69-74.

Huber, N., & Danahy, S. (1975). Use of the MMPI in predicting completion and evaluating changes in a long-term alcoholism treatment program. *Journal of Studies on Alcohol, 36*, 1230-1237.

Hunt, H.F., Carp, A., Cass, W.A., Winder, C.L., and Kantor, R.E. (1948). A study of the differential diagnostic efficiency of the MMPI. *Journal of Consulting Psychology, 12*, 331-336.

Jackson, D.N. (1967). Review of J. Block: The challenge of response sets. *Educational and Psychological Measurement, 27*, 207-219.

Jackson, D.N. (1968). *Personality Research Form manual.* Goshen, N.Y.: Research

Psychologists Press.

Jarnecke, R.W., & Chambers, E.D. (1977). MMPI content scales: Dimensional structure, construct validity, and interpretive norms in a psychiatric setting. *Journal of Consulting and Clinical Psychology, 45*, 1126-1131.

Johnson, J.H., Klingler, D.E., & Williams, T.A. (1977). An external criterion study of the MMPI validity indices. *Journal of Personality Assessment, 40*, 419-421.

Kammeier, M.L., Hoffman, H., & Loper, R.G. (1973) Personality characteristics of alcoholics as college freshmen and at time of treatment. *Quarterly Journal of Studies on Alcohol, 34*, 390-399.

Kelley, C.K., & King, G.D. (1978). Behavioral correlates for within normal-limit MMPI profiles with and without elevated K in students at a university mental health center. *Journal of Clinical Psychology, 34*, 695-699.

Kelley, C.K., & King, G.D. (1979a). Behavioral correlates of infrequent two-point MMPI code types at a university mental health center. *Journal of Clinical Psychology, 35*, 576-585.

Kelley, C.K., & King G.D. (1979b). Behavioral correlates of the 2-7-8 MMPI profile type in students at a university mental heath center. *Journal of Consulting and Clinical Psychology, 47*, 679-685.

Kelley, C.K., & King, G.D. (1979c). Behavioral correlates of the 2-7-8 MMPI profile type in students at a university mental health center. *Jurnal of Consulting and Clinical Psychology, 47*, 679-685.

Kelley, C.K., & King G.D. (1980). Two and three point classification of MMPI profiles in which scales 2, 7 and 8 are the highest elevations. *Journal of Personality Assessment, 44*, 25-33.

Kincannon, J.C. (1968). Prediction of the standard MMPI scale scores from 71 items: The Mini-Mult. *Journal of Consulting and Clinical Psychology, 32*, 319-325.

King, G.D., & Kelley, C.K. (1977a). Behavioral correlates for spike 4, spike 9, and 4-9/9-4 MMPI profiles in students at a university mental health clinic. *Journal of Clinical Psychology, 33*, 718-724.

King, G.D., & Kelley, C.K. (1977b). MMPI behavioral correlates of spike 5 and two-point code types with scale 5 as one elevation. *Journal of Clinical Psychology, 33*, 180-185.

Klerman, G.L., Weissman, M.M., Rounsaville, B.J., & Chevron, E.S. (1984). *Interpersonal Psychotherapy of Depression.* New York: Basic Books.

Korchin, S.J., & Schuldberg, D. (1981). The failure of clinical assessment. *American Psychologist, 36,* 1147-1158.

Kranitz, L. (1972). Alcoholics, heroin addicts, and nonaddicts: Comparisons on the MacAndrew alcoholism sclae of the MMPI. *quarterly Journal of Studies on Alcohol, 33,* 807-809.

Kunce, J., & Anderson, W. (1976). Normalizing the MMPI. *Journal of Clinical Psychology, 32,* 776-780.

Kunce, J., & Anderson, W. (1984). Perspectives on uses of the MMPI in nonpsychiatric settings. In P. McReynolds & G.J. Chelune (Eds.), *Advances in Psychological Assessment.* San Francisco: Jossey-Bass.

Lachar, D. (1974). *The MMPI: Clinical Assessment and Automated Interpretation.* Los Angeles, CA: Western Psychological Services.

Lachar, D., & Alexander, R.S. (1978). Veridicality of self-report: Replicated correlates of the Wiggins MMPI content scales. *Journal of Consulting and Clinical Psychology, 46,* 1349-1356.

Lachar, D. Berman, W., Grisell, J.L., & Schoof, K. (1976). The MacAndrew alcoholism scale as a general measure of substance misuse. *Journal of Studies on Alcohol, 37,* 1609-1615.

Lacks, P.B., Rothenberg, P.J., & Unger, B.L. (1970). MMPI scores and marital status in male schizophrenics. *Journal of Clinical Psychology, 26,* 221-222.

Lair, C.V., & Trapp, E.P. (1962). The differential diagnostic value of MMPI with somatically disturbed patients. *Journal of Clinical Psychology, 18,* 146-147.

Landis, C., & Katz, S.E. (1934). The validity of certain questions which purport to measure neurotic tendencies. *Journal of Applied Psychology, 18,* 343-356.

Lanyon, R.I. (1968). *A handbook of MMPI group profiles.* Minneapolis: University of Minnesota Press.

Leber, W.R., Beckham, E.E., & Danker-Brown, P. (1985). Diagnostic criteria for depression, In E.E. Beckham, & W.R. Leber (Eds.). *Hnadbook of depression.* Homewood: Dorsey Press.

Leonard, C.V. (1977). The MMPI as a suicide predictor. *Journal of Consulting and Clinical Psychology, 45*, 367-377.

Lewandowski, D., & Graham, J.R. (1972). Empirical correlates of frequently occurring two-point MMPI code types: A replicated study.*Journal of Consulting & Clinical Psychology, 39*, 467-472.

Lingoes, J. (1960). MMPI factors of the Harris and Weiner subscales. *Journal of Consulting Psychology, 24*, 74-83.

Loper, R.G., Kammeier, M.L., & Hoffman, H. (1973). MMPI characteristics of college freshmen males who later became alcoholics. *Journal of Abnormal Psychology, 82*, 159-162.

MacAndrew, C., & Geertsma, R.H. (1964). A critique of alcoholism scales derived from the MMPI. *Quarterly Journal of Studies on Alcohol, 25*, 68-76.

MacAndrew, C. (1965). The differentiation of male alcoholic out-patients from nonalcoholic psychiatric patients by means of the MMPI. *Quarterly Journal of Studies on Alcohol, 26*, 238-246.

Manosevitz, M. (1971). Education and MMPI *Mf* scores in homosexual and heterosexual males. *Journal of Consulting and Clinical Psychology, 36*, 395-399.

Marks, P., & Haller, D. (1974). Adolescent profiles: A new typology. Paper read at the Ninth Annual Symposium n the MMPI, Los Angeles, CA.

Marks, P., & Seeman, W. (1963). *The actuarial description of abnormal personality*. Baltimore, MD: The Williams and Wilkins.

Marks, P., Seeman, W., & Haller, D. (1974). *The actuarial use of the MMPI with adolescents and adults*. Baltimore, MD: The Williams and Wilkins.

Matarazzo, J.D. (1955). MMPI validity scores as a function of increasing levels of anxiety. *Journal of Consulting Psychology, 19*, 213-217.

Matarazzo, J.D. (1972). *Wechsler's Measurement and Appraisal of Adult Intelligence*. Baltimore: Williams & Wilkins.

McCreary, C.P. (1975). Personality profiles of persons convicted of indecent exposure. *Journal of Clinical Psychology, 31*, 260-262.

McDonald, R., & Gynther, M. (1963). MMPI differences associated with sex, race and class in two adolescent samples. *Journal of Consulting Psychology, 27*, 112-116.

McKinley, J.C., & Hathaway, S.R. (1940). A multiphasic personality schedule (Minnesota): IV. Psychasthenia. *Journal of Applied Psychology, 26*, 614-624.

McKinley, J.C., & Hathaway, S.R. (1944). The MMPI: V. Hysteria, hypomania and psychopathic deviate. *Journal of Applied Psychology, 28*, 153-174.

McKinley, J.C., Hathaway, S.R., & Meehl, P.E. (1948). The MMPI: VI. The K scale. *Journal of Consulting Psychology, 12*, 20-31.

Meehl, P.E. (1945). An investigation of a general normality or control factor in personality testing. *Psychological Monographs*, (whole no. 274).

Meehl, P.E. (1956). Wanted—a good cookbook. Presidential address, Midwestern Psychological Association, Chicago, April 1955. *American Psychologist, 11*, 263-272.

Meehl, P.E. (1959). Some ruminations on the validation of clinical procedures. *Canadian Journal of Psychology, 13*, 102-128.

Meehl, P.E., & Hathaway, S.R. (1946). The K factor as a suppressor variable in the MMPI. *Journal of Applied Psychology, 30*, 525-564.

Mehlman, B., and Rnad M.E. (1960). Face validity of the MMPI. *Journal of General Psychology, 63*, 171-178.

Meikle, S., & Gerritse, R. (1970). MMPI cookbook pattern frequencies in a psychiatric unit. *Journal of Clinical Psychology, 26*, 82-84.

Megargee, E.I. (1972). *The California Psychological Inventory Handbook.* San Francisco: Jossey-Bass Inc.

Murray, J.B., Munley, M.J., & Gilbart, T.E. (1965). The Pd sclae of the MMPI for college students. *Journal of Clinical Psychology, 21*, 48-51.

Nakamura, C.Y. (1960). Validity of K scale (MMPI) in college counseling. *Journal of Counseling Psychology*, 7, 103-115.

Newmarks, C.S., Gentry, L, Simpson, M., & Jones, T. (1978). MMPI criteria for diagnosing schizophrenia. *Journal of Personality Assessment, 42*, 366-373.

Nezu, A.M., Nezu, C.M. & Perri, M.G. (1989). *Problem-Solving Therapy for Depression.* New York: John Wiley & Sons.

O'Connor, J.P., & Stefic, E.C. (1959). Some patterns of hypochondriasis. *Educational and Psychological Measurement, 19*, 363-371.

Overall, J.E., & Gomez-Mont, F. (1974). The MMPI-168 for psychiatric screening.

Educational and Psychological Measurement, 34, 315-319.

Page, J., Landis, C., & Katz, S.E. (1934). Schizophrenic traits in the functional psychoses and in normal individuals. *American Journal of Psychiatry, 90*, 1213-1225.

Panton, J. (1959). The response of prison inmates to MMPI subscales. *Journal of Social Therapy, 5*, 233-237.

Paulson, M.J., Afifi, A.A., Thomason, M.L., & Chaleff, A. (1974). The MMPI: A descriptive measure of psychopathology in abusive parents. *Journal of Clinical Psychology, 30*, 387-390.

Persons, R., & Marks, P. (1971). The violent 4-3 MMPI personality type. *Journal of Consulting and Clinical Psychology, 36*, 189-196.

Post, R.D., & Gasparikova-Krasnec, M. (1979). MMPI validity scales and behavioral disturbance in psychiatric inpatients. *Journal of Personality Assessment, 43*, 155-159.

Rader, C.M. (1977). MMPI profile types of exposers, rapists, and assaulters in a court services population. *Journal of Consulting and Clinical Psychology, 45*, 61-69.

Rhodes, R.J. (1969). The MacAndrew alcoholism sclae: A replication. *Journal of Clinical Psychology, 25*, 189-191.

Rich, C.C., & Davis, H.G. (1969). Concurrent validity of MMPI alcoholism scales. *Journal of Clinical Psychology, 25*, 425-426.

Ries, H.A. (1966). The MMPI K scale as a predictor of prognosis, *Journal of Clinical Psychology, 22*, 212-213.

Rohan, W. (1972). MMPI changes in hospitalized alcoholics: A second study. *Quarterly Journal of Studies on Alcohol, 33*, 65-76.

Rohan, W., Tatro, R., & Rotman, S. (1969). MMPI changes in alcoholics during hospitalization. *Quarterly Journal of Studies on Alcohol, 30*, 389-400.

Rosen, A. (1952). Reliability of MMPI scales. *American Psychologist*, 7, 341.

Rosen, A. (1954). Detection of suicidal patients: An example of some limitations in the prediction of infrequent events. *Journal of Consulting Psychology, 18*, 397-403.

Rubin, H. (1954). Validity of a critical-item scale for schizophrenia on the MMPI. *Journal of Consulting Psychology, 18*, 219-220.

Ruch, F.L., & Ruch, W.W. (1967). The K factor as a (validity) suppressor variable in predicting success in selling. *Journal of Applied Psychology, 51*, 201-204.

Salkovski, P. (1989). Somatic problems. In K. Hawton, P. Salkovskis, J. Kirk, & D. Clark (Eds.). *Cognitive Behavioral Therapy for Psychiatric Problems*, 235-276. Oxford, UK: Oxford Medical Publications.

Scagnelli, J. (1975). The significance of dependency in the paranoid syndrome. *Journal of Clinical Psychology, 31*, 29-34.

Schmidt, H.O. (1948). Notes on the MMPI: the K factor. *Journal of Consulting Psychology, 12*, 337-342.

Schwartz, M.S. (1969). "Organicity" and the MMPI 1-3-9 and 2-9 codes. *Procedings of the 77th Annual Convention of the APA, 4*, 519-520.

Schwartz, M., & Graham, J. (1979). Construct validity of the MacAndrew alcoholism scale. *Journal of Consulting and Clinical Psychology, 47*, 1090-1095.

Schwartz, M., & Green, S.B. (1983). Diagnostic accuracy of actuarial one-point MMPI code system with college students. *Journal of Clinical Psychology, 39*, 58-66.

Schwartz, M., & Krupp, N. (1971). The MMPI "Conversion V" among 50,000 medical patients: A study of incidence, criteria and profile elevation. *Journal of Clinical Psychology, 27*, 89-95.

Schwartz, M., Osborne, D., & Krupp, N. (1972). Moderation effects of age and sex in the association of medical diagrams and 1-3/3-1 MMPI profiles. *Journal of Clinical Psychology, 28*, 502-505.

Serkownek, K. (1975). Subscales for Scales 5 and 0 of the Minnesota Multiphasic Personality Inventory. Unpublished materials, 3134 White-horn Road, Cleveland Heights, Ohio 44118.

Shultz, T.D., Gibeau, P.J., & Barry, S.M. (1968). Utility of MMPI "cookbooks." *Journal of Clinical Psychology, 24*, 430-433.

Shweder, R.A. (1977a). Illusory correlation and the MMPI controversy. *Journal of Consulting and Clinical Psychology, 45*, 917-924.

Shweder, R.A. (1977b). Illusory correlation and the MMPI controversy: Reply to some of the allusions and elusions in Blocks's and Edwards' commentaries. *Journal of Consulting and Clinical Psychology, 45*, 936-940.

Silver, R.J., and Sines, L.K. (1962). Diagnostic efficiency of the MMPI with and without the K correction. *Journal of Clinical Psychology, 18*, 312-314.

Simon, W., & Gilberstadt, H. (1958). Analysis of the personality structure of 26 actual suicides. *Journal of Nervous and Mental Disease, 127*, 555-557.

Sines, J.O. (1977). M-F: Bipolar and probably multidimensional. *Journal of Clinical Psychology, 33*, 1038-1041.

Sines, L.K., Baucom, D.H., & Gruba, G.H. (1979). A validity scale sign calling for caution in the interpretation of MMPIs among psychiatric inpatients. *Journal of Personality Assessment, 43*, 604-607.

Singer, M. (1970). Comparison of indicators of homosexuality on the MMPI. *Journal of Consulting and Clinical Psychology, 34*, 15-18.

Smith, E.E. (1959). Defensiveness, insight, and the K scale. *Journal of Consulting Psychology, 23*, 275-277.

Snyder, C.M., & Graham, J.R. (1984). The utility of subtle and obvious subscales based on scale-specific ratings. *Journal of Clinical Psychology, 40*, 981-985.

Stein, K.B. (1968). The TSC scales: The outcome of a cluster analysis of the 550 MMPI items. In P. McReynolds (Ed.), *Advances in Psychological Assessement.* Vol. I. Palo Alto, Calif.: Science and Behavior Books.

Super, D.E. (1942). The Bernreuter Personality Inventory: A review of research. *Psychological Bulletin, 39*, 94-125.

Sutker, P.B., Allain A.N., & Geyer, S. (1978). Female criminal violence and differential MMPI characteristics. *Journal of Consulting and Clinical Psychology, 46*, 1141-1143.

Sweetland, A., and Quay, H. (1953). A note on the K scale of the MMPI. *Journal of Consulting Psychology, 17*, 314-315.

Tamkin, A.S., & Schere, I.W. (1957). What is measured by the "Cannot Say" sclae of the group MMPI? *Journal of Consulting Psychology, 21*, 370-371.

Tarter, R.E., & Perley, R.N. (1975). Clinical and perceptual characteristics of paranoids and paranoid schizophrenics. *Journal of Clinical Psychology, 31*, 42-44.

Terman, L.M., & Miles, C.C. (1938). *Manual of informaton and directions for use of Attitude-Interest Analysis Test.* New York: McGraw-Hill.

Trimboli, R., & Kilgore, R. (1983). A psychodynamic apporoach to MMPI interpretation. *Journal of Personality Assessment, 47*, 614-626.

Tyler, F.T., & Michaelis, J.U. (1953). K-scores applied to MMPI scales for college women. *Educational and Psychological Measurement, 13*, 459-466.

Uecker, A.E. (1970). Differentiating male alcoholics from other psychiatric inpatients: Validity of the MacAndrew scale. *Quartely Journal of Studies on Alcohol, 31*, 379-383.

Vega, A. (1971). Cross-validation of our MMPI scales for alcoholism. *Quarterly Journal of Studies on Alcohol, 32*, 791-799.

Vesprani, G.J., & Seeman, W. (1974). MMPI X and zero items in a psychiatric outpatient group. *Journal of Personality Assessment, 38*, 61-64.

Vestre, N.D., & Watson, C.G. (1972). Behavioral correlates of the MMPI Paranoia scale. *Psychological Reports, 31*, 851-854.

Vincent, N.M.P., Linsz, N.L., & Greene, M.I. (1966). The L scale of the MMPI as an index of falsifications. *Journal of Clinical Psychology, 22*, 214-215.

Volentine, S.Z. (1981). The assessment of masculinity and femininity: Scale 5 of the MMPI compared with the BSRI and the PAQ. *Journal of Clinical Psychology, 37*, 367-374.

Wales, B., & Seeman, W. (1968). A new method for detecting the fake good response set on the MMPI. *Journal of Clinical Psychology, 24*, 211-216.

Wales, B., & Seeman, W. (1972). Instructional sets and MMPI items. *Journal of Personality Assessment, 36*, 282-286.

Wauck, L.A. (1950). Schizophrenia and the MMPI. *Journal of Clinical Psychology, 6*, 279-282.

Webb, J., McNamara, K., & Rogers, A. (1981). *Configural interpretation of the MMPI and CPI.* Columbus, OH: Ohio Publishing.

Welsh, G.S. (1948). An extension of Hathaway's MMPI profile coding system. *Journal of Consulting Psychology, 12*, 343-344.

Welsh, G.S. (1956). Factor Dimensions A and R. In G.S. Welsh and W.G. Dahlstrom (Eds.), *Basic readings on the MMPI in psychology and medicine.* Minneapolis: University of Minnesota Press. 264-281.

Whisler, R.H., & Cantor, J.M. (1966). The MacAndrew alcoholism scale: A cross-validation in a domiciliary setting. *Journal of Clinical Psychology, 22*, 311-312.

Wiener, D.N. (1948a). Subtle and obvious keys for the MMPI. *Journal of Consulting Psychology, 12*, 164-170.

Wiener, D.N. (1948b). MMPI K-correction results for non-institutionalized neuropsychiatric cases. *Minnesota Counselor*, *3*, 12-13.

Wiggins, J.S. (1966). Substantive dimensions of self-report in the MMPI item pool. *Psychological Monographs*, *80*, 22 (whole no. 630).

Wiggins, J.S. (1969). Content dimensions in the MMPI. In J.N. Butcher (Ed.), *MMPI: Research Developments and Clinical Applications*. New York: McGraw-Hill.

Wiggins, J.S. (1973). *Personality and prediction: Principles of personality assessment*. Reading, Mass.: Addison-Wesley.

Wilson, R.L. (1980). Comparative validities of subtle vs. obvious MMPI Hysteria items: Predicting the elusive neurosis. Master's Thesis, Auburn University.

Woodworth, R.S. (1920). *Personal Data Sheet*. Chicago: Stoelting.

Yonge, G.D. (1966). Certain consequences of applying the K factor to MMPI scores. *Educational and Psychological Measurement*, *26*, 887-893.

Zelin, M.L. (1971). Validity of the MMPI scales for measuring twenty psychiatric dimensions. *Journal of Consulting and Clinical Psychology*, *37*, 286-290.

부록 I
Harris & Lingoes(1955) 소척도문항

척도2 우울증

D_1—우울감: 32문항

그렇다: 32, 41, 43, 52, 67, 86, 104, 138, 142, 158, 159, 182, 189, 236, 259

아니다: 2, 8, 46, 57, 88, 107, 122, 131, 152, 160, 191, 207, 208, 242, 272, 285, 296

D_2—나태성: 15문항

그렇다: 41, 52, 145, 182, 259

아니다: 8, 30, 39, 57, 64, 89, 95, 207, 208, 233

D_3—신체적 기능장애: 11문항

그렇다: 130, 189, 193, 288

아니다: 2, 18, 51, 153, 154, 155, 160

D_4—둔감성: 15문항

그렇다: 32, 41, 86, 104, 159, 182, 259, 290

아니다: 8, 9, 46, 88, 122, 178, 207

D_5—깊은 생각: 10문항

그렇다: 41, 67, 104, 138, 142, 158, 182, 236

아니다: 88, 107

척도3 히스테리

Hy_1—사회적 불안의 부인: 6문항

그렇다: 없음

아니다: 141, 172, 180, 201, 267, 292

Hy_2—애정욕구: 12문항

그렇다: 253

아니다: 26, 71, 89, 93, 109, 124, 136, 162, 234, 265, 289

Hy_3—권태-무기력: 15문항

그렇다: 32, 43, 76, 189, 238

아니다: 2, 3, 8, 9, 51, 107, 137, 153, 160, 163

Hy_4—신체적 증상: 17문항

그렇다: 10, 23, 44, 47, 114, 186

아니다: 7, 55, 103, 174, 175, 188, 190, 192, 230, 243, 274

Hy_5—공격성의 억제: 7문항

그렇다: 없음

아니다: 6, 12, 30, 128, 129, 147, 170

척도4 반사회성

Pd_1—가정불화: 9문항

그렇다: 21, 42, 216, 224, 245

아니다: 96, 137, 235, 237

Pd_2—권위불화: 8문항

그렇다: 38, 118

아니다: 37, 82, 141, 173, 289, 294

Pd_3—사회적 안정성: 6문항

그렇다: 없음

아니다: 82, 141, 171, 180, 201, 267

Pd_{4A}—사회적 소위: 13문항

그렇다: 16, 24, 35, 67, 94, 110, 127, 239, 244, 284

아니다: 20, 141, 170

Pd_{4B}—내적 소외: 11문항

그렇다: 32, 33, 67, 84, 94, 102, 106, 127, 215

아니다: 8, 107

척도6 편집증

Pa_1—피해의식: 17문항

그렇다: 16, 24, 35, 110, 121, 123, 127, 151, 157, 202, 275, 284, 291, 293, 338, 364

아니다: 347

Pa_2—예민성: 8문항

그렇다: 24, 158, 299, 317, 341, 365

아니다: 111, 268

Pa_3—순박성: 9문항

그렇다: 314

아니다: 93, 109, 117, 124, 313, 316, 319, 348

척도8 정신분열증

Sc_{1A}—사회적 소외: 16문항

그렇다: 52, 121, 157, 212, 241, 282, 312, 324, 325, 352, 364

아니다: 65, 220, 276, 306, 309

Sc_{1B}—정서적 소외: 10문항

그렇다: 76, 104, 202, 301, 339, 355, 360, 363

아니다: 196, 322

Sc_{2A}—자아통합 결여, 인지적: 8문항

그렇다: 159, 168, 182, 335, 345, 349, 356

아니다: 178

Sc_{2B}—자아통합 결여, 동기적: 12문항

그렇다: 40, 41, 76, 104, 202, 259, 301, 335, 339, 356

아니다: 196, 322

Sc_{2c}—자아통합 결여, 억제부전: 11문항

그렇다: 22, 97, 156, 194, 238, 266, 291, 303, 352, 354, 360

아니다: 없음

Sc_3—기태적 감각경험: 19문항

그렇다: 22, 47, 156, 194, 210, 251, 273, 291, 332, 334, 341, 345, 350

아니다: 103, 119, 187, 192, 281, 330

척도9 경조증

Ma_1—비도덕성: 6문항

그렇다: 143, 250, 271, 277, 298

아니다: 289

Ma_2—심신운동 항진: 11문항

그렇다: 13, 97, 100, 134, 181, 228, 238, 266, 268

아니다: 111, 119

Ma_3—냉정함: 8문항

그렇다: 167, 222, 240 아니다: 105, 148, 171, 180, 267

Ma_4—자아팽창: 9문항

그렇다: 11, 59, 64, 73, 109, 157, 212, 232, 233 아니다: 없음

---

*소척도의 T-점수 환산을 위해서는 Dahlstrom, W.G., Welsh, G., & Dahlstrom, L. (1972)의 *An MMPI Handbook*, Vol. 1을 참조.

부록 II
Serkownek(1975) 소척도문항

척도5 남성특성-여성특성

Mf_1—자기도취-과잉민감성: 18문항

그렇다: 25, 89, 117, 179, 217, 226, 239, 278, 282, 297, 299

아니다: 79, 133, 187, 198, 214, 262, 264

Mf_2—정형화된 여성적 흥미: 14문항

그렇다: 4, 70, 74, 77, 78, 87, 92, 132, 140, 149, 204, 261, 295, 300

아니다: 없음

Mf_3—정형화된 남성적 흥미의 부인: 8문항

그렇다: 없음

아니다: 1, 81, 144, 176, 219, 221, 223, 283

Mf_4—이성불안-수동성: 4문항

그렇다: 69

아니다: 19, 80, 231

Mf_5—내향성-비평성: 7문항

그렇다: 204

아니다: 92, 99, 115, 249, 254, 264

Mf_6—사회적 회피: 9문항

그렇다: 없음

아니다: 89, 99, 112, 116, 117, 126, 140, 203, 229

척도0 내향성

Si_1—열등감-불편함: 27문항

그렇다: 32, 67, 82, 138, 147, 171, 172, 180, 201, 236, 267, 278, 292, 304, 321, 336, 359, 377, 383, 411, 455, 549, 564

아니다: 57, 309, 353, 371

Si_2—대인관계불원: 14문항

그렇다: 377, 427, 469, 473, 487, 505

아니다: 357, 449, 450, 462, 479, 481, 521, 547

Si_3—신중함-경직성: 16문항

그렇다: 없음

아니다: 33, 91, 99, 143, 208, 229, 231, 254, 400, 415, 440, 446, 449, 450, 469, 505

Si_4—과민성: 10문항

그렇다: 25, 32, 126, 138, 236, 278, 391, 427, 487, 549

아니다: 없음

Si_5—불신: 12문항

그렇다: 117, 124, 147, 278, 316, 359, 383, 398, 411, 436, 481, 482

아니다: 없음

Si_6—신체적 관심: 10문항

그렇다: 33, 236, 332

아니다: 119, 193, 262, 281, 309, 449, 451

---

*각 소척도의 T-점수 환산을 위해서는 Graham, J.R.(1977)의 *The MMPI: A Practical Guide*를 참조.

부록 III
특 수 척 도

A척도—제1요인(Welsh, 1956): 39문항

그렇다: 32, 41, 67, 76, 94, 138, 147, 236, 259, 267, 278, 301, 305, 321, 337, 343, 344, 345, 356, 359, 374, 382, 383, 384, 389, 396, 397, 411, 414, 418, 431, 443, 465, 499, 511, 518, 544, 555

아니다: 379

R척도—제2요인(Welsh, 1956): 40문항

그렇다: 없음

아니다: 1, 6, 9, 12, 39, 51, 81, 112, 126, 131, 140, 145, 154, 156, 191, 208, 219, 221, 271, 272, 281, 282, 327, 406, 415, 429, 440, 445, 447, 449, 450, 451, 462, 468, 472, 502, 516, 529, 550, 556

Ds-r 척도—**Dissimulation, revised**(Gough, 1957): 40문항

그렇다: 10, 23, 24, 29, 31, 32, 44, 47, 93, 97, 104, 125, 210, 212, 226, 241, 247, 303, 325, 352, 360, 375, 388, 422, 438, 453, 459, 475, 481, 518, 525, 535, 541, 543

아니다: 68, 83, 88, 96, 257, 306

Es 척도—**Ego strength**(Barron, 1953): 68문항

그렇다: 2, 36, 51, 95, 109, 153, 174, 181, 187, 192, 208, 221, 231, 234, 253, 270, 355, 367, 380, 410, 421, 430, 458, 513, 515

아니다: 14, 22, 32, 33, 34, 43, 48, 58, 62, 82, 94, 100, 132, 140, 189, 209, 217, 236, 241, 244, 251, 261, 341, 344, 349, 359, 378, 384, 389, 420, 483, 488, 489, 494, 510, 525, 541, 544,

548, 554, 555, 559, 561

MAC 척도—Alcoholism(MacAndrew, 1965) : 51문항

그렇다: 6, 27, 34, 50, 56, 57, 58, 61, 81, 94, 116, 118, 127, 128, 140, 156, 186, 215, 224, 235, 243, 251, 263, 283, 309, 413, 419, 426, 445, 446, 477, 482, 483, 488, 500, 507, 529, 562

아니다: 86, 120, 130, 149, 173, 179, 278, 294, 320, 335, 356, 378, 460

---

*각 소척도의 T-점수 환산을 위해서는 Greene, R.L. (1980)의 *The MMPI: An Interpretive Manual*를 참조.

부록 IV
Wiener(1948) 명백-모호문항

척도2 우울증

D-O(우울증 명백문항): 40문항

그렇다: 23, 32, 41, 43, 52, 67, 86, 104, 138, 142, 158, 159, 182, 189, 236, 259, 290

아니다: 2, 8, 9, 18, 36, 46, 51, 57, 88, 95, 107, 122, 131, 152, 153, 154, 178, 207, 242, 270, 271, 272, 285

D-S(우울증 모호문항): 20문항

그렇다: 5, 130, 193

아니다: 30, 39, 58, 64, 80, 89, 98, 145, 155, 160, 191, 208, 233, 241, 248, 263, 296

척도3 히스테리

Hy-O(히스테리 명백문항): 32문항

그렇다: 10, 23, 32, 43, 44, 47, 76, 114, 179, 186, 189, 238

아니다: 2, 3, 7, 8, 9, 51, 53, 103, 107, 128, 137, 153, 163, 174, 175, 188, 192, 230, 243, 274

Hy-S(히스테리 모호문항): 28문항

그렇다: 253

아니다: 6, 12, 26, 30, 71, 89, 93, 109, 124, 129, 136, 141, 147, 160, 162, 170, 172, 180, 190, 201, 213, 234, 265, 267, 279, 289, 292

척도4 반사회성

Pd-O(반사회성 명백문항): 28문항

그렇다: 16, 24, 32, 33, 35, 38, 42, 61, 67, 84, 94, 106, 110, 118, 215, 216, 224, 244, 245, 284

아니다: 8, 20, 37, 91, 107, 137, 287, 294

Pd-S(반사회성 모호문항): 22문항

그렇다: 21, 102, 127, 239

아니다: 82, 96, 134, 141, 155, 170, 171, 173, 180, 183, 201, 231, 235, 237, 248, 267, 289, 296

척도6 편집증

Pa-O(편집증 명백문항): 22문항

그렇다: 16, 24, 27, 35, 110, 121, 123, 151, 158, 202, 275, 284, 291, 293, 317, 326, 338, 341, 364

아니다: 281, 294, 347

Pa-S(편집증 모호문항): 16문항

그렇다: 127, 157, 299, 365

아니다: 93, 107, 109, 111, 117, 124, 268, 313, 316, 319, 327, 348

척도9 경조증

Ma-O(경조증 명백문항): 23문항

그렇다: 13, 22, 59, 73, 97, 100, 156, 157, 167, 194, 212, 226, 238, 250, 251, 263, 266, 277, 279, 298

아니다: 111, 119, 120

Ma-S(경조증 모호문항): 23문항

그렇다: 11, 21, 64, 109, 127, 134, 143, 181, 222, 228, 232, 233, 240, 268, 271

아니다: 101, 105, 148, 166, 171, 180, 267, 289

---

*각 소척도의 T-점수 환산을 위해서는 Greene, R.L. (1980)의 *The MMPI: An Interpretive Manual*를 참조.

부록 V
타당도 및 임상척도의 문항과 채점방향(개정판)

L척도: 14문항

아니다: 15, 30, 45, 60, 75, 90, 105, 120, 135, 150, 165, 195, 225, 255

F척도: 64문항

그렇다: 14, 27, 31, 34, 35, 40, 42, 48, 49, 50, 53, 56, 66, 85, 121, 123, 139, 146, 151, 156, 168, 184, 197, 200, 202, 205, 206, 209, 210, 211, 215, 218, 227, 245, 246, 247, 252, 256, 269, 275, 286, 288, 291, 293

아니다: 17, 20, 54, 65, 75, 83, 112, 113, 115, 164, 169, 177, 185, 196, 199, 220, 257, 258, 272, 276

K 척도: 30문항

그렇다: 96

아니다: 30, 39, 71, 89, 124, 129, 134, 138, 142, 148, 160, 170, 171, 180, 183, 217, 234, 267, 272, 296, 316, 322, 374, 383, 397, 398, 406, 461, 502

Hs(1) 척도: 33문항

그렇다: 23, 29, 43, 62, 72, 108, 114, 125, 161, 189, 273

아니다: 2, 3, 7, 9, 18, 51, 55, 63, 68, 103, 130, 153, 155, 163, 175, 188, 190, 192, 230, 243, 274, 281

D(2) 척도: 60문항

그렇다: 5, 32, 41, 43, 52, 67, 86, 104, 130, 138, 142, 145, 158, 159, 182, 189, 193, 236, 259, 288, 290

아니다: 2, 8, 9, 18, 30, 36, 39, 46, 51, 57, 58, 64, 80, 88, 89, 95, 98, 107, 122, 131, 152, 153, 154, 155, 160, 178, 191, 207, 208, 233, 241,242, 248, 263, 270, 271, 272, 285, 296

Hy(3) 척도: 59문항

그렇다: 10, 23, 43, 44, 47, 76, 114, 179, 186, 189, 238, 253

아니다: 2, 3, 6, 7, 8, 9, 12, 26, 30, 51, 55, 71, 89, 93, 103, 107, 109, 124, 128, 129, 136, 137, 141, 147, 153, 160, 162, 163, 170, 172, 174, 175, 180, 188, 190, 192, 201, 213, 230, 234, 243, 265, 267, 274, 279, 289, 292

Pd(4) 척도: 50문항

그렇다: 16, 21, 24, 32, 33, 35, 38, 42, 61, 67, 84, 94, 102, 106, 110, 118, 127, 215, 216, 224, 239, 244, 245, 284

아니다: 8, 20, 37, 82, 91, 96, 107, 134, 137, 141, 155, 170, 171, 173, 180, 183, 201, 231, 235, 237, 248, 267, 287, 289, 294, 296

Mf(6) 척도—여성: 60문항

그렇다: 4, 25, 70, 74, 77, 78, 87, 92, 126, 132, 133, 134, 140, 149, 187, 203, 204, 217, 226, 239, 261, 278, 282, 295, 299

아니다: 1, 19, 26, 28, 69, 79, 80, 81, 89, 99, 112, 115, 116, 117, 120, 144, 176, 179, 198, 213, 214, 219, 221, 223, 229, 231, 249, 254, 260, 262, 264, 280, 283, 297, 300

Mf(5) 척도—남성: 60문항

그렇다: 4, 25, 69, 70, 74, 77, 78, 87, 92, 126, 132, 134, 140, 149, 179, 187, 203, 204, 217, 226, 231, 239, 261, 278, 282, 295, 297, 299

아니다: 1, 19, 26, 28, 79, 80, 81, 89, 99, 112, 115, 116, 117, 120, 133, 144, 176, 198, 213, 214, 219, 221, 223, 229, 249, 254, 260, 262, 264, 280, 283, 300

Pa(6) 척도: 40문항

그렇다: 16, 24, 27, 35, 110, 121, 123, 127, 151, 157, 158, 202, 275, 284, 291, 293, 299, 314, 317, 326, 338, 341, 364, 365, 366

아니다: 93, 107, 109, 111, 117, 124, 268, 281, 294, 313, 316, 319, 327, 347, 348

---

*각 소척도의 T-점수 환산을 위해서는 Greene, R.L. (1980)의 *The MMPI: An Interpretive Manual*를 참조.

Pt(7) 척도: 48문항

그렇다: 10, 15, 22, 32, 41, 67, 76, 86, 94, 102, 106, 142, 159, 182, 189, 217, 238, 266, 301, 304, 321, 336, 337, 340, 342, 343, 344, 346, 349, 351, 352, 356, 357, 358, 359, 360, 361, 362, 366

아니다: 3, 8, 36, 122, 152, 164, 178, 329, 353

Sc(8) 척도: 78문항

그렇다: 15, 22, 40, 41, 47, 52, 76, 97, 104, 121, 156, 157, 159, 168, 179, 182, 194, 202, 210, 212, 238, 241, 251, 259, 266, 273, 282, 291, 297, 301, 303, 307, 308, 311, 312, 315, 320, 323, 324, 325, 328, 331, 332, 333, 334, 335, 339, 341, 345, 349, 350, 352, 354, 355, 356, 360, 363, 364, 366

아니다: 17, 65, 103, 119, 177, 178, 187, 192, 196, 220, 276, 281, 302, 306, 309, 310, 318, 322, 330

Ma(9) 척도: 46문항

그렇다: 11, 13, 21, 22, 59, 64, 73, 97, 100, 109, 127, 134, 143, 156, 157, 167, 181, 194, 212, 222, 226, 228, 232, 233, 238, 240, 250, 251, 263, 266, 268, 271, 277, 279, 298

아니다: 101, 105, 111, 119, 120, 148, 166, 171, 180, 267, 289

Si(0) 척도: 70문항

그렇다: 67, 82, 111, 117, 124, 138, 147, 171, 172, 180, 201, 236, 267, 278, 292, 304, 316, 321, 328, 332, 336, 342, 357, 377, 383, 398, 411, 427, 436, 455, 473, 487, 549, 564

아니다: 25, 57, 91, 99, 119, 126, 143, 193, 208, 229, 231, 254, 262, 281, 296, 309, 323, 353, 359, 371, 391, 400, 415, 440, 446, 449, 450, 451, 462, 469, 479, 481, 482, 505, 521, 547

찾아보기

1. 국문색인

2. 영문색인

3. 프로파일 색인

저자 약력

1959년	서울대학교 문리과대학 수학과 졸업
1961년	서울대학교 문리과대학 심리학과 졸업
1965년	서울대학교 대학원 심리학과 졸업(문학석사)
1970년	가톨릭대학교 대학원 의학부에서 의학박사 학위 받음
1963~1974년	가톨릭의대 신경정신과 전임강사, 조교수
1967~1968년	미국 미네소타대학 교환교수(임상심리학 수련)
1980~2003년	2월 서울대학교 의과대학 신경정신과 교수 역임

개정판
다면적 인성검사
MMPI의 임상적 해석

초판 1쇄 발행 1988년 6월 5일
초판 7쇄 발행 1996년 8월 10일
개정판 1쇄 발행 1996년 11월 30일
개정판 24쇄 발행 2022년 8월 10일

지은이 김중술

펴낸곳 서울대학교출판문화원
주소 08826 서울 관악구 관악로 1
도서주문 02-889-4424, 02-880-7995
홈페이지 www.snupress.com
페이스북 @snupress1947
인스타그램 @snupress
이메일 snubook@snu.ac.kr
출판등록 제15-3호

ISBN 978-89-521-1105-0 93510